岩 波 文 庫
38-402-3

日本中世の非農業民と天皇

（下）

網 野 善 彦 著

JN043433

岩 波 書 店

凡例

一　本書は『網野善彦著作集』第七巻(岩波書店、二〇〇八年一月)収録「中世の非農業民と天皇」を底本とする。『網野善彦著作集』(全十八巻、別巻一、岩波書店、二〇〇八―二〇〇九年、以下『著作集』)は、著者の校閲を経た最終の版によることを原則とし、「中世の非農業民と天皇」に関しては、単行本『日本中世の非農業民と天皇』(岩波書店、初版一九八四年二月刊行)の、第一五刷(二〇〇二年四月刊行)を底本としている。

二　文庫化に際して、書名を単行本にあわせ、『日本中世の非農業民と天皇』とした。

三　本書底本の本文は、校訂者・桜井英治氏により、次のような方針で訂正・整理されている。本書は原則として、底本本文をそのまま掲載する。

1　明らかな誤字・誤植は訂正する。

2　漢字は原則として通行の字体に改め、振り仮名を適宜加える。

3　本文中に〔　〕で示した注記は、校訂者が付したものである。

4　本文中で参照される著者の著書・論文に添えて〔　〕で示した丸付き数字は、『著作集』における収録巻数を示す。(たとえば〔②〕は『著作集』第二巻所収の意。)

5　引用史料のうち、『平安遺文』と『鎌倉遺文』については、収録刊本の番号を略示する（たとえば、〔平1・二三四〕は『平安遺文』第一巻、二三四号の意、〔鎌3・一二三四〕は『鎌倉遺文』第三巻、一二三四号の意、〔鎌補1・補五六七〕は『鎌倉遺文』補遺第一巻、補五六七号の意）。

四　校訂者・桜井氏による校注は、本文の当該箇所に番号を〔校注一〕のように示し、巻末に一括して掲げる。なお桜井氏の了解を得て、若干表現を変更した箇所がある。

五　掲載図版の所蔵元等については、本文庫刊行時のものを示す。

六　巻末の事項索引・地名索引は、単行本巻末に付されている索引を元に作成した。

（岩波書店編集部）

目　次

（上巻目次）

日本中世の非農業民と天皇（下）

第二部　海民と鵜飼——非農業民の存在形態（上）［承前］

第三章　近江の海民

序

近江国の歴史に秘められた魅力は、底の知れないものがある。四周を山で囲まれ、巨大な湖を抱くこの国には、農民だけでなく、さまざまな漁法による漁撈や鳥猟・舟運等に携わる湖の民、鷹飼・炭焼をはじめ轆轤師《ろくろし》・檜物師《ひものし》・鋳物師《いもじ》等々、山に関わりをもつ多種多様な人々が広く活動しており、まれにみる、といっても過言でないほど豊富に残されている史料を通じて、われわれは否応なしに、これらの人々の織りなす多彩な世界に誘いこまれていく。戦前、アチック・ミューゼアム(日本常民文化研究所)によって刊行された祝宮静考註『近江国野洲川簗漁業史資料』、喜多村俊夫編著『江州堅田漁業史資料』(ともに日本常民生活資料叢書第十八巻として、三一書房、一九七三年再刊)は、それぞれに、これまでこの魅力ある世界に入りこむための、最もよい手懸りの一つであった。

この二書はいずれも、「アチックミューゼアム彙報」として、前者は一九三七年（昭和十二）八月、後者は一九四二年（昭和十七）二月に出版された。これが後述するような祝・喜多村の労苦の結晶であったことはいうまでもないが、このような形で、この充実した史料集が世に出るにいたった背景には、やはり渋沢敬三の見識があったことを、まず最初にふれておく必要があろう。渋沢は早くから湖水・河川の漁業に深い関心を抱いていた。それは日本の漁業、さらには日本民族そのものの根底を探るために、湖川における漁撈民の実態を解明することが不可欠の作業とみるその洞察に発するものであり、渋沢は鵜飼・簗《やな》・筌《うけ》などの調査を渋沢水産史研究室の仕事としておし進めるとともに、自らも「式内水産物需給試考」(1)をはじめとする一連の論稿をまとめ、この分野の研究に大きな貢献をしている。そして、この二書もまた、そのような渋沢の関心を機縁として生れたといってよかろう。

とくに祝宮静は一貫して、渋沢及びアチック・ミューゼアムの漁業史研究と切り離し難い存在であった。すでに、「日本常民生活資料叢書」第十五～十七巻として再刊され(2)た『豆州内浦漁民史料』の渋沢による序、祝の解説によって明らかなように、一九三二年（昭和七）、渋沢がこの文書を大川家で発見したことを直接の契機として、アチックには水産史研究室が設けられたが、その翌年、祝は大川文書の編纂・出版事業の中心として、そこに迎えられたのである。すでにこれよりさき、神社経済史を専攻する祝は『神社の経済生活――律令時代』(木村天真堂、一九三二年)を公にしていたが、この史料集編纂に携わったのを契機に、神社経済と漁業との深い関わりに注目、編纂の傍ら、広く全国の調査を進めた。一九三五年(昭和十)以降、その成果はつぎつぎに学界に発表され、やがて『神社漁業史序説』(神社経済研究所出版部、一九三七年)にまとめられているが、祝がこの調査を通じて採訪した三上神社・兵主《ひょうず》神社の簗衆に関する文書に、既発表のものを含むいくつかの論稿を付して刊行したのが、さきにあげた史料集だったのである。いわばこの書は、祝の神社経済史に関する研究の蓄積が、渋沢の漁業史に対する関心に触発されて結実したものであり、アチック・ミューゼアムそのものの研究活動が生んだ成果の一つということができよう。

これに対し、喜多村俊夫は近江国に生まれ、歴史地理学を専攻、自らの生国を研究の舞台にえらび、日本経済史研究所に籍をおきつつ、広く史料を採訪して独自な研究を進めていた。その当初の関心は琵琶湖の水運・交通に向けられており、一九三五年(昭和十)に発表された「近世琵琶湖水運の研究」をはじめ、のちに『近江経済史論攷』(大雅堂、一九四六年)に収録された論稿をつぎつぎに世に送っているが、この研究の途上、喜多村は堅田の伊豆神社の史料に出合い、堅田及び琵琶湖の漁業に対する関心を深めたのである。そして一九三七年(昭和十二)から翌年にかけ、喜多村は堅田猟師の史料を採訪発掘し、その現状についての調査を進めるとともに、「堅田猟師の研究」「北船木の川株」などの漁業史関係の論稿(いずれも前掲書所収)を発表していった。この史料と研究は黒正巌の注目するところとなり、黒正はその活字化を喜多村にすすめる一方、この労作の存在を渋沢に紹介した。喜多村はこの黒正の紹介を得て渋沢と面会、これをうけた渋沢は直ちに、当時全く初対面の喜多村のこの労作を「アチックミューゼアム彙報」として出版することを快諾し――のちに喜多村の語ったところによると、喜多村は渋沢とはこのときただ一回面会したのみといわれる――ほぼ四年の年月をかけて一九四二年(昭和十七)、堅田猟師の全貌を物語るこの史料集は、喜多村の未発表の論稿をもいくつか付して世に出たのであった。印刷事情が次第に悪化しつつあった当時、これだけの厖大な文書を収めた正確な史料集が発行されたのは、もとより喜多村の粘り強く丹念な努力によることはいうまでもないが、それを背後で支えた渋沢のこの分野に対する強い意欲があったことも、見逃すことはできない。そしてこの書のこうした刊行の仕方に、アチック・ミューゼアムのあり方の一面がよく現われているといえよう。

こうして出版されたこの二書は、漁業史の研究に開拓者的役割を果した羽原又吉によって直ちに注目され、羽原はおもにこの史料集を基礎としつつ、自らの蒐集した史料をも加え、「近江国野洲川簗の変遷」「徳川時代の琵琶湖の漁業及び漁民」[3]を発表している。また、三十余年にわたって滋賀県の漁業史の研究をつづけてきた伊賀敏郎は、戦後『滋賀県漁業史』上(概説)・同(資料)(水産庁・日本常民文化研究所・滋賀県・滋賀県漁業協同組合連合会共同出版、一九五四年)をまとめたが、そこでもこの史料集は縦横に活用されている。しかし、この両史料集の内容の豊かさに比して、その利用はなお貧困といわなくてはならないし、祝・喜多村の開拓した分野は、両書刊行以来、三十年の年月を経ているにもかかわらず、充分に耕され、新たな収穫をあげたとは決していえないのである。日本常民文化研究所は、戦後さきの『滋賀県漁業史』をはじめ、竹内利美著『湖沼漁業史研究』(水産事情調査所、一九四八年)、小林正人編著『諏訪湖漁業史料』(日本常民文化研究所・諏訪教育会、一九六〇年)の発刊に寄与し、日本学士院日本科学史刊行会編『明治前日本漁業技術史』(日本学術振興会、一九五九年)を完成させるなど、渋沢のさきの関心もさまざまな形で実りを結んでいるとはいえ、一九六〇年代以降のこの方面の研究は、全体としては不振といわざるをえない[4]。

いま、未熟浅学の身で、あえてこの両書をとりあげようとするのも、一つにはこのような状態を多少とも克服し、先学の志をうけつぎたいと思うからにほかならない。ただ史料集そのものの内容・解説については、各巻末に付された祝・喜多村の論稿でつくされているので、ここではその後の研究の進展についてふれるとともに、今後さらに追究すべき問題点を思いつくままに提示しておきたいと思う。

一　神社と簗漁業について
——『近江国野洲川簗漁業史資料』をめぐって

1

祝は三上神社・兵主神社に伝来した多くの中世・近世の文書(現在、中世及び近世初期の文書については、東京大学史料編纂所に影写本が架蔵されている)のなかから、簗及び簗衆に関連する文書をえらび、まず前者を第一部、後者を第二部として史料篇を編んだ。そのうえで、簗及び神社に関連する一〇二の語彙をこれらの文書から抽出し、簡略な解説を付して語彙篇を作成するとともに、[5]考証篇として六篇の論稿を収録した。このような周到な構成をもつこの書を通じて、われわれは神社と簗漁業の関わりについて、そこに伏在するさまざまな問題をとらえることができる。祝の考証はすでに多くの重要な論点に言及しているので、できるだけ重複をさけ、神社による川の支配、簗衆との関連をめぐって、事例をすこしひろくとり、やや一般化した形でのべてみたい。

中世の三上社については、管見の範囲では『吾妻鏡』文治二年(一一八六)六月十七日条に、徳大寺実定の家領三上荘の所務が佐々木秀綱によって押領された記事がみえること、同じく建久元年(一一九〇)十一月五日条から、上洛する頼朝が御野路宿についたとき、前右馬助朝房が三上社より垸飯・酒肴を捧げた事実を知りうるのみである。この時期、三上社に対してなんらかの権限をもっていたと思われる朝房は、藤原朝仲の子(『尊卑分脈』第二篇、二〇頁)、建久元年十二月一日に頼朝が院に参じたときの行列の前駆に、源範頼等とともに加わっており、建久三年(一一九二)七月十二日、陸奥守から遠江守にうつっているが、詳細は不明というほかない。

「三上神社文書」(東京大学史料編纂所架蔵影写本は御上神社文書)のうち、最も古い年紀をもつのは、正和元年(一三一二)弐月五日、三上社家政所置文案(史料篇第一部一号文書)である。これは「養老年中」以来、「山千町、河千町、田千町」――三上山と野洲川のすべてに対して、社家が支配権を駆使していたことを強調するとともに、野洲川の十箇所の簗場及び各々の公用銭の数量を定めた文書であるが、様式・内容からみて、到底、鎌倉期のものとは考えられない。はるかに降って永禄元年(一五五八)、社家及びそれにつながる東林寺衆は、小中路・大中路・妙光寺の三村の簗衆と激しい相論を行なっており、本史料集に収められた文書の大部分(同上五～一〇号)は、これに関連する文書群である。そこで社家側は野洲川のすべての河面に対する神社・社家の進退権を主張して、ついに勝訴したのであるが、さきの正和の文書は、恐らくこの相論のさい、社家の主張を支える根拠を明らかにするために、なんらかの伝承と、現実に存在する文書とをもとにして作成されたものであろう。その意味でこの文書は、それとしては明らかな偽文書といわなくてはならない。

しかし、だからといってこの文書の記すところのすべてをたやすく否定し去るべきではなかろう。まず、ここに列挙された簗場と公用銭の量は、室町期のころの事実を伝えるものとみれば、とくに不自然はない。また、養老という特定の年号はともかくとして、三上山・野洲川に対する三上社の支配権がきわめて古い起源をもつという伝承についても、十分に考慮してみる必要があろう。「三上神社文書」のなかには、本書に収載されなかった山の配分に関わる戦国期の文書などが数多く伝わっており、これらの史料を含めて、三上社の山河に対する支配の実態を綜合的に考察することは、今後の課題として残されているが、当面、ここにみられるような神社による特定の川の全水面に対する支配についていえば、このような実例は他にいくつも見出すことができるのである。祝自身、すでに前掲『神社漁業史序説』で、多くの興味深い事例をあげているが、ここでは河川、とくに簗漁業を中心に他の例を列挙し、大方の参考に供しておきたい。

2

その最もよい例の一つは、同じ近江国の安曇川《あどがわ》に対する賀茂社の支配に見出すことができよう。この点については、すでに喜多村・羽原がそれぞれ前掲論稿(喜多村「北船木の川株」、羽原「徳川時代の琵琶湖の漁業及び漁民」)で論及しているが、(6)そこで二人はともに、賀茂社領安曇川御厨の成立を寛治年間にかけて論じている。たしかに寛治年間——恐らくは寛治四年(一〇九〇)——は、この御厨の歴史にとって画期的な時点であった。このとき五十二人の神人に対して各三町、計百五十六町の免田が国領から割かれ、中世的な御厨と供祭人が成立したのである。しかし、ここで賀茂社が明確に保証された安曇川に対する支配権——「安曇河流、上者限滴水、下者迄于河尻、不可有他人希望」とか、「彼河新古余流南北遠近之江海、一向停止甲乙之濫妨」とかいわれた支配権、及びこの河で活動した供祭人集団と賀茂社との関係そのものの起源は、寛治以前にまで遡って考えなくてはならない。寛治四年、安曇川のすべてに対する支配権の確認を求めた賀茂社に対し、鴨社の堅田御厨網人たちが、これ以前から安曇川で漁をしていたことを根拠として川の半分の支配権を要求して争っている事実からみて、そのことは明らかであり、恐らくその支配権は、賀茂・鴨両社が分れる以前の、はるか遠古まで遡りうる性質のものであったろう。(7) こうした「本源的」ともいうべき湖の民の権利が、諸権門による湖水・河川の分割の進行に伴い、倒錯した形ながら、より明確な支配権として賀茂社の名で保証された時点が、寛治年間だったのである。

中世、船木北浜供祭人といわれたこの川の賀茂社供祭人が、引網と簗を使用したことは、貞永元年（一二三二）六月の官宣旨(8)によって判明する。そこでは「漁簗は専ら河尻を以て本となす」といわれ、供祭人は「魚入の便水を尋ねて、漁簗を致す」とされているが、当初は二番に編成されていたこの簗神人の集団が、永徳年間にいたって四番に分れ、その交替輪番による簗使用の体制が成立したこと、この体制そのものを含め、供祭人の簗漁と賀茂社との関係が、近世をこえて、じつに延々現代にまでいたっている事実については、喜多村が前掲論稿ですでに詳細に解明している。こうした支配権が、まさしく目をみはるほどの強靭な生命力をもっていることは、この一例をみただけでも明らかであろう。

このような賀茂・鴨両社の支配権は、宇治川に対しても及んでいた。建久八年（一一九七）、摂関家とつながりをもっていたとみられる宇治鱣請《うなぎうけ》は、鴨社村君と相論しているが、真木嶋に本拠をもつと思われるこの村君が、網代《あじろ》によって「下氷魚」をとり、十月よりの供祭を貢進する宇治の同社供祭人と御厨は、「建立以後、何百歳と知」らぬほど古い起源をもつ、と主張している点に、まず注目する必要があろう。(9) 一方、賀茂社については、永久二年(一一一四)九月十四日、殺生禁断によって宇治・田上《たなかみ》の網代が破却されたとき、「賀茂供御所」は除くべしとされていること(『中右記』)、またすこし降って、弘安五年(一二八二)八月八日、賀茂・春日・松尾三社の供祭を進める宇治川網代を破却すべしとの院宣が下ったのに対し、真木嶋村君に率いられた賀茂供祭人が神木を捧げて群参している事実、弘安七年(一二八四)二月二日にも真木嶋供祭人が社内に群り、神供を抑留することが問題になっている点(以上『勘仲記』)などからみて、同社が宇治川に対する支配権を有していたことを推測することができる。周知の通り、宇治川には万葉集・延喜式等に現われる、きわめて古い起源をもつ氷魚《ひうお》網代があり、天皇に贄を貢進していた。(10) 摂関家もまた、さきの鱣請や春日社の供祭などから推測しうるように、なんらかの権利を宇治川に及ぼしていたが、これらの支配権と重なりつつ、賀茂・鴨両社が宇治川に古くから支配権をもっていたことは、まず間違いないところであろう。(11)

こうした両社の河川――水面に対する支配は都の近辺のみにとどまらない。恐らく播磨国室塩屋御厨――揖保川でも、賀茂社供祭人によって簗が打たれていたと思われ、(12) 西国の河海縁辺に広がる上下賀茂社領では、このような形の支配が広く行われていたのではないかと推測される(後述参照)。

このような支配権は、松尾社もまた有していた。天承二年(一一三二)、丹波国を流れる天田川は宣旨によって松尾社の供祭所と定められ、「甲乙輩の漁釣」は停止されることになっているが[13]、この淵源もまた遠古に遡ることができるであろう。この川は同社の神人たる鵜飼の飼場であったが、鮎とともに鮭を贄魚として貢進した事実からみて、簗が打たれたことも間違いない。

恐らくこの天田川に対する支配も、長く続いたと思われるが、松尾社は永正十五年(一五一八)五月五日の綸旨で[14]、上は請田、下は淀までの大井川・桂川を社領として保証されている。大永三年(一五二三)、松屋社祠官等は、この河で打たれた簗などをめぐって、大覚寺門跡雑掌と相論しているが[15]、この松尾社の支配権は、遅くとも室町期には同社に保証されていたのではないかと思われる。

しかしこうした神社の支配権の背後に、それと重なりつつ天皇の支配権が働いていることを見落すことはできない。さきの宇治川における宇治網代の例は、そのことをよく示している。また元慶七年(八八三)(十月廿六日)の官符(『類聚三代格』)に現われ、宇治網代と並んで諸記録にみえる田上網代と勢多川の場合も、古くから天皇の支配下におかれていた。この網代の設けられた場所が「供御瀬」といわれ、鎌倉期、しばしば記録にみえることについては、伊賀が詳述しているが、室町期、松尾社領となったさきの桂川・大井川にしても、もともとは天皇支配権の下にあったのである。

『西宮記』によれば、平安京を流れる葛野河(桂川)と埴河(高野川カ)は禁河であり、前者は右衛門府、後者は左衛門府の管理下に置かれていた。ここでは、天皇の贄人である御厨子所鵜飼が活動しているが、左右衛門府の下で刀禰に率いられた狩取たちによって、簗も設けられていた。それは長元八年(一〇三五)十月十一日、葛野河の簗雑具を壊し納めるべきことを命じた右衛門府下文に対し、小松刀禰とともに某刀禰が請文を出している事実[16]によって証明することができる。

そしてこれが、寛平九年(八九七)七月四日に定められた四衛府による「小鮒日次御贄」の貢進(『西宮記』)を支えた簗であったことは、まず間違いないところであろう。四衛府に属する狩取たちは淀河尻でも高瀬舟を駆って網を引き、供御を備進していた[17]。こうした漁撈民である狩取たちの在家の一群は、淀津の供御所にも集まっていたが[18]、寛治四年(一〇九〇)、彼等は鴨社長洲御厨供祭人と争っており[19]、ときには七、八十人の集団をなして朝廷に群参することもあったのである[20]。『経俊卿記』正嘉元年(一二五七)五月八日条にみえる右衛門府供御人国末は、恐らくこの狩取の流れをくむ人であり、あるいはこの時期になれば商業にも携わっていたのではないかと考えられる。また弁内侍が建長元年(一二四九)四月七日に桂川で見た簗は鵜飼＝桂供御人によるものとも考えられるが、この狩取＝供御人によって打たれたとしても不自然ではない(『弁内侍日記』)。

このように考えてくれれば、桂川・大井川のみならず、淀川もまた天皇の支配下にあったとみてよかろう。前章で天皇の山野河海に対する支配権を「大地と海原」に対する支配といったが(21)、ここにもその具体的な現われを見出すことができる。そして諸国において、この支配権は国司による山川の支配として発現している。

伊賀国名張郡簗瀬村と中村とを限って流れる川は、天喜四年(一〇五六)、供御川といわれていた(22)。そこに供御所が設けられたのは天智天皇のとき以来といわれていること、「至尊供御幷殿下御贄」を鎌倉末期にいたるまで貢進していた点についても前章で述べたが(23)、それは間違いなく簗によるものであったろう。しかしここでは、この御贄貢進が国司を通じてなされている事実に注目しておきたい。これはこの川が国司の管理下にある国領だったことを物語っており、これと同様の事例は他にもいくつか見出すことができるのである。

例えば応保二年(一一六二)、高野山領荒川荘内の川で国司為長が簗を打ち、魚鱗をとって金剛峯寺との衝突を起こしているのも、こうした国司の権限の発動とみることができよう(24)。また長寛三年(一一六五)正月、越後国司は庁宣を発し、金剛心院領の荘園に対する国の妨を停止しているが、瀬波河については国領であり、「漁鮭、重色済物たり、庄家妨を成すべからず」としている。[25]鎌倉初頭、文覚がその書状のなかで丹波国保津川の「川関ハ国領に候」といっているのも、同様の例としてあげてよかろう。[26]さらに、石井進は安芸国の守護領のなかに「山川得分」がみえる事実に注目し、それが「律令制支配の原理と観念的に相つらなる」ことを指摘しているが、[27]その示唆の通り、これも国司の権限をうけついだものとみて間違いないと思われる。事実、佐東川は守護武田氏の支配下におかれ、そこに設けられた「川関」からは「河手」が徴収されていたのである。[28]

以上述べてきた諸事例に照らしてみれば、養老以来と伝えられる三上社の野洲川に対する支配も、決して架空のことではなく、前述の諸事例と全く同質の古い淵源をもつものであったとみて、ほぼ誤りなかろうと思われる。それがいつまで遡りうるかは不明であるが、ここに注目すべきは「本福寺跡書」[29]が、鴨次郎源義綱の子息が三上社の神主職を継いだという所伝を記し、三上社と鴨社との関係、さらには堅田との関わりを示唆している点である。前述した藤原朝房の頼朝への奉仕も、あるいはこのことと関係があるかとも考えられ、鴨社の河海に対する特権から、三上社の野洲川に対する支配の由来をさぐる道も開けてくる可能性もあるが、それらはすべて今後の研究に俟つほかない。

さきに正和の文書に簗場が列挙されているといったが、簗を打つ場所はある程度固定しており、当然そこには知行の対象となる簗瀬・簗場が生れてくる。野洲川の場合、室町期には数人の簗衆がそれを請負い、三上社に御贄としての公用銭を納める形になっているが（史料篇第一部二〜四号文書）、すでに平安末・鎌倉期には、在地領主や一般荘民（百姓）が荘域内の川に対する支配を主張、さらには特定の簗場を私領にしようとして、前述したような神社などの支配権、神人・供祭人の特権と衝突し、紛糾を起こす場合がしばしばみられたのである。

松尾社の支配下にあったさきの天田川では、養和元年（一一八一）、宝荘厳院領奄我《あんが》荘の荘民が前山荘司を語らって「魚簗を打ち」、子細を尋ねるべく下った神人たちを殺害・刃傷する事件が起こっている。また安曇川でも貞永元年（一二三二）、山門領比叡荘の吉直という人が、簗場が荘内にあることを根拠として簗を打ち、賀茂社司から訴えられているが、これらはいずれもそうした衝突の事例とすることができよう。

しかし時代が降るとともに、こうした摩擦をこえて、在地領主が簗瀬・簗場を相伝の所領として確保する場合もみられるようになってくる。肥後国人吉荘には、「河分」として、宗河梁・大岩瀬梁があったが、寛元二年（一二四四）、地頭方が相良氏と得宗との間で南北に中分されたとき、この簗もそれぞれ中分されている(30)。そのうち南方地頭職を相伝した相良蓮道は、延慶四年(一三一一)二月廿五日、田畠・在家・山野とともに簗を嫡子頼広に譲っているが、薩摩瀬の簗については頼広の三人の弟たちに、それぞれ「一けん」ずつ打たせることにしており、この簗はいわば相良氏一族の共同知行の形で相伝されていったものと思われる(31)。

また乾元二年(一三〇三)、豊後国阿南荘松富名(狭間村)が中分されたとき、川の簗については、年による流水の変化があるので、地頭分四枚のうち、善悪を両方に配分することとしており(32)、これも一種の共同知行の形をとっている。筌《うけ》の場合は、屋敷に付して沙汰することとしており、簗の場合と扱いが異なる点も注目しておかなくてはならぬ。

さらにまた、越後国荒河保に所領をもつ河村氏も簗瀬を相伝していた。河村秀久は父秀綱から田・在家・山とともに「海引網壱網、河瀬五箇所」を配分されているが(33)、元亨三年(一三二三)八月七日の秀久譲状案(34)で、それは「かわのせ一所《うなきのせ》いまのふたハやなり」となっており、簗瀬であったことは明らかである。

また近江国筑摩十六条は日吉社領であったが(35)、この領内の多良川春簗、鯀簗は、建武三年(一三三六)、藤原重俊に安堵されたといわれている(36)。この地域は古代以来の天皇家の御厨、筑摩御厨の近辺であり、延久二年(一〇七〇)に廃されたこの御厨の転換した姿の一つを示していることは間違いない。この簗もそのころ以来のものと考えられるが、この時期、それは公文とみられる在地領主の所領の形をとっているのである(37)。

このように簗瀬・簗場を特定の個人または集団が占有していく動きは、抗し難い時代の流れであり、それは否応なしに、前述したような河川に対する神社などの「本源的」ともいうべき支配権を弱めていった。しかしこの支配権は弱化しつつも、なお根強く自己を主張して止まなかったのである。野洲川の簗をめぐって、三上社の社家と三村衆の間で激しく争われた戦国期の相論も、結局のところ、その一つの現われにほかならない。そして、もはや完全に伝承と化し、偽文書を作成することによって根拠付けるほかなかったこの支配権は、簗そのものに対する進退権に自らを転化させつつも、なお自己を貫徹しつづけたのであった。

4

本書の半分を占める史料篇第二部「兵主神社文書」が物語っていることも、同様の問題につながる点を含んでいる。

兵主神社は『延喜式』に現われる限りでも、大和・和泉・参河・近江・丹波・但馬・因幡・播磨・壱岐などの諸国に分布し、穴師神社とともに、天日槍《あめのひぼこ》系の人々の斎き来った外来神といわれ、鉄と深い関わりをもつ神と考えられている。[38] しかし近江の兵主社の中世における実態については、やはり不明な点が多い。

いま管見に入った事実を参考までに記すと、「勘仲記自永仁二年三月一日至十九日巻紙背文書」年月日不詳、藤原氏女解〔鎌24・一八三一二〕によると、栗太北郡には氏女の祖宗継が、長承四年(一一三五)、兵主社に寄進して諸役免除の宣旨を得た浮免三十町があった。宗継はそれに私領須恵荘の地をあて、そこから社役の一切を勤めることとしており、この地は六代を経て藤原氏女が相伝したといわれている。

また建武四年(一三三七)十二月、幕府は小笠原貞宗に命じて、将軍家政所の所領兵主社の年貢米五十石を究済させている。[39] 近世、神社を頼朝の建立とする伝承が簗衆に伝わっているが、この点からみても兵主社は恐らく鎌倉期以来、幕府と深い関わりをもっていたと考えられる。その後、この神社は一貫して将軍家の御料所だったようで、永享三[図]年(一四三一)十一月七日、幕府は等持寺の知行する「御料所近江国兵主郷内二宮国田職」について上分米は山門に進め、下地は等持寺都官雑掌に沙汰し付けるべきことを山門の使節に命じている。[40] とすると、このころには山門もまた、なんらかの支配をこの神社に及ぼしていたとみなくてはなるまい。[41]

本書に収録された中世文書は二点であるが、兵主社にはこのほかにも約十通の戦国期の文書が伝わっており、それによって、戦国期、同社の神領が木浜・五条村などにあり、六角氏によって安堵されていたことを知ることができる。文明七年(一四七五)、兵主社は二宮とともにその神領を安堵されているが、さきの史料にもみられたように、この神社は二宮と密接な関わりをもっていた。それがいかなる事情によるのかなどの問題を含め、中世の兵主社の周辺には、なお解明されていない興味深い問題が数多く残されている。

同社の神領の一つとして、吉川簗が文書にはじめて現われるのは明応二年(一四九三)のことである(史料篇第二部二三号文書)。しかしこの簗を打った簗衆と兵主社の関係も、恐らくは中世をこえて古代にまで遡る古い淵源をもつと考えてよかろう。江戸時代、特有の伝承で結ばれた二十六名の簗衆は、吉川村を中心に四箇村に散在し、地縁的関係をこえて、神社との人的なつながりを軸とする集団――神主を中心にきびしい内部規制をもつ神人集団の性格を維持しつづけている。その実態の詳細は祝が考証篇で述べているが、化政期、地先の川に対する権利を主張する吉川村と、古くからの簗及び野洲川に対する支配権を強調する神主・簗衆との間で展開された相論は、やはり三上社について先述した問題と質を同じくするものといえるであろう。

それはもはや残映としかいいようのないものであるとはいえ、あくまでこの支配権に固執しつづけ、長期にわたる訴訟を行い、その過程を日記に誌した神主井口氏の行動のなかに、われわれは歴史そのもののもつ根強い力の作用を読みとることができる。

5

中世後期から近世に入れば、簗漁業のもつ経済的な比重は、局部的にはともかくとして、全国的にみれば決して大きいものではなかったと思われる。しかし、それが日本の民族生活に無視することのできぬ深く広い根をはっていたことは、前述したわずかな事実に照らしても、明らかといわなくてはならない。経済的な観点のみからこれを視野の外におくことは、日本の歴史のもつ重要な側面を切り落す結果となろう。最近、岩本次郎は簗・網代などの川漁と鵜飼との密接な関係に注目しつつ、それを担った人々と隼人とを関連させて考えようとしている(42)が、問題をこのような視角からさらに追究することも、今後の課題であろう。

簗の技術については前掲『明治前日本漁業技術史』の第三篇第四章に詳述されており、また祝自身、日本常民文化研究所編『日本水産史』(角川書店、一九五七年)で、その長年の成果を要領よくまとめている。近江国の簗漁についても、伊賀の前掲『滋賀県漁業史』で、豊富な史料を付して包括的に概説されており、これはいずれも本書を繙くに当たって、よき手引きとなろう。

なお、さきにもふれたように、本史料集に収録された三上・兵主両神社の文書は、簗に関係する主なものに限られており、両社に伝来した文書・記録のなかで省かれたものが多く、また残念なことに紙幅の関係からか、文書末尾の連署者の人名が省略されている場合も少なくない。いかなる史料集でも避け難い、ごく僅かな誤りを正すためにも、中世文書については東京大学史料編纂所架蔵の影写本を参照する必要があろう。また化政期の訴訟の際、兵主社の神主井口氏の残した日記などを含め、未収録の近世史料についても、探索の余地は残っている。祝が本書を通じてはじめて開拓したこの分野は、豊かな内容を秘めて、まだ眠っているのである。それをさらに深く掘り進め、日本の歴史全体につながる鉱脈を探りあてる仕事は、なおわれわれ後進の肩にかかっているといえよう。

二　堅田とその湖上特権について
――『江州堅田漁業史料』をめぐって

1

琵琶湖諸浦の親郷といわれ、中世・近世にかけて巨大な湖上特権を駆使した堅田については、早くから注目されており、『滋賀県史』(一九二八年刊)によって包括的な叙述も行われていたが、喜多村の編んだこの『江州堅田漁業史料』によって、中世末から近世・近代にいたる堅田の猟師、漁業の実態、その保持した漁業上の特権、ひいては日本の歴史全体のなかでの堅田の位置づけを考えるためのひろびろとした道が、はじめて開かれたのである。

ここに収められた文書は、「釣猟師組(小番城《こばんぎ》)共有文書」「西之切神田神社文書」「西之切中島源四郎家文書」「伊豆神社文書」計四六七点という厖大なもので、家わけ、年代順に排列、年代不詳のものは各文書ごとに一括し、おおよその推定によって年代を追う形で並べられている。このうち「伊豆神社文書」については、特に藻草一件関係史料を一括しており、実態調査報告まで含む四編の論稿、詳しい堅田の地図、興味深い舟などの写真を巻末に付すという、行き届いた配慮がなされている。文書の散佚・亡失の著しい現今の状況を考えると、これだけ大量な文書を活字化したこの書の学界に裨益するところはきわめて大きく、これを発掘、労苦の多い整理・解説を通じて一書に仕上げられた喜多村の地道な努力に、まず心からの敬意を表さなくてはならない。

東京大学史料編纂所には、一八八六年(明治十九)、星野恒によって採訪された「堅田村猟師共有文書」「堅田村旧郷士共有文書」の影写本が架蔵されているが、前者はわずか五点、そのうち三点は「神田神社文書」として本書に収められており、喜多村が省いた後者三十点を本書とあわせれば、われわれは現地に伝わる漁業関係の文書のほとんどすべてを知ることができる(43)。

2

堅田の漁業については、本書の発刊以前、祝が前掲『神社漁業史序説』で鴨御祖《かもみおや》社との関係に注目しており、喜多村も本書に付した論稿に加えて「近江経済史の概観」(前掲『近江経済史論攷』第一章)をまとめ、中世以来の伝統と背景に言及している。また前述したように、羽原又吉も本書をよりどころにして前掲論稿を発表しているが、羽原はその独自な観点から堅田の小番城漁師と家船漁民が同型の生活様式をもつ点に注目、喜多村の現状調査報告を基礎に、特に「堅田浦小番城釣漁民考」という一項を設け、その点を詳述している。そこで羽原も鴨社御厨としての堅田の特質にふれ、さらにこれらの人々と隼人との関係にまで及ぶ、独特の論旨を展開したが、その後、伊賀が前掲『滋賀県漁業史』のなかで、他浦の文書をも利用しつつ包括的に叙述されたのを除くと、後述する新行紀一の論稿が現われるまでしばらくの間、堅田の漁業について正面からとりあげた研究は、管見の範囲では全くないように思われる。

むしろ戦後の研究は、徳田釼一が『中世における水運の発達』(章華社、一九三六年、巌南堂書店、一九六六年増補版)で言及した湖上交通で堅田の果した役割や海賊としての堅田衆が注目される一方、その蓮如や一向一揆との関係が特に脚光を浴びることとなったのである。その口火を切ったのは服部之総の『蓮如』(新地書房、一九四八年)であった。服部はそこで、「本福寺跡書」「本福寺由来記」等を駆使しつつ、商人・手工業者の町としての堅田、海賊堅田衆の活動を蓮如と関わらせつつ、生き生きと描き出したのであり、まもなくこれに刺激された研究がぞくぞくと現われてくる。

森竜吉「宮座の消長をめぐる環境と条件」(『日本史研究』一二号、一九五四年)や、石田善人「畿内の一向一揆について」(『日本史研究』二三号、一九五四年)はいずれもそうした労作であり、本福寺で新たに発見された「本福寺寺領目録」(宮川満『太閤検地論』第Ⅲ部、三号文書、御茶の水書房、一九六三年)や、『大徳寺文書之四』(大日本古文書家わけ第十七)に収められた堅田荘関係の売券などを利用しつつ、主として土地関係に焦点を絞りつつ堅田の内部構造にメスを加え、惣座の組織、一向一揆の基礎を解明しようと試みている。また笠原一男も『真宗における異端の系譜』(東京大学出版会、一九六二年)に、それまで『真宗全書』でしかみることのできなかったさきの「跡書」「由来記」を収録し、研究に便宜な道を開き、井上鋭夫『一向一揆の研究』(吉川弘文館、一九六八年)とともに、さらにこの方向で研究を深化させた。殿原衆・全人衆《まとうど》・間人《もうと》・旅人等、堅田の特異な階層構成がこれらの研究によって注目を集め、論議の的になったのであるが、一方、さきの徳田の著書に増補を加えた豊田武も、「跡書」にみえる商人・海賊としての堅田衆の動きにふれ、戦国期を中心に、堅田の実情はかなり鮮明になってきた。しかしこうした諸研究のなかには、戦前、喜多村・羽原によって開かれた漁業史の分野での達成は、なおほとんどとり入れられていなかったのである。

こうした戦前・戦後の研究の乖離を克服し、両者を綜合する方向を打ち出したのは新行紀一であった。一九六四年の歴史学研究会の大会で、「一向一揆の基礎構造」と題する報告(『歴史学研究』二九一号、一九六四年)を行なった新行は、堅田の歴史を規定した決定的な要因が鴨社との関係にあることを改めて指摘、その観点から堅田の階層構成を整理し直そうとしているが、それをさらにおしすすめた労作を「中世堅田の湖上特権について」と題して、一九六九年、『歴史学研究』三四九号に発表した。漁業、廻船と上乗り、関務など、多面的に分化した堅田の諸特権の根源を鴨社御厨供祭人の特権に求め、その展開の過程を追究したこの論稿によって、問題の所在ははじめて明確にされ、喜多村の労作や羽原の指摘を戦後の諸研究のなかに生かす道が開かれたといってよかろう。

しかしそれはまだ緒についたばかりであり、依然として広範囲にわたる問題が未解決のまま残されている。さきに三上社・兵主社に関連してふれたように、新行が注目した鴨社供祭人の特権は極めて根深く、また強靭な生命力をもっており、その根源に迫ることによって、廻船・関務の特権の意義はより鮮明になるであろうし、近世の漁業史をも広く展望しうる視界が開けてこよう。その角度から、堅田の階層構成、四方の成立をはじめ、井上が紺搔や金掘りなどとの関連で接近を試みた一向一揆を支えた人々の性格について再検討し、新たな解明を行うことは、なお今後の課題といわなくてはならない。そして、もしこの課題に表面から立向かおうとするならば、喜多村の編んだこの史料集は、不可欠の素材として、一層の光彩をもって浮び上ってくるであろう。

もとよりここではそうした問題をとりあげる余地も、また力量もないが、前述してきた論旨と関連させつつ、上下賀茂社供祭人の特権について新行の論稿に多少の補足を加え、今後の足がかりとしておきたいと思う(44)。

3

他役を免除された網二帖によって、鴨社に「毎日御膳料鮮魚」を備進する堅田網人が、最初に史料にみえるのは、周知の通り寛治四年(一〇九〇)のことである(前述)。この年七月、上下賀茂社に対して、「公家相折」「公家割置」といわれた社領が白河上皇によって寄進されているが、この堅田御厨は「国司、国役を免除し、免じ進むる所なり、よって公家割置に非ず」といわれており、それ以前に成立していたことは明らかである。承暦二年(一〇七八)四月七日、白河天皇は鴨御祖社の日供調進のため、「御厨子所膳□(部)六人」——みな北面の輩であった——を進めている。[45] 鴨社と皇室との密接なつながりは、このようなところにもよく現われているが、この処置が、「庁宣」によって行われたといわれている点に注目すべきで、あるいはこの辺に国役免除の直接の契機を求めてもよいのかもしれぬ。しかしたとえそうであったとしても、それはあくまで「直接の契機」であり、鴨社と堅田網人の関係は前述した宇治供祭人や賀茂社船木北浜供祭人の場合と同様、朝廷の贄人と重なりつつ、はるか遠古にまで遡ることができるであろう。

琵琶湖に内膳司・進物所をはじめ、諸院諸宮の贄人が遍満していたことは、元慶七年の官符(前掲)によってよく知られているが、延喜を頂点とする九世紀末から十世紀初頭と、延久・寛治をふくむ十一世紀後半は、こうした人々に対する諸権門の支配の分野を明確にするうえで、それぞれに時期を画している。[46] 寛治に寄進された諸国の社領も、じつは賀茂・鴨両社とつながる諸国の供祭人の根拠地に設定された可能性は十分あり、百五十六町の田地をもつ賀茂社領安曇川御厨の確定がこのときであったことについてはさきにのべた。そして堅田御厨がこれと同様に供祭人の免田畠を含む御厨として確立したのは、恐らく鳥羽院の寄付が行われたという保安三年(一一二二)のことであったろう。[47]

鴨社の記録は、寛治以来、供祭人が「櫓棹杵通路浜」を供祭所として、漁撈をはじめ、自由な行動をする特権を保証されたとしている。しかし第一部第一章でものべたように、こうした権利は、本来すべての人――もとより鴨社の贄人も含む――の権利、本源的な権利だったのであり、それがときとともに特定の権門につながる人々の特権に転化したものとみることができるので、寛治年間というのは、それが上下賀茂社供祭人に保証されるうえでの一つの画期と解すべきであろう。しかし鴨社にとって、この特権の意義は絶大であった。寛治寄進の諸国の社領もそこから考えていくことが可能と、いまのべたが、なによりそれは、紀伊・播磨・讃岐・伊予・周防・豊前・豊後などの内海・江島・浜・崎・津等々に対する支配として結実しているのである(「鴨脚秀文文書」)。これまで、こうした広大な水面に対する支配の実態を疑問とする向もなかったわけではない。しかし前述した播磨国伊保崎室塩屋御厨(揖保川を含む)の場合も一つの例証となるであろうし、最近、小川信が『細川頼之』(吉川弘文館、一九七二年)で紹介した香川県仁尾町の「賀茂神社文書」、観応元年(一三五〇)十二月十七日、細川顕氏禁制(同書二九頁)に、「鴨御祖社領讃岐国内海津多嶋供祭所」[48]が見出される点からみても、この御厨が架空のものでないことは明らかであろう。これらの内海・江・浜等々の内部には、恐らくいくつかの供祭所が含まれており、それこそ、供祭人が「魚付の要所をトして居住し」た場所だったのである。

このような供祭人の特権は、本来、宣旨——天皇によって保証されていたのであるが、鎌倉幕府もまたこれを確認している。「賀茂別雷社文書」徳治二年十一月廿三日、六波羅下知状によれば、上下賀茂社供祭人は、「近国幷西国浦々関々者、停止武士濫妨、可令□□《（供祭）》」という特権を「貞応御下知、文永六波羅御下知」等によって確実なものとされていた。このころ鴨社供祭人のなかには生魚の交易に携わる人々もあったが[49]、これはこうした人々に対する自由通行権の保証とみてよかろう。もとよりそれは堅田供祭人の特権でもあった。「昔、堅田ニ有得ノ人ハ、能登・越中・越後・信濃・出羽・奥州、西ハ因幡・伯耆・出雲・岩見・丹後・但馬・若狭へ越テ商ヲセシホドニ、人ニモナリ経廻モセリ」という「本福寺跡書」の記述は、決して単なる誇張ではなかったのであり、廻船・水運の分野におけるその特権が、直接にはそこに由来することも間違いないと思われる。

そして、堅田が関としての権能をもつにいたったのも、この特権の別の形での貫徹にほかならない。自由通行権をもつ堅田供祭人の根拠地を、他の人々が自由に通過することは、絶対に認め難いことだったのである。こうした事例をわれわれはいくらでもあげることができる。前述した船木北浜供祭人と船木関、また皇室に例をとれば大江御厨渡部と渡部関、河内国大庭御野と大庭関、交野禁野と交野関等々、いずれもその本質を全く同じくするものとみてよかろう。そして、この特権をおかされたとき、彼等供祭人たちはたやすく「海賊」に転化したのであった。

しかし、この特権の本当の根——本源的な権利の側からいえば、こうした特権の成立そのものが、すでにその衰弱の第一歩であった。ましてや堅田の特権が「湖上特権」に限定されてきたことは、そのより一層の衰弱を意味するといわなくてはならぬ。「本福寺跡書」がさきの文書につづけて「今ハ湖ノ端バカリ廻テハ、ナニノ儲ケノアルベキゾ」といっているのは、その意味でよく真実をついている。

その衰弱の過程をのべる余裕はここにはない。ただ考えうる要因のいくつかをあげてみれば、まず、琵琶湖縁辺には堅田供祭人と同質の特権をもつ人々が多数存在していた事実に目を向けておかなくてはならない。朝廷の供御人として粟津橋本供御人・菅浦供御人が湖の南北に根拠をもって活動していたことはよく知られているが(50)、山門・日吉社とつながる人々もまた恐らくは彼等の強敵であったろう。船木北浜供祭人にしても同様である。こうした人々との競合の一端を、われわれは堅田と菅浦供御人との争いにとらえることができる。その紛議は、漁撈をめぐって、建武二年(一三三五)には表にでてくる。恐らくは南北朝期を通じ、両者はしのぎをけずる角逐をつづけたものと思われるが、周知のような激しい海上相論を通じて、応永四年（一三九七）、堅田は菅蒲を地先の漁場に封じこめることに成功した（滋賀大学日本経済文化研究所史料館編纂『菅浦文書』上巻、三九七号）。これは一例にすぎないが、この事実は、残された史料に現われぬさまざまな争いの存在を推測する手がかりを与えている。

しかし堅田の人々の直面した問題はこれだけではなかった。すでに新行が詳述しているように、供祭人の免田を内に含む堅田の田畠は弘長元年（一二六一）以前――恐らくは平安末期には堅田荘として山門横川の支配下に入っていたのである。摂津国長渚御厨と同様、堅田もまた一種の両属関係――人は鴨社、土地は横川の支配下におかれていたのであり、長渚の場合から推して、そこにたえず紛議がおこったことは、まず間違いのないことと思われる。しかもこの荘の地頭職は、承久の乱後、近江国守護佐々木信綱に勲功賞として与えられたのである。数多くの相論がそこにおこったであろう。そのいくつかは新行が指摘しているが、正嘉元年（一二五七）四月十七日の『経俊卿記』の記事に、鴨社堅田神人が殺害されたと記されているのも、多分その一つの原因もしくは結果であったろう。

それに加うるに、元弘・建武以来の内乱の連続である。近世の堅田の人々は、その特権の由来を足利尊氏の保証に求め、それを証明するために作られた偽文書を伝えているが、建武三年(一三三六)正月、上京してきた北畠顕家の軍を渡した舟の中に堅田の舟もあったと、『太平記』は記している。南朝・室町幕府・鴨社・山門等々、競合する諸権門の間にあって、堅田の人々が特権を保持すべく必死の苦闘をつづけたであろうことは、この点からもほぼ推測することができよう。

問題は外からのみおこったのではない。供祭人の集団のなかにも、本供祭人、脇住の別はあり、外部から移住してきた間人も存在した。これらの階層間の矛盾は外部の動きともつながって、恐らくは堅田を大きくゆるがしたであろう。その一つの結着が、さきの階層構成であり、四方の形成であったことは、新行がすでに指摘している。

このように考えてくれば、中世後期、絶大な力を振ったかにみえる堅田の湖上特権は、じつはきずだらけになった「本源的権利」のなれのはてであったということもできるのである。そしてそれは、織豊期さらに大きな打撃を与えられたのであり、湖上の漁業特権のみが幕府に保証された特権として堅田に残された。

この最後の残された特権が、じわじわと、しかし確実に、地先の漁場に対する権利を主張する諸浦の動きのなかで滅びていく姿を、われわれはこの史料集から細かく読みとることができる(51)。もとよりそこから幕藩体制そのものの諸画期を探ることも可能であり、それは大切な課題である。しかしそれとともに堅田の漁業特権に対して、とくに強く自己の漁業についての権利を主張した浦・浜（船木北浜・木の浜・沖の島等々）、そこにおこってくるさまざまな相論のなかに、中世以来のきびしい争いの残映を見出し、その根源を探り出すことも必要であろう。そして堅田自身の動向――滅びていく巨大な権利の動きの細かいひだの一つ一つにまで目をとめ、遠い古からのその歴史を再構成するための手がかりを、そこからつかみとらなくてはならない。漁業史の課題の一つは、たしかにそこにあるといえるのであり、喜多村の努力の結晶であるこの史料集を本当に生かすための道は、そこにもひらけているように、私は思う。

（1）アチックミューゼアム彙報『渋沢水産史研究室報告第二輯』一九四二年所収（第二部第一章注7所掲『祭魚洞襍考』に収む）。
（2）三一書房、一九七二―七三年。
（3）いずれも『日本漁業経済史』中巻一（岩波書店、一九五三年、一九八二年再刊）に収む。
（4）とはいえ、一九七八年から五箇年の計画で、滋賀県によって行われている琵琶湖の漁業専業地域における漁撈習俗調査は、すでに四冊の報告書を発刊しているが、この調査を通じて、琵琶湖の漁猟、海民の研究は明らかに新たな段階に入りつつある。

(5) このような語彙に対する着目も、渋沢の洞察を背景としており、必ずしも公刊された成果にはなっていないが、こうした語彙索引はアチック・ミューゼアムにおいてはさかんに作成されていた。

(6) この安曇川御厨及び北船木については第二部第一章でも若干ふれたが、詳細は前掲(本文庫上巻)拙稿「日本中世都市をめぐる若干の問題」(『年報中世史研究』七号、一九八二年)〔⑬〕参照。

(7) 「賀茂社諸国神戸記」寛治四年三月廿四日、鴨御祖大神宮解写(平4・一二八七)。恐らくこの賀茂・鴨社供祭人は、両者に属する前には天皇の贄人であったろう。

(8) 「賀茂別雷神社文書」(鎌6・四三三七)。

(9) 「勧修寺家本永昌記紙背文書」(建久八年)宇治内鱣請陳状(鎌2・九四八)。

(10) 前掲伊賀敏郎『滋賀県漁業史』上(概説)四九頁以下。

(11) 網代については次章参照。

(12) 「陽明文庫所蔵兵範記仁安三年三月巻紙背文書」仁安二年閏七月日、賀茂別雷社神主等解(平7・三四三二)。以前、本章を公表したさいにはこれを鴨社とみたが、第二部第一章第一節注(101)でふれたように、保立道久の「中世前期の漁業と庄園制」に指摘の通り、このように訂正する。ただ、鴨社も播磨国伊保崎にその拠点を持っており、ここでも両社供祭人は競合していたこととなる。

(13) 「松尾神社文書」養和元年九月十六日、官宣旨(平8・四〇〇五)、「東文書」嘉禎四年十月十九日、六波羅裁許下知状(鎌7・五三一五)。
(14)「東文書」。
(15)同右文書。
(16)「九条家本延喜式巻三十九紙背文書」(平2・五四七)。この点については、第二部第一章第三節で若干言及した。
(17)「九条家本延喜式巻十二紙背文書」長元四年正月廿三日、右衛門府解(平2・五一七)。
(18)大日本古文書家わけ第四『石清水文書之二』「田中家文書」一二二号、延久四年九月五日、太政官牒(平3・一〇八三)。
(19)大日本古文書家わけ第十八『東大寺文書之五』七十三号(一)、嘉承元年五月廿九日、官宣旨案(平4・一六六〇)。なおこの点については、戸田芳実「御厨と在地領主」(木村武夫編『日本史の研究』ミネルヴァ書房、一九七〇年)でも関説されている。
(20)『春記』長久元年六月十一日条。
(21)第一部第一章。
(22)『東大寺文書之三』(東南院文書之三)五九〇号(三)、天喜四年二月廿三日、藤原実遠所領譲状案(平3・七六三)。
(23)第一部第二章。
(24)大日本古文書家わけ第一『高野山文書之八』一七九八号、応保二年十一月日、東寺門徒申状案(平7・三二三五)。

(25)「南部文書」(平7・三三二八)。
(26)「神護寺文書」。
(27)『日本中世国家史の研究』(第二部第二章注85所掲)三六八頁。
(28)保立道久はこの点について、当時の国衙が在地領主によって構成されていたという点を根拠に、ここにみられるような対立は領主間の対立であり、一宮による贄貢納を前提とした水面の支配も、在地領主――在庁と結びついた一宮の、荘園制的領有であることを、注(12)論稿において指摘し、石井及び拙論を批判する。もとより私も、このような一面のあることを十分に認めるが、しかしこの論理からは、国衙領が荘園と本質的に同じ性格を一面で持ちながら、なお荘園が中世の土地制度をおおうことのなかった理由は、ついに明らかにすることはできないであろうし、国衙領・守護領の持つ特質を解明する手がかりも失われるであろう。保立の論理に即しても、在地領主の利害と、在地領主の共同の利害とは決して混同し難いはずであり、問題はなぜ後者が、国、国衙の形で表現されたかにある。
(29)日本思想大系17『蓮如・一向一揆』(岩波書店、一九七二年)所収。
(30)大日本古文書家わけ第五『相良家文書之一』六号、寛元弐年五月十五日、人吉荘起請田以下中分注進状(鎌9・六三二一)。
(31)同右文書、三九号、相良蓮道《長氏》置文(鎌31・二四二二六)。
(32)「柳河大友家文書」乾元二年五月十八日、豊後国阿南荘松富名中分状案(『大分県史料』(26)、第四部、諸家文書補遺(2)所収)。

(33)「越後文書宝翰集、河村文書」元亨元年八月七日、関東下知状案（鎌36・二七八二六）。

(34)同右文書。

(35)『経俊卿記』正嘉元年六月十五日条。

(36)「多良家文書」（前掲『滋賀県漁業史』上（資料）所収）。ただこの文書については、真正なものかどうか、疑問をさしはさむ余地がある。

(37)筑摩十六条は、元暦年中、朝妻荘の一部をさいて後白河法皇が日吉社に寄進したもので、戦国期にいたるまで、「日吉社魚神供料所」であった。それは恐らく、かつての筑摩御厨贄人の流れをくむ漁撈民の免田畠に起源を持つ所領単位で、この藤原氏も恐らく日吉神人だったのではないかと思われる。『近江坂田郡志』上、所収、「木村文書」宝徳三年十二月二十七日、修理亮国量江川売券は、先祖成広より相伝した「貢祭の神供料」である筑摩十六条の江川「三十間仁四十間」を沽却しているが、これは恐らく日吉神主一族内部の売買とみられる。現在でも多良村が独占的な権利を保持しているこの簗については、考えるべきことが多く残されているが、いまのところ、以上の事実をあげるにとどめ、後考を期す。

(38)黛弘道「延喜神名式雑考」（『新訂増補国史大系月報』一八、一九六五年）。

(39)「勝山小笠原文書」。

(40)「御前落居奉書」。

(41)「島田文書」二、年月日未詳、宣陽門院所領目録断簡（鎌5・三三七四）の「被充御祈願所御領」の中に、近江国兵主社がみえ、『源威集』下に、山門が「兵主荘以彼春宮供御料所」を望み、尊氏によって寄付されたとある。
(42)「隼人の近畿地方移配地について」(『日本歴史』二三〇号、一九六七年)。
(43) 大津市史編纂室は、最近、さらに文書の探訪をおしすすめ、新たに伊豆神社から、本堅田共有の大量な御用留——町の記録を見出しており、そのほかにも本史料集未収録の漁業史料も発見されているが、基本的な文書は、一応、本史料集に収められているといってよい。
(44) なお堅田については、その後も多くの研究が発表されているが、その点についての概略は前掲拙稿「中世の堅田について」(『年報中世史研究』六号、一九八一年)〔⑬〕を参照されたい。また以下にのべることも、そこで多少詳しく関説している。
(45)「鴨脚秀文文書」鴨御祖社神領記。
(46) 第二部第一章第三節参照。
(47) 注(45)記録。
(48) 第二部第一章注(95)参照。
(49)『勘仲記』弘安七年四月廿五日条。
(50) 第一部第一章参照。
(51) なお、近世の堅田と他の諸浦との関係については、拙稿「びわ湖をめぐる堅田のうつりかわり」(琵琶湖総合開発地域民俗文化財特別調査報告書２『びわ湖の専業漁撈』滋賀県教育委員会、一九八〇年)で、その概略をのべた。

第四章　宇治川の網代

一　古代の網代

宇治川と勢多川に網代《あじろ》をかける漁撈民が、天皇に贄《にえ》として氷魚《ひうお》を貢献するようになったのは、きわめて古くからのことと思われる。柿本人麻呂の周知の和歌(1)

もののふの八十氏河の網代木に
いざよう波の行方しらずも

によっても明らかなように、律令制成立後の宇治の網代は、しばしば貴族たちの歌材とされているが、恐らくこの贄人と天皇との関係は大化以前にまで遡るであろう。

ただその実態が多少とも知られるようになるのはやはり平安時代に入ってからのことで、元慶七年(八八三)の官符(2)に、近江国の御厨として、勢多・和邇《わに》・筑摩《つかま》に加えて「田上《たなかみ》御網代」、さらに「皇太后宮職御網代」があげられており、また『延喜内膳司式』に、「山城国・近江国氷魚網代各一処、其氷魚始九月迄十二月卅日貢之」と規定されている。『北山抄』によると、宇治網代の修理には山城国の正税稲が充てられることとなっていた。

この網代によって獲られた氷魚が、重陽宴・旬(孟冬)に当って、王卿以下の諸臣に下賜されたこと、これを召すために氷魚使が蔵人所から田上・宇治に遣わされ、蔵人所牒がこの使には下付されたこと、また恐らくこの各々に御網代司が補任されており、その補任も所牒によって行われたことなどについては、すでに渡辺直彦が指摘している(3)。これによって、おそくとも十世紀以降、この両網代が蔵人所の所管となっていたことは明らかであろう。またこの網代が、度々の殺生禁断によって抑えられつつも、鎌倉中期まで設けられつづけていたことについては『明治前日本漁業技術史』によって、一応解明されている(4)。

二　真木島村君と供祭人

ただここで注目しておきたいのは、この網代の贄人が、十二世紀以降になると、単に天皇のみに氷魚を貢納するにとどまらず、さまざまな権門に兼属していたとみられる点である。

『執政所抄』に「真木島《まきしま》・桂贄人等」の現われることはよく知られた事実であり[5]、ふつうこの真木島贄人は鵜飼《うかい》と考えられている。たしかにその可能性も大きいといえるが、後述するような真木島と網代との深い関係を考慮すると、これを網代の贄人と見ることも十分に可能である。もしこのように考えることが許されるならば、この人々は摂関家にも奉仕していたのであり、しばしばふれたような天皇と摂関家との密接な関係を前提においてみれば、その蓋然性は大きいといわなくてはならない[6]。

また、永久二年(一一一四)九月十四日、宇治・田上御網代[7]は殺生禁断によって、一旦、破却されるが[8]、このとき「賀茂供御所」のみは除かれており、ここに賀茂社に供祭を貢献する網代のあったことを確認することができる。この賀茂社が上下をあわせた意味なのか、上賀茂社のみを意味しているのかは断定できないが、下賀茂＝鴨社が宇治川の網代を支配していたことは、つぎの事実によって確認しうる。

「勧修寺《かじゅうじ》家本永昌記紙背文書」には、鴨御祖《かもみおや》社網代村君と、宇治内鱣請との相論に関する、建久八年(一一九七)の文書が二通伝来している[9]。ここで論点となっているのは、鱣請が鱣の寄場として河中に石を置くのに対し[10]、網代村君が網代の面を塞いだとして、これを拾い取ったという点にあるが、この相論は「知足院禅定殿下」――藤原忠実のころにすでに始っており、建久二年(一一九一)にも衝突のあった、長い経過を持つ争いであった。

その結末は明らかでないが、ここで注目すべきは、鴨社のこの「御厨」――網代が「建立以後、不知何百歳」といわれるほどの古い起源を持っていること、また鴨社に十月よりの供祭物として「下氷魚」を貢する網代を立てた贄人が「真木嶋住人」といわれ、真木島を根拠として「村君」に統轄されていた点である。

とすると、宇治川の網代に対する賀茂・鴨社の支配は、あるいは賀茂社が上下に分れる以前の遠古にまで遡りうるのではないかと思われ、その贄人は、天皇に氷魚を貢する人々と同じ集団であったと見てよかろう[11]。

それだけではない。延応元年(一二三九)十月、六波羅探題は近江国大石荘の住人が、地頭の威を仮りて網代を構えることの不法を訴えた。栗田郡左久奈度《さくなど》社供祭人真木島邑君の申状に応じ、大石荘地頭代に子細を弁じ申すべきことを命じている[12]。この左久奈度社供祭料網代については、甲乙人、近隣土民の乱入が禁制されていたのであるが[13]、「真木島邑君」によって代表されている点からみて、この供祭人がさきの鴨社供祭人と同一の集団であったことは間違いない。

さらにまた、この集団は鎌倉中期までに、春日社・松尾社にも関係を持つようになっていた。弘安五年(一二八二)八月八日、叡尊の宇治橋修造の申し出に応じ、賀茂・春日[14]・松尾三社に供祭を備進する宇治川網代を破却すべしとの院宣が下ったのに対し、「賀茂供祭人真木島村君」が神木を捧げ、社司とともに群参訴訟しているのである。[15]

この翌々年、弘安七年(一二八四)、叡尊の申請により、永く宇治網代を停止するという院宣が発せられた。[16]これに対して、二月二日、真木島供祭人は賀茂社内に群参、神供を抑留したまま翌日に入っても承伏せず、[17]鴨社もまた訴訟をおこしたとみられるが、二月四日、賀茂社・松尾社・富家殿などの残された網代についても、急ぎ破却すべしとの命が下り、[18]網代の破却は強行されたものと思われる。

三　楽人狛氏と真木島長者

このように、真木島に拠点を持ち、真木島村君に率いられた贄人の集団が、宇治川に網代をかけ、天皇・摂関家・賀茂社・鴨社・松尾社・左久奈度社・春日社などに、贄・供祭物を貢献していたことは明らかであるが、この村君はまた一方では離宮社の長者でもあり、贄人の中には網代を重代相伝の所領とする人もあった。

弘安四年(一二八一)、平等院鎰取倉光は、離宮社祭馬上役を懈怠したとの理由で、宇治内を追却されるとともに、「重代相伝所領幷網代等」を没収された[19]。この倉光は恐らく一方では、網代の贄人であったと思われるが、その処置の不法を訴えた離宮社右方神官・巫女・神人の列参に関連して、長者光康が召されていることにも注目しておかなければならない[20]。すでに林屋辰三郎が的確に指摘しているように[21]、この光康は楽所の楽人狛《こま》光行の孫であり、離宮社右方長者であるとともに、宇治・槇長者＝真木島長者ともいわれた人であった[22]。それはこの光康の祖光貞が「宇治網代目代」であったことからも明らかであり、宇治網代の贄人を統轄した真木島村君、離宮社長者は、まさしく楽人狛氏だったのである[23]。これは、栗栖《くるす》と舞人多《おお》氏との前述した関係[24]とともに贄人と芸能に関わる林屋の洞察を強く支える好例といえよう。

しかし、中世の狛氏は決して単なる網代の漁撈民の長、優雅な楽人ではなかった。弘安の網代破却以後も、正和三年(一三一四)、曾束《そつか》荘の荘民が網代をかけていること[25]からも知られるように、網代は宇治川から全く姿を消してしまったわけではなかった。後述する弘安八年(一二八五)に宇治野における鵜飼の飼場を妨げた内膳狩取も[26]、あるいは網代漁に携わる人々であったと思われ、この川における漁を一つの基礎とする魚貝商人としての賀茂・鴨供祭人の活動も活発であった[27]。

それだけではない。もともと真木島の地は宇治川流域における交通上の拠点であり、ここに渡があり、雑船がおかれていたことも知られている。(28)さきにあげた『執政所抄』の記事や、(29)弘安元年(一二七八)、離宮に参じた勘解由小路《かでのこうじ》兼仲が真木島住人から船を召している事実などからみても、それは明らかであり、大分ののちのことではあるが、ここには川関が置かれていた事実も確認できる。(30)恐らくその設定はかなり遡ってよいであろう。

とすると、真木島村君＝長者＝惣官である狛氏は、網代の贄人、魚貝の商人だけでなく、宇治川の水上交通に携わる人々を掌握していたことになる。史料上では確認しえないが、この人々が、他の供御人と同様、関渡津泊の煩なく諸国を自由に通行しうる特権を保証されていたことは、確実である。網代漁が殺生禁断によって衰えていった鎌倉後期以降、真木島住人の活動の重点は、恐らくこうした水上交通、及び宇治川の関務の掌握におかれることになっていったであろう。

そして渡部の津に根拠をおき、渡部関を抑える渡部惣官が、海の武士団、海賊としてよく知られているのと同様、(31)真木島氏もまた川の武士団として、その威勢を周囲にふるっていた。(32)後鳥羽院のころ、源判官康仲の命で「小殿」という元強盗が捕えた強盗張本真木島十郎は、もとよりこの一族であったろうし、逆に真木島氏は鎌倉末期、得宗と関わりを持っていた可能性もある。[33] さらに建武以来の真木島長者は、猛威をふるい、近辺を押領に及んで、武家の成敗に拘らざることありといわれているのである。[34] 事実、広橋家領衣比須島はその被害をうけ[35]、文和二年(一三五三)、真木島新右衛門尉光経は、東山光明寺領の田地三段を押領している。[36]

これ以後、真木島惣官、あるいは宇治長者真木島氏が、将軍あるいは管領の家人として畿内を中心に特異な活動を展開したことについては、三浦圭一が多くの史料を列挙している[37]ので、ここでは立入らないが、この真木島氏の動向は、天皇に贄や供御を貢献する非農業民の統轄者が、狭義の芸能に関わりを持つとともに、機動性に富んだ特異な性格を持つ武士団として、中世の政治・社会の中で大きな役割を果したことを証明する、よい事例といえよう。[38]

(1)『万葉集』二六四。
(2) 前掲『類聚三代格』。
(3)『日本古代官位制度の基礎的研究』(吉川弘文館、一九七二年)。
(4) 第三編第四章「簗漁技術史」(〔本巻〕一八頁所掲)。ここに、かなりの史料が蒐集されている。

(5)『執政所抄』四月八日条。

(6) のちにのべるように、富家殿の網代のあることも、この推定を支える。

(7) 田上網代そのものについては、その網代司小槻重兼の死後、長徳元年(九九五)十月十日、甲可千秋が補せられたことを『本朝世紀』によって知りうるほか、中世の事情についてはほとんど明らかにし難い。ただ、田上の地には、修理職領田上杣(『経俊卿記』建長八年四月廿日条)があり、車輪を作る工人、田上輪工がいたことも、建長五年(一二五三)の近衛家領目録や「勘仲記自弘安二年七月一日至九月卅日巻紙背文書」年未詳九月十日、按察使某(源資平)書状(鎌19・一四四五〇)などによって確認しうる。ここも全体として、天皇・摂関家と深い関わりのある地であった。

(8)『中右記』同日条。

(9) 建久八年十一月日、鴨御祖社司申状(鎌2・九四七)、(建久八年)宇治内鱣請陳状(鎌2・九四八)。

(10) 前掲『明治前日本漁業技術史』第三編第五章「筌漁技術史」六七四頁に、琵琶湖で用いられ、鰻塚と類似するといわれる「石漬」の漁法であろう。この鱣請の集団も、その漁は往古よりのことといっており、八月・九月に漁をしており、恐らく摂関家と関わりのある特異な漁撈民であるが、その実態は明らかでない。

(11) 鴨神については、林屋辰三郎『日本の古代文化』(岩波書店、一九七一年)など参照。山城・近江の水面に関わる賀茂・鴨両社の支配の淵源は全体としてきわめて古い時代に遡るであろう。

(12)「佐久奈度神社文書」延応元年十月九日、六波羅御教書。

(13)同右文書、延応元年十月、六波羅御教書(鎌8・五四九三)。

(14)春日社神人が宇治にいたことは、『春日社記録』嘉禎二年正月七日条に「宇治十三人神人」とあることによって知りうる。また同記録、弘安十年四月五日に、「橋本御厨領之内網代事」とある。記録の編者はこれを摂津国橋本とみているが、網代とある点からみて、これは近江国橋本御厨で、この網代は勢多川にかけられたものではなかろうか。

(15)『勘仲記』弘安五年八月八日条。

(16)「金剛仏子叡尊感身学正記」弘安七年正月廿一日条(奈良国立文化財研究所監修『西大寺叡尊伝記集成』法蔵館、一九七七年)。

(17)『勘仲記』弘安七年二月三日条。

(18)同右、同年二月四日条。

(19)「勘仲記自弘安七年二月一日至卅日巻紙背文書」(弘安四年)平等院寺官等申状(鎌19・一四四一六)。

(20)『勘仲記』弘安四年五月六日条・同五月七日条・同閏七月十八日条等。

(21)林屋『中世芸能史の研究』(岩波書店、一九六〇年)第二部第一章二六二〜二六三頁。

(22)「勘仲記自弘安五年正月一日至三月二十九日巻紙背文書」年未詳十一月廿五日、散位為盛書状(鎌19・一四六〇五)には、離宮社左方長者光有が現われる。「狛氏系図」(『続群書類従』

第七輯下）にはみえないが、この人も狛氏一族であろう。右方・左方の長者のいずれかが、宇治長者、他が真木島長者だったのではなかろうか。

(23) 前掲「狛氏系図」。

(24) 第一部第一章。

(25) 古代学協会編『禅定寺文書』（吉川弘文館、一九七九年）五三号、正和三年九月日、禅定寺寄人等重陳状案（鎌33・二五二三七）ほか五五・五六号等参照。

(26) 第二部第六章参照。

(27)『勘仲記』弘安七年四月十八日条・同廿五日条等参照。

(28) 同右、弘安二年二月三日条。

(29) 同右、弘安元年五月九日条。

(30)『山科家礼記』第四、文明十三年八月十四日条。宇治・真木島と小幡とが、この川関をめぐって弓矢に及んでいる。なお『宇治市史』2、中世の歴史と景観、第一章第五節一七七頁以下にも宇治関についての指摘がある。

(31) 第一部付論1参照。

(32)『古今著聞集』巻第十二（偸盗第十九）、四四一「強盗の棟梁大殿小殿が事」。

(33)「柳原家記録」建武二年七月十二日、後醍醐天皇綸旨写によると、宇治真木島が山城国桂新免・河内国新開荘とともに、西園寺公重に安堵されている。真木島には西園寺公経の邸宅があり、西園寺家に相伝されているので、一概にはいえないが、桂新免・新開荘がいずれも得宗領であったとみられるので、その可能性はあると思う。

(34)「広橋家文書」応安四年三月六日、広橋兼綱譲状土代。

(35)同右。

(36)「紀氏系図紙背文書」。

(37)「中世における畿内の位置」（第二部第一章注44所掲）。

(38)なお『宇治市史』１・２にはそれぞれ本節の主題に関する叙述があるので参照されたい。

第五章　常陸・下総の海民

一　中世の霞ケ浦・北浦

八世紀初頭、『常陸風土記』の書かれたころの霞ケ浦・北浦は、大きな入海であった。それには「塩を焼く藻、海松、白貝、辛螺、蛤、多《さは》に生へり」とも、「居《す》める百姓は塩を火きて業と為す」とも記されている。海はまだ深く内陸に入りこみ、いたるところに江をつくり出しており、この辺は文字通り「水郷」そのもので、海民の活発な活動舞台だったと思われる(1)。しかし中世にはいるころ、この入海とそこに活動する海民に対して、下総の香取社、常陸の鹿島社の支配がそれぞれに及ぶようになっていた。まず鎌倉前期、鹿島社大宮司が、宮地・宮領・神田・渡田・御供従料・幣馬・幣牛とともに、立網・引網を知行していた事実を確認しうるが(2)、もとよりこれは平安時代にまで遡ることができよう。ただ、鹿島社への供祭料を漁したとみられるこの立網・引網が、霞ケ浦・北浦で用いられたことは疑う余地ないとはいえ、いかなる人々が使用していたかについては、全く明らかでない。

これに対し、多少とも実態を知りうるのは、十二世紀後半、応保・長寛・治承以来、香取社大禰宜の支配下におかれていたといわれる常陸・下総の海夫である。この事実が史料の上で明らかになってくるのは、貞治五年(一三六六)、大禰宜大中臣長房が、その安堵を摂関家に申請、(3)関白家御教書《みぎょうしょ》、(4)長者宣によってこれが認められたときのことであり、これをうけた鎌倉府の両使安富道轍・山名智兼が応安七年(一三七四)、海夫の根拠とする津々の地頭充にその打渡を命ずるが、(5)そのときの海夫注文によって、(6)海夫の分布の状況をよくとらえることができる(左図)。

そのおおよその分布状況は、下総についてみると、現在の利根川河口から南岸に沿って神崎津にいたる河辺に点在し、(7)常陸については、同じく現利根川河口から北岸に沿い、北浦東岸を白鳥津にいたる鹿島郡の津々、(8)延方から成田にいたる北浦西岸、潮来・麻生から大枝(大井戸)に及ぶ霞ケ浦東岸に広く点在する行方郡の津々、(9)阿波崎から古渡《ふっと》にいたる霞ケ浦南岸の東条荘内の津々、さらに信太《しだ》古渡・安中・船子等の信太荘内の津、(10)南野荘の柏崎津等に及んでいる。

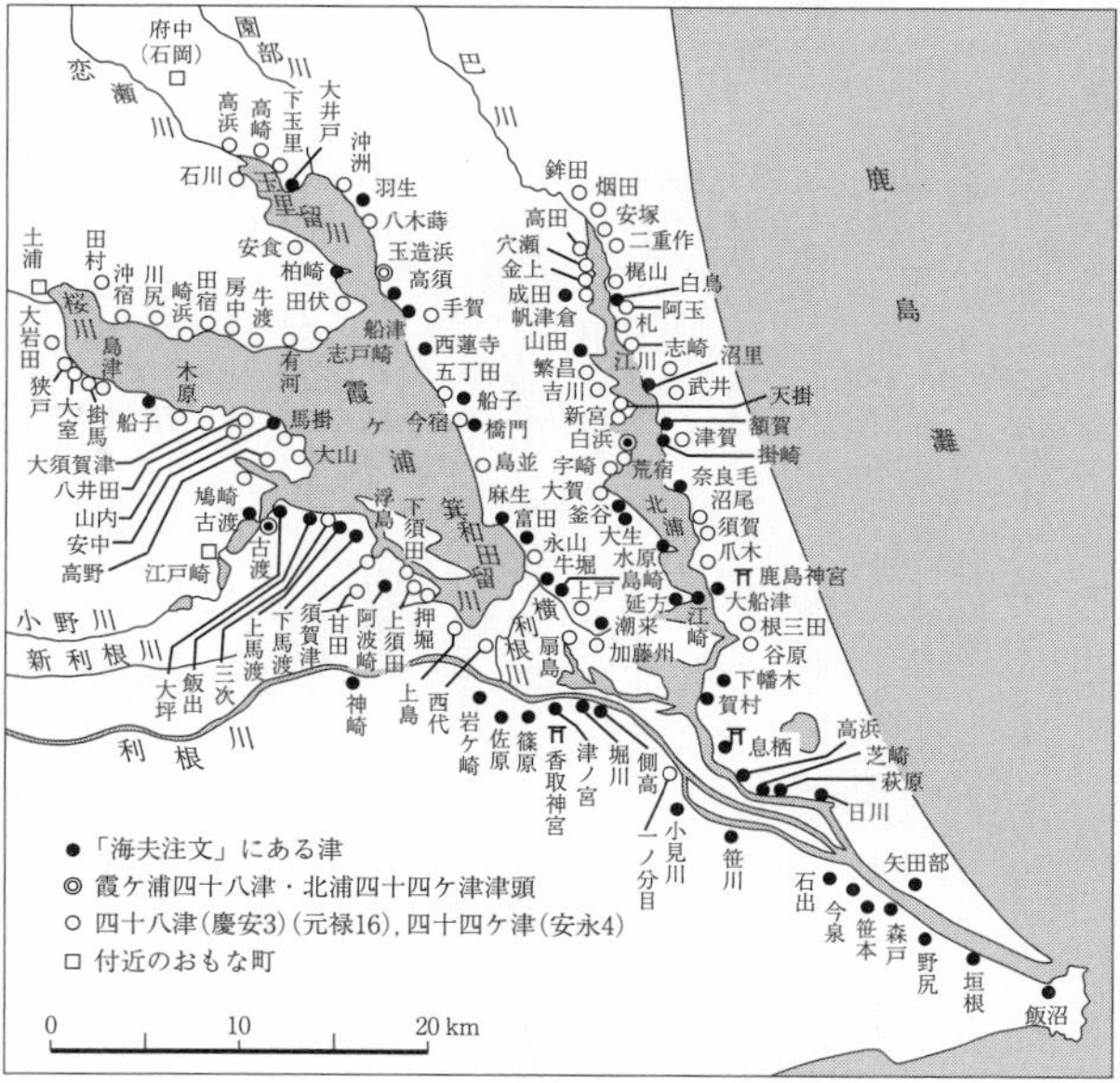

霞ケ浦・北浦・利根川の海民分布図

この海夫の根拠地が、すべて津といわれている点に注意すべきで、海夫たちは入海での漁猟によって、供祭料を香取社に貢進するとともに、広範囲にわたって舟による水上交通に携わっていたとみなくてはならない。香取社がこの人々に、関渡津泊を自由に通行しうる特権を保証していたことは、大いにありうることといえよう。

事実、大中臣長房はこのころ千葉満胤の家人中村胤幹の「悪行」を糺弾、神輿を鎌倉に遷座させて鎌倉府に訴えており(11)、その過程で戸崎・大堺・行徳、さらに香取郡長島・武蔵国猿俣(14)などの関を灯油料所とし、その関務知行を認められている(12)(13)。とすると長房がここで、現在の霞ケ浦・北浦から東京湾にいたる水上交通路の支配を自らの手中におさめようとしていることは明らかであり、その交通体系の中で、海夫の果す役割はきわめて大きかったものと思われる(15)。

とはいえ、この時期の海夫は、一応津々の地頭の支配下におかれており、香取社大禰宜の支配は必ずしも徹底しなかったと思われるが、そうした支配者の動きの間にあって、海夫たちはその独自な活動を展開していた。多少遡れば、伊勢から神宮寺城に着いた北畠親房を小田城に渡したのは、前述した通り、この人々の力なしには考えられぬことであり、また室町期、信太荘の商船を襲撃しようとした海賊も、恐らくこの海夫たちの一部の動きであったろう(16)。

こうした活動を通じて、津々の海夫たちは当然相互に密接な結びつきを持っていたと思われ、遅くとも室町期に入れば、入海について、これを自主的に管理する彼等自身の独自な組織を持っていたに相違ない。室町・戦国期、各地に一揆が出現したのと同じ性質の動きをそこに推測するのであるが、江戸時代に入るころ、それは玉造浜を北津頭、古渡浜を南津頭とする霞ケ浦四十八津、白浜を津頭とする北浦四十四ケ津として、その姿をはっきり現わすのである。

霞ケ浦・北浦を入会の海として管理したこの組織の権利の淵源が、近江の堅田の場合と同様、かつての香取社海夫の特権——入海の自由通行権に遡ることは、以上のように考えてくれれば、自然な推定としてよいと思われる。

二　霞ケ浦四十八津と「御留川」

1　「水戸御留川」の設定

徳川の時代にはいった頃、霞ケ浦は四十八津とよびならわされている湖周辺の村々の入会の湖だった。いつごろからこの様になったのかは、史料からは全くうかがうことは出来ない。(17)

この湖の北は玉里の入海とよばれる入江になっているが、この入江の奥の玉里とよばれていた地に、戦国時代以来鈴木という豪家があった。この家は戦国期には玉里の城主の家臣で、その七騎の一人だったということが伝えられている。慶長年中にはこの家の主、権七は地代官をつとめ、鳥見役を兼ねている(18)。

寛永二年(一六二五)に、権七の子七左衛門はこの玉里の入海を「御国の御留川《おとめがわ》」としたい旨を水戸に注進した(19)。この海を普通の漁師の立ち入りを許さぬ水戸城主の領海にしたいというのである。このことは、それまで霞ケ浦のすみずみまで入会の海としていた四十八津の訴訟をよびおこした(20)。この時の四十八津の主張は充分明らかでないが、既にこの頃浦の東南部に設けられていた公儀の箕和田御留川の外に(21)、新たに御留川の設けられることに対する不満、即ち従来の入会の伝統がおかされることに対する憤激につきるであろう。七左衛門の注進は公儀によってうけいれられ、この入江、詳しくいえば外の境を下玉里村稲荷森と安食村柊塚を見通した線、内の境を石川村境の堂より沖の三木杭と高崎村と田中村との境とをむすんだ線によってかぎられる入海は水戸の御留川と定められ、諸漁禁制たることが仰せつけられたのである。七左衛門はこの功労に対して水戸城主より主水という名、御徒並という地位、帯刀の許可、その上にこの御留川の御川守役を以てむくいられた(22)。鈴木家はこうして新しい徳川の封建機構の末端としての地位を得ることが出来た。

御留川には早速水戸の役人の手で大網(この網の規模については明らかでないが、元文五年〈一七四〇〉の頃、御留川では約五十人の引子によって引かれる網が使われており、当初の網もほぼこのくらいのものではなかったかと思われる)が入れられた。今は御川守となった鈴木主水はこれに立合った。今迄「小漁師共入込、掛ケ網等ニ而漁事仕候場所」に大網を入れたのであるから、その収獲はめざましいものであった(23)。役人の監督の下で引かれた直網は十一箇年の間、寛永十二年(一六三五)までつづけられたが、毎年毎年大漁がつづき、この期間の魚鳥代金は二千両以上の収益となったのである(24)。

寛永十三年(一六三六)に主水はその子七郎衛門に代をゆずった。七郎衛門は金三両二人半扶持をもらい、父同様御徒並の格式となり、持高百石余諸役御免、御川守の役をひきついだ(25)。御留川の方もどの様な理由によってか、これと時を同じくして従来の直網をやめて、入札によって、希望者に運上を請け負わせることとなった(26)。

しかし、この試みは、先に敗訴した霞ケ浦四十八津の人々の御留川に対する不満を明るみに出したように思える。何故なら、入札によって運上を請け負わせるには、当然霞ケ浦周辺の漁師達の協力を得ることが必要となってくるが、五年間つづけられた入札運上の期間を通じて、運上を請け負った人としては鈴木家の影響下にあると思われる下玉里村・上玉里村の百姓と、城主との何らかの関係を推測させる水戸の笹嶋九兵衛なる人物しかいなかったのであって、この事の背後には四十八津の暗黙の圧力が動いていたことがうかがわれるのである。この事実の前に役人達は後退を余儀なくされ、入札運上はわずか五年でうち切られ、再び役人の手で直網がひかれることとなった。

2　霞ケ浦四十八津の組織と活動

慶安三年(一六五〇)七月晦日、われわれが史料によって知りうる最初の霞ケ浦四十八津の会合が浦の沿岸のどこかの村で開かれた。集まったものは北津頭玉造村を代表する源五左衛門・里兵衛、南津頭古渡村を代表する将監、右馬助・杢助をはじめ湖の周辺の四十箇村を代表する人々であった。そこでは最近湖の南岸の安中郷の内、天野伝左衛門の知行する山内村のものが、地頭の運上のためといって、四十八津の制止をきかずにこの湖では未だひかれたことのない「あぐり網」という網をひいたということに対して、四十八津からおこして勝訴した訴訟のことが問題とされ、この訴訟によってはじめて奉行達にみとめられた霞ケ浦の漁業についての四十八津のふるくからの規定八箇条に、それぞれこの人達によって連判がなされたのである。こうしてはじめて四十八津の慣習は奉行によって公認されたものとなったのであり、これによって慣習は明確な権威によって裏づけられることになったわけであるが、一方慣習が文字に書かれ、権威によって裏づけられねばならなくなったことには、箕和田・水戸の両御留川の設定にひきつづき、自らの内部にも慣習をおかすものをみなければならなくなって来た、四十八津の立場の苦しさを見ることが出来ると思う。

ここで定められた八箇条とは、

一、霞ケ浦は前々よりの仕来たり通り入会って漁をするべきこと。鯉をとるのは霜月二十日より翌三月までとし、四月から霜月までは一切とってはならぬ。

一、四十八津は勿論、どこのものでも惣津の害になる様なことを企んだならば、その近辺のものが取締ること。もしそれで力に余った場合は早速惣津にしらせるべきこと。

一、網繰《あぐり》・六引網その他何網でも、不審な漁舟がこの浦に来た場合は、見付け次第網舟を取上げること。取上げた網舟は取人の徳分とすること。もし見遁した場合はその身は勿論村全体を罰すること。

一、常々の漁はかまた（意味不明）より目詰りの網をかけること。もしかまたより目すきの網をかけている者があれば見付け次第取上げること。これも取人の徳分と定める。

一、浮嶋村・牛堀村・富田村・麻生村・嶋並村・橋数村・今宿村の七箇村は箕和田御留川の岸である故、はい引(はや引網ヵ)はしてはならぬ。但し極月中、箕和田の魚を取られる日から来る三月まではは い引してもよい。

一、夏秋に鯉を取っているところを見聞したら、穿鑿して罰すること。

一、打網の諸法度のことは、去る丑年の連判手形の通りに守るべきこと。

一、惣津の寄合は毎年十月二十日に村廻りに集って法度をかためる。もし集らない場合は湖の漁を末代まで禁ずる。

この条々にそむいた村があった場合は、津頭から触状がまわされ、集会の上処罰を定めることとし、一箇村二箇村が背いた場合には、番所に申し出て奉行の裁きをうけるべきことが定められた(27)。

これから十年程、湖は事なくすぎたようであるが、寛文二年(一六六二)に湖の入口で一つの事件がおこっている。新嶋領の利根川の運上場を請け負っている佐原村・岩ケ崎村(いずれも利根川口の川辺の村)のものが、霞ケ浦の入口近くの牛堀村・上戸村(四十八津に属している)を相手どっておこした訴訟(28)がそれで、問題は運上場の境界をどこにおくかをめぐって両者の応答が行われているが、そこで牛堀・上戸の者が両村の前川の半分は水戸の領分、即ち両村の領分であるという主張をしていることが注意されなくてはならない。即ちこの主張そのものが、霞ケ浦全体を諸村入会の海であるとする四十八津の主張とは喰違う性質をもっているのであって、五年後の寛文七年(一六六七)には四十八津の介入がなされ、霞ケ浦への諸往還の道にあたる牛堀前川より川下では、大網・引網を引くことが五十一箇村の連判によって禁止され、一応四十八津の主張も通されてはいるが、(29)既に霞ケ浦の入口に近接する利根川に運上場が設定されてくる様な現状では、湖を入会とし、一村の運上場——「村極の猟場」を禁じている四十八津の慣習も、もはやそのままではいられなくなって来ているといわなければならない。

果して三年後の寛文十年(一六七〇)になると、霞ケ浦の海辺の村々の中に、領主の運上人になろうとするものがいるという噂がひろまって来た。四十八津はその年の三月六日に寄合をひらいた。寄合は緊張した空気の中でひらかれた。何故なら、この噂は四十八津にとってみればその生命にかかわる意味をもっていたからである。いま新たに霞ケ浦の中に領主の運上場が定められ、自らの内からその運上人を出すということは、四十五年前、江戸の法廷で敗訴し設定された水戸御留川を、事実の上では全く孤立した状況におとしいれて来た四十八津の力の弱化を現実に証明することになるからであり、そのことはやがて御留川に対する敗北を、法廷のみならず現実にもみちびき出すであろうこと、それは遂には四十八津自身の死滅をもたらすであろうことを、はっきり予感させることであった。しかもこの「裏切者」はどこの村かわからなかった。この時にかわされた連判状(30)(この連判状は残念なことに前半を欠いている)は、寄合の殺気だった空気をうかがわせるに充分である。

〇前欠

一、此度御運上御訴訟人数霞ケ浦海辺之村之内にも有是由風聞御座候、若左様之ものも御座候はば此度津々仲間え申出、御留川押え申御訴訟人数はなれ可□(申カ)候、尤人数無是折は連判相究、諸事同心可申候、若又此度は人数に無是と連判致、重而御運上人数に罷成候義御座候は、其者儀は如何様に成共不及申に、其村永く諸猟為仕間敷候、若背申候は猟船持具共に取上け可申候、其時分異儀仕候はば、被打殺申候共互に異乱申間敷候事

右之通、不残寄合相談之上相定申所実正也、重而違背候村出来申時分は、其近所之村ゝ出合、舟持具共取上可申候、若近所之村ゝにて不叶義に御座候は、近辺之津ゝえ触申候て、急度舟持具取上可申候、其節猶我がまま申候はば、被打殺申候共少も違義申間敷候、為其連判如此に御座候、仍如件

寛文拾年戌三月六日　(各村連判略)

北津頭玉造村兵左衛門、南津頭古渡村惣右衛門、与兵衛・右馬之助外数ケ村の小津頭、

五町田村・崎浜村・有賀村・麻生村・上須田村・田伏村・浮嶋村・木原村・舟子村等をはじめ総計五十三箇村の霞ケ浦周辺の村々が、連判した。

この様な空気の中で七年後の延宝五年(一六七七)、湖の入口の十三数川《とみかずがわ》を運上場にしたいという訴訟がおこされた(31)。恐らくこの訴訟は川の位置から考えて四十八津の統制外の村からの訴訟であったと思われるが、この時期にたとえその組織の外であったにせよ、湖の入口で運上場＝御留川が定められるということは、四十八津にとっては当然重大なことであった。四十八津の代表は評定所に出頭し、先の寛文七年の牛堀前川の例をひきつつ、この川が霞ケ浦の魚の入る道であること、従って霞ケ浦周辺の者にとって、ここが御留川になることは大問題であることを極力陳弁したのである。奉行達はこの陳弁を単なる利害問題と考えたらしい。この川の運上を請け負うと申し出た者と、四十八津の者と一年交替でこの川を請け負うことで、両者の妥協をはかろうとこころみた。いうまでもなく四十八津はこれを謝絶した。彼等にとっては「魚道」それ自体こそ問題だったのである。判決は彼等の希望に反し、十三数川の二筋の川筋の中、一筋を運上場とし、他の一筋を四十八津の魚道とすることが定められた。四十八津の慣習の重要な一角はここに破られた。

この判決の行われてから六年後の、天和三年(一六八三)、湖の南岸の村々の間に、藻草採取場をめぐって相論がおこっている。[32] それが藻草場も漁業と同じく入会であることを主張した、古渡村（四十八津の南津頭）外二箇村と、藻草場は村切であって、村毎に地先を支配して来たと主張する土浦村外六箇村の間で争われ、結局後者の勝訴に終っていることが注目されねばならないであろう。入会の原則の破綻はここでも表面化して来ているのである。

こうした情勢の中で同じ年、水戸の御留川では直網が廃され、再び入札によって運上を請け負わせることが触れ出された。この転換はまさに時宜を得たものであったと思われ、その当初、天和三年、同四年の二年間は運上は江戸小田原町の問屋、駿河屋市衛門と大坂屋佐平の両人によって請け負われ、霞ケ浦周辺の者は姿をみせないのであるが、その翌年、貞享二年（一六八五）には四十八津に属し、十五年前の連判にもその名をつらねた柏崎村のものによって請け負われ、更にその翌年、御留川の運上を請け負ったのは四十八津の最高の指導者、南津頭古渡村のものだったのであり、御留川の入札運上は、これ以後はさしたる支障なくつづけられていったのである。[33]

それと同じ年（貞享三年）、四十八津の統制に属さぬ利根川辺の扇嶋村の惣兵衛が、与助川（霞ケ浦の入口の川）で下ってくる鱸を、九月・十月の二箇月運上を請け負いたいと願い出て、四十八津の訴訟によって却下され、[34] 更に又元禄四年（一六九一）には佐原村の七衛門、磯山村の太左衛門(いずれも四十八津には属していない)が同じことを願い出て、四十八津五十六箇村の連判による訴訟の前にこれ又却下され、(35)四十八津の主張は再度にわたって認められている。しかし、このことは何の力をも四十八津に与えることなく、訴訟は翌年三度執拗におこされた。四十八津は、この年の四月十三日に会合を催した。集った村々は僅か三十箇村、二十年前にくらべてさびしい会合だった。過去の記憶がさぐられ、十三数川の訴訟の時、奉行の申し出をもけって入会を固守した代表達の思い出がよみがえって来た。そして記憶をたどりつつ長い長い訴状がしたためられた。(36)この訴状がどのように奉行達にとりあつかわれたかは分らないが、結果はおのずから明らかであったろう。

元禄十六年(一七〇三)に湖の北西の入江に位置する三村と、高浜・高崎・石川の三箇村との間に漁猟場の入会をめぐって相論がおこった。湖の中でおこったこの様な事件に対しても、もはや四十八津は何等積極的に立ち入ってゆく力をもたなかった。逆にその代表者津頭達が奉行から呼び出しをうけ、津頭の由来、ひいては四十八津の由来、又古くから四十八津につたわる大絵図の来歴まで尋問されるという有様であった。しかも津頭はさっぱりこの由来をしらなかった。自分自身の役の由来すらしらなかったので、彼等は箕和田と水戸の御留川以外、湖のすみずみまでどこも支配の村はきまっておらず入会であること、津役はないが訴訟の費用のみは各村で負担して来たこと等を記してこれに答えた。奉行はこの答に満足せず、絵図に印判のない村があるがどうしたわけか、石川・高崎・高浜の三箇村はいつから津に入ったのか等を更に突込んで質問して来たが、津頭達はこれも分らなかった。こうした状況の中で、津頭達は同年九月、自分達の提出した口書の確認を求めるために村々を寄合に召集した。現実には既にその旧慣の破綻はおおいがたく、またその歴史にまで疑いをさしはさまれるという事情にたち至ったいま、四十八津がなおその権威の名目のみでも維持して行くことを望むならば、その唯一のよりどころは、先にはじめて奉行の公式の承認をうけた慶安の証文に求めるほかはなかった。この寄合で連判された口書の確認状の末尾には「慶安三寅年御奉行様ヨリ被仰渡候御定法、霞浦之者共連判有之候通、霞浦海辺入相猟仕来候儀者、前々之通に仕置可致と有之候。猶先規ヨリ海辺寸地も不残入相来候得者……」と入会の旧慣とその合法的根拠とを強調しているが、(37)これはもはや集った村々の代表達の胸にも空虚なひびきしかのこさなかったであろう。

3　御留川と四十八津の停滞

この様な四十八津の動きの中で、御川守鈴木家がどの様な役割をしていたのか、史料によっては何等うかがうことは出来ないのであるが、寛永十八年(一六四一)から天和二年(一六八二)の四十年の直網の期間を通じて、鈴木家はこの地域に伝統的な影響力を持つ豪家として、水戸の役人の監督の下に直網の実質上の経営に携わっていたと思われる(38)。それだけに漁の成績の責任は直接鈴木家の肩にかかっていたようで、寛文元年(一六六一)に、先にのべた七郎衛門に代って諸役御免の百石をひきつぎ御川守になった吉之允は、翌々年の大不漁にみまわれ、近くの神社にお百度をふんで大漁の祈願をこめ、漸くこの窮場を切りぬけたということが伝えられている(39)。

下玉里村を中心とした鈴木氏の力はこの地域ではずばぬけていたらしく、このことは寛文五年(一六六五)の鈴木家が二十一人の下男下女をめしつかい、六軒二十七人の家風(カフウ――「家抱」等と同じ性質のもので、この辺の宗門改帳にはこの名が屢々見出される)とよばれる小家族をかかえ、家族をふくめて五十二人にも及ぶ大家族を擁していたことからうかがうことが出来るのであり(40)、御留川となった入海は、実際にはその影響下にあった海であるとも考えられるのではないかと思う。

天和三年(一六八三)には、先にのべたように御留川は入札運上にされることとなったのだが、弱化したとはいえ四十八津の圧力は予想されえないことではなかったろうし、又直網の際とはちがって支配者の権威は間接的になるわけであるから、運上の当初はかなり緊張した空気の中ではじめられたことが想像される。その年の暮には高崎村の漁師達二十人が御留川の中でいさざ引(いさざという小魚の引網)をしていたのを運上人にみとがめられ、その中の一人が捕えられるという事件がおこり、(41)これは扱人が入って内済で事はすんだが、いさざ引は直網の時と同様、春の中に願い出てゆるされてから五月晦日迄に期限をかぎられ、かけ網をはじめその他一切の漁がさしとめられた。時の御川守鈴木源太左衛門は、こうした運上人と一般百姓との紛争をとりさばき、それを公の訴訟として表沙汰にするか否かは、彼の胸にゆだねられるような地位におかれることとなり、直網の時とはちがった権威を以て一般百姓にのぞみうることとなったのであって、後年の官僚としての鈴木家の立場はここにその端緒をえたといえよう。

直網から運上への転換は、一つの紛争があったのみで無事に行われたらしく、その後しばらくは御留川は事なく運上がつづけられていった。

元禄十五年(一七〇二)は不漁の年であり、この時の運上人海老沢村の清衛門は引子への給金をはらうことが出来ず、網場家財を売りはらってやっとこれをすます有様であったが、源太左衛門はこの時の請人として二十両を立てかえねばならず、その金策のため持高の十五石を売り払うという不幸にみまわれ、更にこれに前後して同じ清衛門と共に島羽田山御払方の請人に立ったところ、これ又百両の損失でそのうめあわせに持高二十五石を売らなくてはならず、鈴木家には不運な年がつづいた[42]。

宝永三年(一七〇六)に、水戸領内では城主粛公によってとりたてられた松波勘十郎父子を中心に、藩政の諸改革が行われた。この改革は新運河の開鑿、従来からの大山守(水戸の御立山を管理する大庄屋級の役人)・村年寄・役人を全廃するという急激な性格をもった改革であったことを知るのみで、詳細は明らかにしていない[43]。それは宝永六年(一七〇九)、領内惣百姓のごうごうたる非難のうちに松波父子の追放を以て幕を閉じるのであるが[44]、この改革の波は御留川にも及び、宝永五年(一七〇八)に御川守の役は廃止され、鈴木家は一切の格式をとりあげられた[45]。やがて松波の没落と共に、二年後には御川守はもとに復したが、源太左衛門包教は隠居し、二男に持高の内十五石を与えて分家させ、家督を長男の竹松(源太左衛門宗貞)にゆずった。宗貞は郡奉行に召出され、改めて御川守に任命されたが、以前とひきくらべ諸役御免の持高は僅か三十石(当初の三分の一以下)にすぎなかった[46]。

一方この翌年の正徳元年(一七一一)に、御留川の領域内に属する石川村の漁師仲間二十四人が「小猟場」の免許をねがい出[47]、かけ網は入れないという条件でその地先を猟場として正式に許可されていることは、注目されねばならぬ事実であると思う。従来四十八津の否認しようとしていた(又この点では鈴木家の場合も同様であったと思われるが)

「村極の猟場」は、御留川の中に公然と出現したのである。

鈴木家の不運はこの間まだつづいていたようで、正徳三年(一七一三)には源太左衛門は重なる借金の上に、年老いた両親を抱えて全くの困窮におちいり、遂に自身で御留川の運上を請け負い、自ら網を経営することを水戸に願い出るにいたった。(48)この試みは実質的には江戸の問屋よりの金の融通を当てにしてなされたことであったが、結果的には鈴木家の勢望がここで一つの試金石にかけられることになった、ということも出来るのではないかと思われる。

この願い出は聞届けられ、(49)源太左衛門は三箇年間運上を請け負ったが、不漁がつづき、江戸小田原町の問屋の下り金四百両の返済すら出来ぬままに三年はすぎてしまい、彼は更に三年の延長を願い出て、これによって漸く窮場を切りぬけるという有様であった。(50)

伝統的な豪家としての鈴木家の勢望は、ここに完全に地におちたのであって、従来それに負うことの多かったと思われる御留川の運営自体も、これに伴い新たな方策がたてられる必要が出て来たのは当然のことといえよう。

享保七年(一七二二)に定められた御川筋諸川の定、それについで翌八年につぎつぎと定められ、御川守鈴木源太左衛門の名で触れ出された笹引掟(「笹引」の内容は明らかでなく、御留川の境界に毎年立てられる笹のこととも、笹浸といわれる小漁具のこととも考えられる）・鳥縄掟・網場掟等の御留川定法は、運上請負が始められて以来問題のおこる都度とられてきた処置を、はじめて成文化したものとして、御留川の歴史の中では一つの時期を画するものであった(51)。

ここに御留川網場掟を掲げると、

一、御用鯉と御誂の魚は常に間違いのない様にかこいおくこと。
一、水戸の御役人達には慮外なき様慎しむべきこと。
一、大毒網（大徳網のことで、小型の引網（注55参照））を御留川の近所へは干すべからざること。
一、御川の蒲・真菰・芦等は苅ってはならぬこと。
　但し岡谷原（地先のこと）の分は免許のこと。
一、網引子・舟頭・諸商人に喧嘩口論をさせぬ様に下知し、取りはからうべきこと。
一、御川の近所で舟に真木荷を積む場合と、造船をする場合は、御川守の指図を請けるべきこと。
一、御留川の内では沖藻はとらせぬこと。
　但し渚より十五間前、場所により二十間前は免許。

自家独自の勢威を失った鈴木家は、この定法の権威に支えられ、その執行者、官僚としての地位を新たに得たのであって、十年後には新たに諸役御免の四十石を与えられ、その地位はいよいよ確かなものにされたのである(52)。

一方この動きに並行して、久しくとぎれていた霞ケ浦四十八津の寄合が再び新たに開かれていることが注目される。即ち享保十年（一七二五）に湖の入口近い利根川べりの加藤須村のものが、与助川（前出）に網代（川の流れに網をおく漁具）を新しくおいたという事件がおこり、近村潮来村より津頭のところへこのことが訴えられ、与助川は霞ケ浦への諸魚往行の道ということがここで再びもち出されて、七十七箇村にも及ぶ村々の議定連判によって加藤須村の不法を公儀に訴え、網代をぬきとらせることが決められているのである(53)。二十余年もの間とぎれていた寄合が、ここであらためてこの様に大きな規模で開かれることが出来たのは、この時の係争地与助川が四十年前の訴訟の際に、四十八津の代表達によって入会の旧慣につながる伝統的な「魚道」として、奉行の申し出をもはねつけて強く主張された川であったという事情が当然関係していたであろう。このことは村々の代表達の胸にきざみこまれていたことであろうし、その記憶がここで新たにかきたてられたことが、この様な寄合を可能にしたと考えることは不自然ではないと思う。しかし、この場合にはむしろ寄合の直接の契機になったのが、現実には加藤須村と直接利害の対立していた潮来村一村の主張であったことが、注意されなくてはならないと思う。

連判こそ四十八津の名によってなされてはいるが、そこで公儀の御留川「箕和田御留川(前出、潮来村との直接の関係が考えられる)の漁猟人の難儀」を主張し、「加藤須村一ケ津の私なるふるまい」を非難しているのは、実際には潮来村の主張そのものであったと思われるのであり、かつて津頭自身のイニシアティーヴによって主張された伝統的な「魚道」ということは、ここではただその引き合いにいわされているにすぎない様に思えるのであって、四十八津の寄合は、ここでは既に以前とは質を異にして来ているということが出来よう。

それにしても七十七箇村という今までに例をみない多くの村々がここで動いたということは、村々にかつての寄合の記憶をよびおこす結果となり、翌十一年(一七二六)十一月に寄合は再び六十二箇村によって開かれ、慶安の議定を固め直すという形式で、新しく九箇条の条項が定められ、それに連判がなされた(54)。ここにその条項を掲げると、

一、霞ケ浦で公儀の御城米船は勿論、いずれの地頭所の米船でも、難風にあった時は助船を出して働くべきこと。尤も商船でも同様のこと。

一、箕和田御留川・水戸御留川の二箇所の海辺の外はのこらず入合のこと。田地は海につづいていても、四十八津に入っていない村は入合せないことは前々の通り

きびしくまもるべきこと。

一、当浦では流網は津々法度の第一である。又あぐり網・六引・広打網は勿論、不審なる猟船がこの津に来たならば、見聞次第網舟を取上げるべきこと。取人の徳とするのは慶安三年の証文の通り守るべきこと。

一、当浦で鯉をとるのは、霜月二十日より三月までとし、四月から霜月までは鯉はとらないこと。

一、地引網・大徳網に附網をせぬこと。何網でも新規の地引網は一切しないこと。

一、新規の漁具を企て、漁をしたならば、近所の津で早速支配の津頭に申し達すべきこと。

一、どこからでも流舟が来たならば、見付け次第破損せぬよう、又船具共に紛失せぬようにしておき、舟主が来たら返すこと。もし隠しておき横合から見付け出されたら、どんな罪にされてもそれに従うこと。

一、津頭から津々に廻状をまわした時、近年おくれてまわすことが多い。今後はおくれることなくまわすこと。尤も津々寄合の廻状がまわったならば、日限に延引なく相談をきめるべきこと。

一、津々の寄合は前々の様に十月二十日に廻状をまわし、出席して諸吟味をするこ

　　とは証文の通りきっとまもるべきこと。

　　津々の寄合がゆるんだので、ここにあらためて諸吟味をし、今後断絶することのないよう連判する旨が認められた。

慶安の連判と比較して、その第一条に新たに年貢の運送船に対する助舟の規定が設けられ、二つの御留川が入会を許されぬ海として議定の条項に入れられていることが先ず注目される。これらの規定は四十八津自身の伝統的な規定とは異質な規定といえるのであって、これらと並んで慶安の連判の際の重要な条項は、一応ここで再確認される形をとってはいるが、それが四十八津独自の処罰規定(例えば、寄合に欠席した場合の漁の禁止、あぐり・六引をひいた場合の処罰等)が、すべて消し去られた上での再確認であることとあわせて考えるならば、この議定は形の上では慶安議定の固め直しということがいわれているが、実際にはそれとは全く異質な、新たな規定が行われたものといってよいであろう。その意味で、ここで大徳網と地引網についての規定が加えられていることは、この頃から湖北辺の村々でかなり広く普及して来たこれらの網のもつ意味を考える場合の、手がかりになるように思われるが、これは未だ充分な結論を得ていない(55)。ともかくこの議定において、支配者の意志に従って村々を統制する官僚的な側面が、四十八津の名の下にあらわれて来たことが注目に価すると思うのであって、四十八津の歴史もこの議定によって一時期を画されたといわれるであろう(56)。

4　御留川・四十八津の衰退

先にものべたように、霞ケ浦四十八津がどのようにして成立して来たかについては、既に元禄頃の津頭自身にも明らかでなかったことで、今われわれがその事情を知ることは出来ないのであるが、四十八津がどの様な人々によって指導されていたかは、後の史料からある程度は窺うことは出来ると思う。鈴木家の家族が「家風」とよばれる小家族、即ち鈴木家に古くから従っていた家をふくめて五十二人にも及んでいることは先に指摘したが、これ程ではないにしても、この様な中世以来の豪家は、徳川期に入って以後もこの辺には点在していたと思われる。例えば、湖の入口近くの牛堀村には、貞享四年(一六八七)に下男・下女各三人、家風六軒二十六人、家族をふくめて三十八人の家族を擁し、家風の石高をあわせて五十一石余の石高をもつ半平という家が見出される(57)。史料が少ないため、この様な人達と四十八津との関係を直接立証することは出来ないのであるが、四十八津が少なくとも徳川時代以前から存在していたであろうと思われる点から、これらの人々が、実際には四十八津を動かして来たと考えることもできるのではなかろうか。そう考えてみると、こういう人達の中でずばぬけていた鈴木家が水戸と結びついて、湖の一部をその領海にするという挙に出たことは、これらの人々を出し抜いた裏切行為になってくるので、四十八津の御留川に対する根深い反感を、そこに求めることも出来ると思う。四十八津と鈴木家の歴史を今迄たどって来たのは、この様な人々が、徳川時代に入ってそれぞれどの様な道をすすんでいったかをみきわめたかったからであり、また、四十八津の動きの中に、過去の大きな力の断片のようなものが感じられたからにほかならない。

一村毎にその地先の湖を、それぞれの領主に運上金を納め、運上場とすることによって、「村極の猟場」が定められてくるような過程が進行し、四十八津、鈴木家が共々に伝統的な力を失い、生命を失った官僚的な性格を強くして行くのがその過程でみられたのだが、享保期はまさにその画期であったということが出来るように思う。

御留川は明治の廃藩まで続くのだが、享保八年に定められた定法は、この間若干の補充を加えられつつその権威をもち続けるのであり(58)、御川守鈴木家はそこに定められた枠を忠実に守り、それからはみ出したものをこまかく取締る官僚としての性格を、幕末に至るにつれていよいよ強くしてくる。年中行事のように三年に一遍くり返される入札と運上人の決定、それをめぐる無味乾燥な事務の中で、ただ時たま水戸城によばれて城主にお目見を許され、能を見物するのが唯一の変化であるような生活が、そこには見出されるにすぎないように思われる(59)。

四十八津は、享保以後幕末に至るまで、元文三年(一七三八)、寛保元年(一七四一)、文化十二年(一八一五)の三回にわたって議定の固め、補充を行なっているが、慶安の議定はそこではとり上げられず、享保の条項がそのまま再連判され、或いは一箇条が加えられるにとどまっていることが目につく(60)。この間、村々の漁猟相論、殊に利根川河口の水はけがわるく、川辺、湖辺の村々で水害の問題がとりあげられてくると、四十八津はその都度訴訟のひきあいに出されているが(61)、天保二年(一八三一)に幕府が本腰をいれて水行直・川ざらいの工事にとりかかるや、四十八津は工事遂行のための組合としてあらためて組織され、その上に工事完了後、水行にさしさわるものとして、網代・笹浸等の小漁具の禁止が幕府からふれ出されると(62)、四十八津はその取締機関とされ、津頭は各村々を見廻り、その違犯を取締る役人としてあらためて任命されるという経過をたどり(63)、明治に入ってこれが廃されると共に、湖のまわりの人々から、その存在すらも完全に忘れ去られていくという結末をたどったのである(64)。

(1) 吉田東伍『利根治水論考』(日本歴史地理学会、一九一〇年)は古代・中世のこの地域の状況を復元した労作として、いまもなお生命を保っており、そこに付された図によった小出博

『利根川と淀川』（中公新書、一九七五年）二二頁の図「千年前の利根川」によれば、北浦は鹿島流海、霞ケ浦は香澄流海、現利根川・印旛沼・手賀沼はいずれも一連の海で、香取の前の香取海、鹿島との間の浪逆浦、それに印波浦・手下水・太田沼（牛久沼）がひろがり、小貝川・鬼怒川・広川（常陸川）が流れこんでいた。霞ケ浦の名称は、この香澄流海からきたものであるが、それが湖全体の名称となるのは、近世になってからである。

(2)「鹿島神宮文書」天福元年五月日、摂政左大臣家九条教実政所下文案（『茨城県史料』中世編Ⅰ、同文書三号）〔鎌7・四五〇七〕。

(3)「香取大禰宜家文書」貞治五年四月日、大禰宜大中臣長房申状写、同年五月八日、関白二条良基家御教書写、同年八月八日、藤氏長者二条良基宣写（『千葉県史料』中世篇、香取文書、旧大禰宜家文書六八～七〇号）。

(4) 同右文書、応安五年十一月九日、藤氏長者二条師良宣写、同年十一月十四日、室町幕府管領細川頼之奉書写（同右八六・八七号）。

(5) 同右文書、応安七年五月廿五日、安富道轍・山名智兼連署奉書案、同上、及び同年六月廿一日、道轍・智兼連署奉書写、年月日未詳、鎌倉府条々事書案等（同右一〇二・一〇三・一〇九・一一三号等）。

(6) 同右文書、年月日未詳、海夫注文八通（同右一二四～一三一号）。

(7) 小竹森淑江「中世香取海における津の支配——海夫注文の分析から」（『武蔵大学日本文化研究』二号、一九八一年）は、現地調査にもとづいて下総海夫の津の位置を明らかにし、海夫注文の性格を究明した、すぐれた論稿である。このうち、いいぬまの津を、別の拙稿(「中世前期の水上交通について」『茨城県史研究』四三号、一九七九年〔⑩〕)で、かなり内陸に入った飯沼(現在水海道市〔現、常総市〕)とみたが、これは小竹森の指摘する通り、津の並ぶ順序からみて海上郡の飯沼にあてるべきであろう。なお、しほかわの津・たとかうやの津・ゐちこうちの津・いとにわの津は不明。よこすかの津は、現在、常陸に属する横須賀にあてるべきか、大分上流の相馬郡の横須賀とするべきか、明らかでないが、小竹森の研究からみて両者とも無理があり、下総側の小地名をさぐる必要があろう。

また、河田光夫は「親鸞と海夫」(真宗連合学会第三十回大会研究発表)において、江戸時代の古地図を用い、津の所在地を細かく考証している。ここにあげた地図でも、それによって若干訂正したが、河田は飯沼を内陸部の水海道市にあてている。なお今後の研究に俟ちたい(河田氏の御教示に謝意を表する)。

(8) 牛堀津が鹿島郡に入っている。河向・荒野・猿小河・鼻崎などの津が不明。

(9) 宮木崎などの津が不明。

(10) ひろとの津は弘戸津で信太荘内であろう。

(11) 「香取大禰宜家文書」応安五年十一月日、大禰宜長房訴状、年月日未詳、鎌倉府条々事書等(『千葉県史料』香取文書、旧大禰宜家文書八九・九七号等)。

(12) 同右文書、応安五年十二月十四日、室町幕府管領細川頼之奉書写(同右九〇号)。

(13) 同右文書、応安五年十一月十八日、藤氏長者二条師良宣写(同右八八号)。香取社に近い

この関は、「任先例」とあるように、以前から香取社の支配下にあったのであろう。

(14) 同右文書、年未詳十一月九日、関白家御教書写(同右一三二号)。

(15) 注(7)拙稿でも若干言及したが、現在、霞ケ浦に小野川の流れ込む入口、信太荘古渡・東条荘古渡に当る地に、鎌倉河岸の地名が残っており、いずれも頼朝・政子に関わる伝承が伝わっている。一方、東京神田にも鎌倉河岸があり、葛飾区の鎌倉、埼玉県の鎌倉をこれにつなげると、現在の霞ケ浦・利根川・江戸川を通ずる水の「鎌倉道」があったことが推定できる。海夫がそこで果した役割は大きかったと思われ、大禰宜長房はこの水の道を全体として押えようとしたものと考えられる。

(16) 第二部第一章第三節4、及び同章注(118)参照。

(17) この点については、本章第一節参照。恐らくは室町後期、戦国期であろう。

(18) 「鈴木源太左衛門家文書」(神奈川大学日本常民文化研究所架蔵筆写本。以下「鈴木家文書」と略す。なお本章で以下に掲げる文書はとくに断らぬ限り、同所架蔵筆写本)元文三年、御留川始り遺書。

(19) 同右文書、寛永二年正月吉日、水戸様御留川代々御川守之次第。

(20) 同右。寛永当時の状況を示す原本は残っていない。

(21) 現在、霞ケ浦辺の村々には、慶安三年七月晦日、霞ケ浦四十八津漁猟規約連判手形の写が多数伝わっている。その原本の一通は『日本常民生活資料叢書』第六巻(三一書房、一九七三年)所収「社会経済史料雑纂」第三輯に収められているが、後述するように浮島・牛堀・富田・麻生・嶋並・橋数(橋門)・今宿の七ケ村を箕輪田御留川の岸としている。
(22) 注(3)文書。
(23) 「鈴木家文書」享保四年～宝暦七年、御留川諸事留帳に、網大工二人・宰領一人・引子頭二人・引子四十四人、計四十九人であったと記されている。
(24) 同右文書、寛永二年正月吉日、御留川年数運上金高扣。
(25) 注(19)文書。
(26) 注(24)文書。
(27) 注(21)文書。なお霞ケ浦四十八津については、明治大学法学部法史学研究室「霞ケ浦・北浦海区における漁業権の実態」(一)・(二)・(三)(『法律論叢』二五―一・二六―一・二七―三、一九五一―五三年)があり、霞ケ浦の南辺美浦村大山に生れ、この浦の汚濁を告発しつつ、その歴史と現状を追求している坂本清の著書『霞ケ浦の漁撈習俗』(筑波書林、一九八〇年)にも言及されている。
(28) 「須田誠太郎家文書」寛文二年十月廿七日、牛堀・上戸村、佐原・岩ケ崎村漁猟契約状、同年十一月十五日、牛堀・上戸前川諸猟ニ付返答書、「舟串主一家文書」(一部は『茨城県史料』近世社会経済編Ⅱに収む。以下「舟串家文書」と略す)元禄五年四月十三日、霞ケ浦四十八津連判訴状案の第一条。
(29) 注(28)「舟串家文書」。
(30) 同右文書、寛文十年三月、霞ケ浦四十八津連判状。

(31) 注(28)「舟串家文書」第四条。
(32)「永長栄三郎家文書」(以下「永長家文書」と略す)天和三年九月日、江戸幕府評定所奉行連署裁許状。
(33) 注(24)文書。
(34) 注(28)「舟串家文書」第二条。
(35) 同右文書、第三条。
(36) 同右。
(37)「舟串家文書」元禄十三年九月、霞ケ浦四十八津返答口上書。
(38) 注(24)文書。
(39)「鈴木家文書」御留川・御川守由緒書。
(40) 同右文書、寛文五年、宗門改帳抄写。
(41) 同右文書、天和三年十二月廿五日、高崎村庄屋・組頭等手形。
(42) 同右文書、正徳三年十月、御川守鈴木源太左衛門願書写、及び享保四年～宝暦七年、御留川諸事留帳。
(43) この松波勘十郎については、林基「松波勘十郎捜索」(1)～(8)(『茨城県史研究』二九～三六号、一九七四―七六年)参照。
(44)「鈴木家文書」宝永六年正月、水戸領内惣百姓江戸登訴訟人訴状写、「宝永水府太平記」(日本思想大系58『民衆運動の思想』岩波書店、一九七〇年所収)など参照。

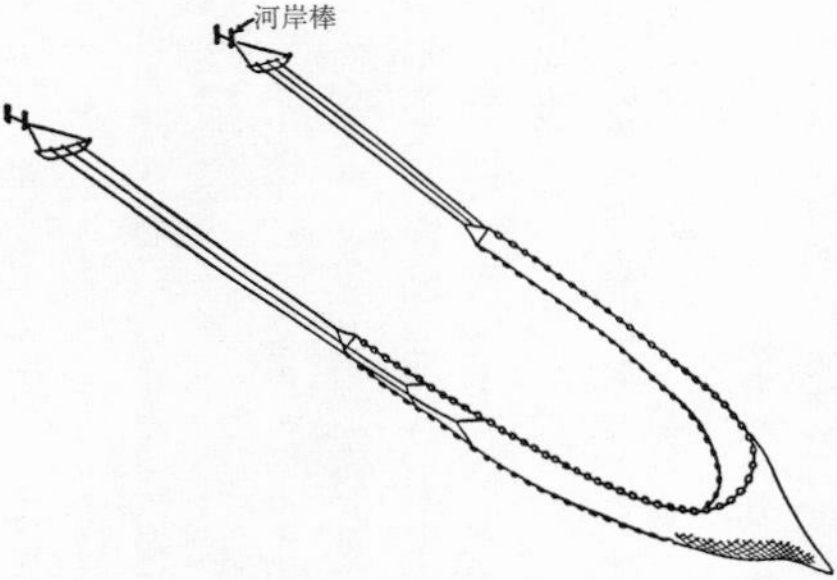

大徳網(船曳)
(『茨城県内水面漁具漁法調査報告』より転写)
大徳網は船曳と地曳があり，わかさぎ・しらうお・鯉・鮒等が漁獲され，8～15人の漁夫によってひかれる．同性質の網に川地曳網があり，小型のものは小大徳網といい，古く大徳網といわれたのはこの網であるという．

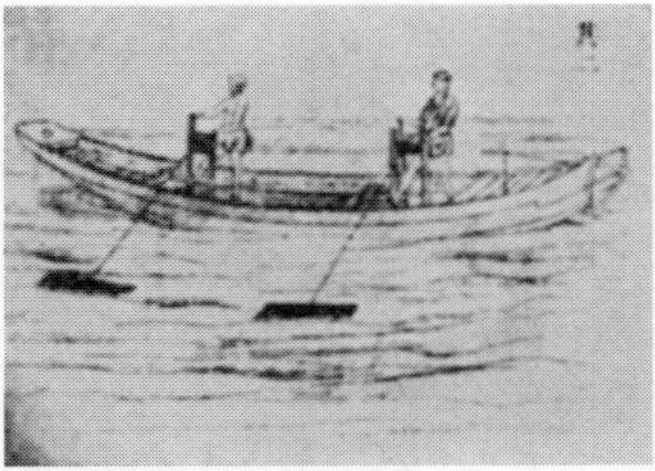

船曳操業の図(『房総水産図誌』)

(45) 同右、及び注(19)文書。
(46)「鈴木家文書」寛永二年～元文三年、御留川由緒書、及び注(19)文書。
(47) 同右文書、正徳元年十二月、石川村百姓等連判手形。
(48) 同右文書、正徳三年十一月、御川守鈴木源太左衛門願書、及び注(42)文書。
(49) 同右文書、正徳三年十二月、小田金六左衛門・加治伝兵衛上申書案。

(50) 同右文書、享保二年二月、御川守鈴木源太左衛門願書案。
(51) 同右文書、玉里御留川定法、及び注(19)文書。
(52) 同右文書、及び注(19)文書。
(53) 「舟串家文書」享保十年十月、霞ケ浦四十八津連判状案。
(54) 同右文書、享保十一年十一月、霞ケ浦四十八津連判手形案。
(55) 大徳網は、さきの玉里の大網などに較べればはるかに小型で労力を要しないものであったが(前頁の図参照)、それ以前の引網・掛網に較べれば発展したものであったと思われる。それが村のなかのどのような人によって使われたのか、まだ明らかにしていない。大分あとの安政ごろであるが、この網道具が三十両前後で売買されていることから考えて、相当の資力がなくては営みえないものであったことは推測される。こうした網が使用されるにともない、当然、資金の融通、網の資材の購入、引子の給金、漁獲物の販売などを通じて商人の介入する余地もひろがってきたと思われる。八五頁で

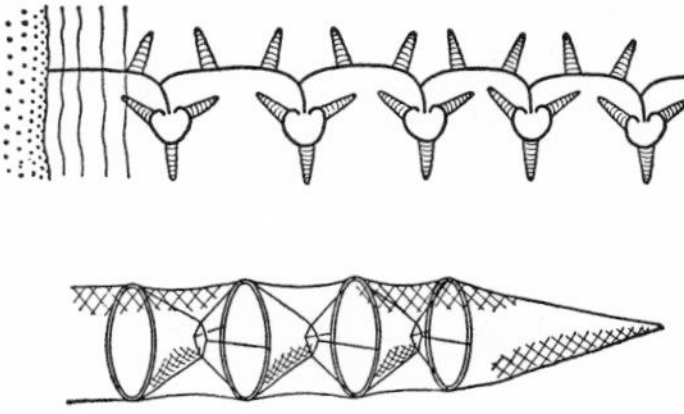

網代漁
(『茨城県内水面漁具漁法調査報告』より転写)
春秋2期に魚の通路を遮断して木竹の杭をたて，それにそって垣網をはり，その先端に囲網をはったものをいく張も連設する．霞ケ浦と北浦では若干相違があるが，これは霞ケ浦のはり方である．春には，にごい・鮒・鯉，秋には，すずき・うなぎ・鮒などの漁獲がある．

のべたように、御留川ではこの網は「大毒網」といわれていた。

また、大徳網とともに注目すべきは網代であり、これは貞享・元禄ごろ、永山村の網代運上がはじまったといわれている点からみて、そのころから、霞ケ浦の入口、利根川下流でさかんに使用された(前頁の図参照)。この場合は漁獲物・収益が村のなかで分配されたことが知られている。

(56) ここで北浦について一言しておくと、霞ケ浦四十八津と同じ性質の、北浦四十四ケ津の最初の連判議定が行われたのは、元禄六年(一六九三)六月十六日のことで、あぐり・流網の禁止、「悪入」のさいの処置についての規定、地引網を夜中に引くときに小猟を引掛けぬようにすること、網地の前へ小網・小縄をかけぬこと、打網のさいは、津頭白浜村よりの廻状次第に水原稲荷まで打ち、それより下川は網地に相談して打つこと、漁猟は入会とし、釣は先に来たものにかし(杵)を立てさせることとすること等、七箇条が定められている(「田山一家文書」『茨城県史料』近世社会経済編Ⅱ所収)。この連判は、同じ月、下幡木村の百姓が、四十四ケ津が入会とする鰐川で、地引大網を引いたのが契機となっているものと思われ(「辺田孫兵衛家文書」元禄六年六月六日、勘定奉行稲生正照裁許状案)、「如旧例」「如先規」といわれているように、最初の議定ではなかったと思われる。享保七年(一七二二)二月晦日にも、あぐり網・流網等の禁をはじめ、往来の諸船の難船のときの処置、新法の漁猟の禁等、四箇条の連判議定が行われている(「田山家文書」)。

(57) 「須田誠太郎家文書」貞享四年八月、牛堀村永山共人別改帳。

(58) 玉里留川ではこのころから大網の役割が徐々に小さくなり、様々な小漁具がそれに代ってゆく。春から夏のうなぎ縄・すずき縄、夏の鮠(さくら)釣(わかさぎといわれる?)・簀曳網、秋から冬のえび引・笹浸、冬の鮒簀巻・鮒うけなどが現われ、それがまた運上人の下でそれぞれ下運上人によって請負われる形が安永・天明のころまでに固まってきた。かつて禁じられていた鯊(いさざ)引網・鯉おだもこのころは認められ、後者は下運上の一つに数えられている。留川内の村々の小猟場も一般的になってきた。そしてそのなかで川守の役割はただ形だけの見廻りをするのみになり、「川は運上人持と同様」といわれるほどだったのである。留川内での大網では運上金をまかなえず、運上人が他村の網場で分一引をする形も現われた。

(59) 注(19)文書。

(60) 「浜田文吾家文書」寛保元年霜月、霞ケ浦四十八津連判手形写は、さきの享保の議定に海老猟具を沖におくのは十月のみに限るという条項を新たに加えたのみにとどまり、「永長家文書」文化十二年十二月、霞ケ浦四十八津連判手形写は、享保の議定のあとに、慶安・寛保の議定をふくめて、この規定を守ることを記しているにすぎない。これらの海老猟具、あるいは銚子海口まで入会とされたうなぎ縄などは、小漁具の広い展開を示すものといえよう。

(61) 利根川河口の水行の問題は全く農業の利害に関係したことであった。すでに正徳のころ与助川尻に新川掘割がつくられているが、延享二年(一七四五)にこの川のことが再び問題となり、川ざらいが行われ、水深・川幅を示す定杭が立てられた。ここで注意すべきことは、この川ざらいは潮来村と扇島・一ノ分目村との大網・引網をめぐる漁場争論とからんで行われたのであり、しかもそれにはこの川を「諸魚往来の道」として、網を制限しようとする四十八津の主張がはいっていると思われる点である(「舟串家文書」延享二年九月、扇島・一ノ分目村・潮来村・霞ケ浦四十八津内済済口証文)。さらに安永六年(一七七七)、四十八津の南北両津頭は湖の入口の村々とともに、霞ケ浦の吐口に蒲・真菰がしげり、水はけがわるく、田畠作毛が水くされになると訴え、あらためて堀さらいの普請を願いでている。この訴えのなかにも網代猟場が魚道の妨げであるとともに、水はけをわるくする原因であるという非難がなされているのである。たしかに湖の入口を魚道として、入会を主張するのは四十八津の年来の主張であった。しかしここではそれが、田畠作毛の被害をふせぐために、水はけをよくしたいという要求を通すための口実にされているのである(「舟串家文書」安永六年十二月、古渡村・玉造浜村外二ケ村訴状土代)。

こうしてかつて漁業にたずさわる人たちの組織であった四十八津の性格は変化してきた。それは新たな役割、すなわち農業の利益を代表して漁業に一定の制約を加える役割を自ら担うことになったのである。しかもこの水行の問題の解決には権力者の援助が必要とされた。四十八津のこうした動きは権力の介入に道をひらくこととなり、湖の漁業を大きく制約する契機はここから生まれてきた。

安永の訴訟はかなり大きな川ざらいとして実現し、そのための組合もつくられたらしい。

つづいて寛政三年(一七九一)には十一番川に新たな掘割普請が、文政三年(一八二〇)にも牛堀前川の堀さらい普請が行われた。そのなかで、簀立・網代などに対する制限はいよいよきびしさを加えてきたのである。

(62) 天保二年(一八三一)、幕府の手で行われた大規模な「水行直」は、とくに漁業に対する制限を決定的に推し進めた。工事前からはじまった漁具の制限が、工事後もひきつづき水行奉行の監視下に強制されたのである。網代・おだまき・簀立・筌・うなぎ網・蒲巻・四ツ手・笹浸など、大小の定置漁具はすべて「水行にさわる」として取払いが命ぜられ、引網・打網のみが許された。そして工事のためにつくられた霞ケ浦落口組百七箇村、北浦組四十二箇村をはじめ、七つの大きな組合は、工事後も毎年蒲・真菰の苅流しを行い、漁具を取払う事をつづけるために存続したのであった。この組合に霞ケ浦四十八津が(北浦四十四ケ津も)そのままの形で加わっているのは、さきにみたような動きから考えて、自然のことであったといえよう。この年、四十八津は前の議定にこの新たな制限を加えた議定を行なっている。しかし、それは享保の議定と較べても隔世の感があるといえよう。議定の形はとっているが、それは全く奉行の命令そのままであり、四十八津はそれを実行する統制機構以外のなにものでもなかった。

この水行直の事業、その結果等についてはなお研究すべき余地が広く残っており、「永長家文書」「舟串家文書」「須田家文書」等、関連史料は非常に多い。今後、さらに詳細に研究をつづけたいと思う。

(63) 水行直はたしかに農業の利害のみに重点をおいており、農業の利益はこれによってつらぬかれたともいえるが、もちろんそれは農民の立場に立ってのことではなかった。この制限の結果、いままで網代運上を行い、その収入にたよっていた村(永山村など)では、すべてを大徳網に転換しなくてはならなかった。しかし転換しうるものはまだよい。それ以上にこの制限はこれらの小漁具をつかって生活の補いにしていた農民たちからそのてだてをうばう結果になったのである。こうした不自然は、たえまない禁制の侵犯となって現われた。毎年湖を見廻る役人は「制禁の漁具」をしばしば発見し、取締不行届として津頭を呼び出して関係組合の村々から科料をださせている。しかしそれはやがて年中行事といってもよいほどになり、役人のこないときには公然と禁制の漁具がおかれるようになっていった。幕府の権威はここに地におちたといえようが、と同時にそれは直接この統制にあたった四十八津自身をも完全に浦の人々の心からはなれさせる結果を生んだのである。

(64) 水行直にも拘らず、しばらくすると再び湖口には葭蒲がはえ、洲ができ、水はけの悪さがめだつようになっていた。安政五年(一八五八)から百七箇村組合は再び水行の工事と漁具取払いを願おうとするが、この動きのなかで湖辺の村々の間の利害の対立がさらにあらわになってきた。この訴えに関連して、水行路役人の命で大徳網の調査が行われた。網主から金五十両をださせて工事の費用にあてようとしたものと思われ、網主はこれにきわめて消極的だった。そんな状態のなかでの調査であったが、調査の結果は浦の南辺と北辺の漁業の相違をあざやかに示している。南辺には大徳網はわずかに七張、それに対して北辺の牛渡組合二

十一、麻生組合七、浜村組合八という数字がしられる。この訴訟のなかで南縁の村々から、この網により藻草場が荒され、農業にさわるという不満が出ている理由はこの数字が明らかに物語っているといえよう。農業を主とし小漁具をつかう南辺の村々と引網をつかう北辺の村々、現在もなおつづいているこの対立はすでにこのころからはっきりしていたのである。こうして足並のそろわぬままに、百七箇村組合の訴訟は文久元年(一八六一)には見廻役人をやめ、その費用を工事にあてようという方向に進んでゆく。そしてこれに関連して翌年、苅流しのことまで含め水行にさわる漁具を禁じた議定がまたも四十八津によって用意される。しかし連判されたかどうかもわからないこの議定は四十八津の最後の議定となった。

一方、このころ玉里の留川にも衰退は顕著であった。水行直の直前、文政七年(一八二四)、川が小漁のみとなり、大網が衰微したことが問題となって、笹浸、「づうけ」などのために川底がわるくなったことにその原因が求められ、新しい大網を仕立てて三年間直網が引かれたのが目につく最後の動きである。安政のころ、「この川では打網・引網は用いず他の猟具でかせいでいる」といわれたような状態のまま、明治維新とともに留川もまた消え去った。

こうして近世の漁業の形は終末をつげるが、明治以後の漁業はほぼこの時期の状態をうけついだところから出発する。しかしそこには新しい漁具である帆曳網が加わり、水郷の漁業に新たな特色をそえることになった。

（付記）本章を新たにまとめ直し、「海民の社会と歴史2」霞ケ浦・北浦（『社会史研究』2、日本エディタースクール出版部、一九八三年）〔⑩〕として発表した。あわせて参照していただければ幸いである。

第六章　鵜飼と桂女

序

「以前、京都の初春を艶ならしめたものに、桂女(カツラメ)と称する、一団の女性があつた」。柳田国男はその「桂女由来記」(1)をこのように書きはじめ、洞察に満ちた美しい文章の終りを、つぎのように結んでいる。

山崎の船津の繁昌に誘はれて、鵜を飼ふ技能ある女たちが、何れかの地方から、川筋に沿うて上つて来て、此附近の大きな御社に、贄《にへ》の魚を奉進し、更に禁裏の供御人として、特段の庇護を受けたこと、桶に鮎の鮓を入れて都に出た、物売女の生活には、尚其蔭に、かくれた宗教上の力のあつたこと、それから京道が南へ徙り、桂川の流れも変化して、舟との縁が漸く薄くなり、飴を製するの技術を以て、新たなる活路を開いたことなど、まだ考へて見たい点は沢山にあるが、何れも、今残って居る材料だけでは、とても、鮮明に昔の姿を、描き出すことが出来ないのを遺憾とする。

この鋭い示唆に導びかれつつ、以下、中世における鵜飼のあり方と、その桂女との関係について、いままでに集め得た史料をもとにして考えてみたいと思う。

現在では夏の情緒豊かな風物として、美濃長良川を中心に各地で観光の対象となっている鵜飼が、きわめて古い起源をもち、わが国をはじめ南アジアを中心とする地域で、多くの人々の生活を支えてきた真剣な漁法であったことは、すでに周知の事実であろう。この方面の問題を明らかにするうえで、渋沢敬三を中心とする戦前の日本常民文化研究所の活動は、少からぬ貢献をしている(2)と思うが、最近でも鵜飼の研究は民俗学・民族学の分野で活発に進められ、最上孝敬(3)や可児弘明(4)の成果が現われている(5)。もとより文献史学もこれを全くなおざりにしてきたわけではない。戦前には西村真次の研究があり(6)、戦後も滝川政次郎(7)、岩本次郎(8)などの論稿が発表されており、これらの諸研究によって、古代の鵜飼の研究はかなり進んでいるといってよかろう。そこでは『隋書倭国伝』にみられる鵜飼、記紀万葉等に現われる吉野の鵜飼(9)、令制で江人《えひと》・網曳《あびき》とともに雑供戸として大膳職に属した鵜飼(10)などを通して、軍事的な意味をも含めて天皇に近侍し、贄を奉った鵜飼の存在が注意されるとともに、大宝二年(七〇二)の美濃国各務郡中里戸籍にみえる「鵜養部目都良売」の存在や、『新撰姓氏録』和泉国雑姓中の「鵜甘部首」などによって、鵜飼が早くから広い範囲に分布した事実が指摘されている。

そして西村・滝川・岩本は、共通して、鵜飼を隼人と関連させて考えようとしており、とくに最近、隼人司領の分析を通じてこの問題に接近した岩本は、隼人が鵜飼とともに簗・網代などの川漁や竹細工にも携わっていたと指摘し、鵜飼をさらに広い視野の下に考えていく道を示した。もとより、こうした問題に立ち入ることは、私のようなものには到底不可能である。しかしこれらの各方面からの研究によって、鵜飼が日本の民族的組成を考えるうえに重要な意味をもっているだけでなく、天皇の私経済、さらにはその親衛軍とも深い関わりをもっていたことが明らかにされたにも拘らず、中世における鵜飼の実態がほとんど全く空白であることが、この論点をさらに鮮明にするために、大きな障害となっているように思われた。そしてこの空白を埋めることは、一方で片野温などによって進められてきた近世以降の鵜飼についての研究[11]や、さきの民族学・民俗学的な諸研究とこれらの問題を結びつけ、研究を全面的に深化させるためにも、必要なことと考えられる。そしてもしも、冒頭に掲げた桂女と鵜飼についての柳田の指摘をこれによって立証することができるならば、鵜飼に携わる人々をわれわれに一層身近な存在として、再認識することが可能となってくるであろう。

しかし管見に入った限り、中世の鵜飼に関する史料は決して豊かとはいえず、この課題を全面的に達成することは困難といわなくてはならない。ただこれまで、この面の研究はほとんど皆無なので、一応知りえた史料のある限りを提示し、ここでまとめてみることも、あながち無意味ではなかろうと思う。この試みが今後の研究に一つの足がかりを提供しうるならば幸いである。(12)

一　諸国の鵜飼とその存在形態

乏しい古代の文献によっても、畿内及び東山道・北陸道に鵜飼の存在を確認しうるが、(13)多少とも史料が豊富になる中世には、かなり多くの国々でその姿を見出すことができる。次節でのべる桂供御人としての鵜飼をのぞき、ここでそれを列挙しつつ、その存在形態を追究してみたい。

A大和　古代の吉野御厨については、後述するが、『私心記』永禄三年(一五六〇)九月九日条に、「夜、鵜飼、ハエ計取候」とあるのも吉野川の鵜飼ではないかと思われ、この川では長い間、鵜飼がつづいて行われていたと推測される。

B駿河　天正元年(一五七三)卯月二日の駿東郡泉郷百姓中充に発せられた北条氏法度は、その第一条に「本池・新池に於て、魚取るべからざる事」とした上で、第二条に「鵜網仕うべからざる事」と定めている。(14) これは「逐鵜」といわれ、鵜に魚を追わせ、あらかじめ用意した網で捕獲する鵜飼の一種と思われる。

C甲斐　著名な謡曲「鵜飼」は、甲斐の石和川(笛吹川)で、篝火をたく鵜舟によって鵜を使った鵜飼を主題としており、(15) この鵜飼は殺生禁断を犯して里人に殺され、亡霊となって登場する。もとよりこれは文学作品であり、そのままを事実として認めるわけにはいかないが、平安末期、『梁塵秘抄』の今様にうたわれた鵜飼の苦悩(16)が、ついにこのような形で局を結んでいる点、南北朝期以降の鵜飼の運命を暗示するものとして、やはり注目しておかなくてはなるまい。

D相模　E武蔵　『吾妻鏡』正治二年(一二〇〇)七月一日条には、将軍頼家が鵜船を相模川辺で観賞した事実が記され、鵜を愛する畠山次郎重忠・葛西兵衛尉清重以下の人々がこれに供奉したといわれている。周知のように、この両人はいずれも武蔵国の住人であり、この記事によって、相模川が鵜飼の飼場だった事実を知ることができる。のちに「鵜鷹逍遥」などといわれたように、鵜飼はここで鷹飼と同様、武将の好むところとなっており、すでに観賞の対象でもあった点、まず注目しておかなくてはならないが、この場合、当然武将の下にあって直接鵜を使った人々が存在したことを想定しうる。いわば下人・所従として召仕われる鵜飼をここに考えることは、とくに不自然ではなかろう。

F近江　伊賀敏郎はこの国の早崎入江や犬上川・愛知川など、各地で鵜飼が行われた事実を指摘している(17)。早崎の入江では享禄二年(一五二九)、安養寺が「鵜遣」をしたのに対し、竹生島と早崎地下人は先例なしとして訴え、京極氏の奉行人連署奉書が発せられており(18)、犬上川・愛知川での「鵜飼河狩」も、「従毎年二月初午、卯月御祭礼以前」の期間、これを禁止する六角氏奉行人連署の書下が、天文三年(一五三四)二月五日に下っている(19)。

これらの鵜飼がいつごろまで遡りうるかは明らかでないが、近世における分布の広さからみて、かなり古い起源をもつと考えて差支えないであろう。ただ戦国期、それが制限される方向にあった点、注意しておく必要があろう。

G美濃　戦国末以降、最も著名な存在であったこの国の鵜飼が、非常に古くからの伝統を伝えていることは、前述した大宝戸籍の「鵜養部」や、『倭名類聚抄』に方県《かたがた》郡鵜養の地名が見出される事実などによって明らかである。『延喜内膳司式』によれば、美濃国は年料御贄として、鮨鮒・火干年魚・鮨年魚を内膳司に進めているが、これは鵜飼たちによる貢進とみて、まず間違いなかろう。しかし中世の文献史料には、その著名なわりに、この国の鵜飼は案外現われてこない。『赤染衛門集』に杭瀬川の鵜飼がみえ、『平治物語』の「頼朝青墓に下著の事」の段には、逃げおくれた頼朝をたすけた鵜飼のことが記されている。「小平の里」にいたというこの鵜飼は、のちにこの地をはじめ十余箇所の所領を頼朝から賜わったとされているが、「小平」の所在は明らかでない[20]。ただ青墓に頼朝を送りこむためにこの鵜飼が寄与している点からみて、美濃に関わりの深い鵜飼であったことは推測してもよかろう。

また、さきの方県郡鵜養の地は、七条院領鵜飼荘[21]となっているが、建保三年(一二一五)、この荘の沙汰人・百姓等が代官を通して、「いをの御年貢」を領家に進上している事実が確認できる[22]。この魚が鵜飼によって貢進されたかどうかは明らかでないが、その可能性は十分あり、もしそうであったとすれば、年貢として魚を進上している点からみて、この荘の鵜飼は平民百姓として領家に把握されていたことになる。

永享四年(一四三二)九月、将軍足利義教の富士遊覧に随行した堯孝法印は、墨股川(長良川)で鵜飼舟を見て、以前、北山殿に行幸のとき、「御池に鵜ぶねをおろされ、かつら人をめして、気色ばかりつかふまつらせられ侍し事」を思い出している(『覧富士記』)。後述する桂人の鵜飼がすでにまったく観賞の対象として扱われているのに対し、美濃長良川の鵜飼は、まだ、生活する鵜飼であった。

また、文明五年(一四七三)五月、一条兼良は、前年末、鏡島に下っている東御方を訪うために、美濃に下向し、同月六日、杭瀬川まで来たとき、江口というところ(鏡島に近く江口寺がある)で、「夜になれば鵜飼のくだると云を」聞いて、遊女のいる摂津の江口を思い出し、

うかひ舟よるを契れは是も又おなし江口のあそひ也けり

と詠んでいる。兼良は革手に着き、斎藤妙椿と会い、十六日には芥見荘を遊覧すべく、長良川をさかのぼっているが、翌十七日、鏡島にかえり、「月出ぬほど、江口にいでて鵜飼」を見た。その様子を兼良は紀行『ふち河の記』でつぎのように記している。

六艘のふねにかゞりをさしてのぼる。又一艘をまうけてそれにのりて見物す。おほよそ此川ののぼりくだり、やみになれば猟舟数をしらぬといふをきゝて、

ゆふ暗に八十とものおの篝さしのほる鵜舟は数もしられす

鵜の魚をとるすがた、鵜飼の手縄をあつかふ躰など、けふはじめてみ侍れば、ことのはにものべがたく、あはれともおぼえ、又興を催すものなり。

鵜飼人くるや手縄の短夜もむすほゝれなはとくはあけしを

すなはち鵜のはきたる鮎をかゞり火にやきて賞翫す。これをかゞりやきといひなら

はしたるとなん。

とりあへぬ夜川のあゆの篝焼めつらともみつ哀ともみつ

中世後期の長良川における鵜飼の模様を、上流貴族の目からであるとはいえ、これはまことに生き生きと伝えているといってよかろう。

その漁法も、また、これを観賞するものの情感も、古くは赤染衛門にまでさかのぼり、新しくはそのまま現在まで変わることのない自然の姿を示しているといわなくてはならないが、しかし、このころの鵜飼の飼場は、決して長良川のみに限られていたわけではなかった。

杭瀬川については前述した通りであるが、おそらく美濃の諸河川は、みなその飼場だったとみてよかろう。「立政寺文書」によると鏡島に近い平田西荘の立政寺の門前、荷池でも鵜を飼い、網を引くものがあり、永禄二年（一五五九）十二月、斎藤龍興の奉行人長井衛安ら六人によって、これを禁ずる連署奉書が発せられている。

このことは逆に、美濃における鵜飼の活動を保証していたのが、斎藤氏――守護の権限を継承した戦国大名だったことを推測せしめるが、この斎藤氏を滅して岐阜を押え、美濃を支配下に入れた織田信長は、永禄十一年（一五六八）六月、甲斐の武田信玄の使者秋山伯耆守を迎え、岐阜の河に鵜匠を集め、鵜を遣わせて伯耆守に見せたという(23)。江戸時代に入ってからの伝承に、信長が鷹匠に準じて鵜匠にも禄米十俵宛を給し、鵜舟を与えてこれを保護し、その子信孝もこの方式を継承したといわれているが(24)、おそらくこれに近い事実があったとして差支えなかろう。

こうして美濃の鵜飼は、近世の統一権力の膝下において、新たな保護を得ることになっていったのである。

H信濃　諏訪湖で古くから「鯉駆」といわれ、船に乗った射手が「左右に鵜縄をつけ、其縄手を引て小舟二艘先だち、かこみをひろくなし、魚をこめて沖よりみぎわをさしてこぎわた」り、魚の驚いてはねるところを矢で射る漁法が行われていた(25)。

鵜縄は鵜の羽を縄につけた駆具であり、これによって鵜飼がそこで行われていたと、直ちに断定するわけにはいかない。しかし、鵜飼が鵜棹などとともに、しばしばこの駆具を使用したことは事実であり、また諏訪湖畔の花岡村には、近世のごく初めに、鵜飼の集団がいて、漁業の権利を保証され、藩主に湖魚の献上を行なっているので、さきの漁法もこの鵜飼とかかわりあるとみてもよかろう(26)。

I若狭　承元元年(一二〇七)十二月、国富荘地頭と百姓らとの訴訟を裁決した関東下知状は、「狩鮎川人夫」について、農節のころに地頭が百姓を煩わしてはならぬとしている(27)。もとよりこれを鵜飼とみるのは早計であるとはいえ、江戸時代、若狭の鵜はよく鮎をとるというので、紀州の人が鵜をとりに来たといわれ、神谷日笠村・弥美川《みみがわ》・根来川[28]などで、夜鵜、昼鵜が行われている点を考慮すれば、こうした川狩も、鵜飼とかかわりがあったかもしれない。

J越前　「大乗院旧蔵文書」には鎌倉末期の坪江下郷三国湊年貢夫役注文[29]があるが、そこに、

一鵜飼《在家》鮎　鮎八百喉旧四百喉　鵜飼在家役也

という記載がみえ、三国湊には、恐らく九頭竜川を主要な飼場とした鵜飼の、かなり大きな集落があったことを知りうる。この鵜飼は在家を単位として掌握され、在家役として鮎を賦課されているが、これは国衙領以来の賦課方式の継承と思われ[30]、鵜飼の在家が国衙によって公的に把握されていたことを推測させる。その点から、この鵜飼はやはり平民百姓として扱われていたと考えることができよう。

ただここで注目しておかなくてはならないのは、鎌倉末期の三国湊で、「内侍所日次供御料交易上分」が徴収されていた事実である[31]。これについては相田二郎が長谷寺によるこの湊の津料徴収に関連して言及し[32]、奥野高広もまたこの交易上分をめぐって、南北朝期から戦国期まで行われた内膳司と興福寺の相論について詳述しており[33]、すでに周知のことといってよかろう。しかし前章でのべたように[34]、各国の供御所の起源は意外に古

くまで遡ることが可能であり、「為日月蒼天毎日　御拝供御御料、以往以来無他妨」といわれたこの供御所[35]の成立を、かなり遡らせることは決して無理ではなかろう。平安末期の供御所が後年関所となった例もまたいくつか見出すことができるのである[36]。しかもこれが内膳司によって管理される「日次供御料所」であったことも注意すべきで、もとより断定はさけなくてはならないが、この湊に根拠をもつ鵜飼が、かつては国衙を媒介としつつ、内膳司と贄＝供御の貢進に関わる結びつきをもっていた、と推定する余地は十分に残っているといえよう[37]。

K丹波　平安末期、この国の天田河は、松尾社の「毎日供菜所」であり、社領雀部《ささべ》荘の堺から丹後の国の堺まで「私の漁釣を停止」し、同社に「神菜」を貢納していた。このことは、養和元年(一一八一)九月十六日、宝荘厳院領奄我《あんが》荘の荘民が前山荘司為盛を語らってこの河で「魚簗を打ち」、仔細を尋ねるために下った神人たちを殺害・刃傷した事件について、松尾社社司の解状に応じて丹波国に下った官宣旨[38]によって明らかにすることができる。

そしてこの供菜所がいつ設定されたか、またこの供菜を貢納したのはいかなる人々であったかについては、嘉禎四年(一二三八)十月十九日、雀部荘雑掌覚秀と地頭大宅光信との相論を裁決した六波羅裁許下知状[39]によって、確定できる。そこに「当庄者、天承二年募日次供祭幷御供闕分、被下宣旨之後社家一向進退」とあり、また「件供祭、遠者為鳥羽・後白河勅願、養和宣旨亀鏡也」といわれている点からみて、雀部荘及び天田河を含む供祭所は天承二年（一一三二）、松尾社のために設定されたものと思われる[40]。下知状はこれにつづけて、「因茲、鵜飼等為日別役、備進贄於社家」とのべており、この河から「日次供祭魚」を松尾社に進めた人々が鵜飼であったことが明らかになってくる[41]。

ここで地頭は「山河半分之率法」を主張し、贄魚を奪い取ったとして雑掌から訴えられているが、その魚は鮭と鮎であった。鵜飼で鮭がとれたかどうかは疑問であり、むしろ簗が使用されたと考える方が自然であろうが、いずれにせよここに、日本海に注ぐ天田河を飼場とし、松尾社に贄を捧げる鵜飼が雀部荘内にいたことは間違いない事実として確認できる。彼等がこの荘内でいかなる立場におかれていたか、知りうる手がかりはないが、雑掌が「庄民是生得之神人」といっている点からみて、この鵜飼も松尾社の神人で、天田河の利用について、同社から特権を与えられていたものと考えてよかろう。

L但馬　但馬国気比水上荘雑掌行如と地頭大田左衛門太郎政頼との相論は、永仁元年（一二九三）九月十二日の関東下知状[42]で裁許されているが、そのなかに「一、河海漁事」という一条がある。そこで行如が領家・地頭ともに半分の沙汰をすべしと主張しているのに対し、政頼は「鵜縄漁」は地頭の進止と反論している。

さきにのべた通り、これによって鵜飼がそこで行われていたと直ちに断定することはできないが、鵜飼とこの駆具と関わりのあったことは事実であり、(43)参考としてここにあげておきたいと思う。そして、もしここで鵜飼が行われていたとすれば、その飼場は恐らく円山川であったろう。

M安芸　文永元年(一二六四)五月廿七日、熊谷直時と舎弟祐直との安芸国三入荘の所領をめぐる相論を裁決した関東下知状(44)には、「一、売買鵜船壱艘由事」という一項があげられている。

また、三入荘一方地頭熊谷頼直と佐東郡地頭武田泰継の相論を裁決した弘安十年(一二八七)九月廿一日の関東下知状は、翌年六月廿日の六波羅施行状(45)によって施行されているが、そこで両者の争った論点は、「佐東河手并鵜船事」と「倉敷事」の二点であった。相論の内容はここでは全く不明であるが、元徳三年(一三三一)三月五日、熊谷直勝譲状(46)によって、多少その事情を推測することができる。その十一条には、

一、佐東倉敷事、直「満」(氏)永代譲与畢、沙汰事者、自元存知上者、不能委細、押領物事、泰継之時、被成御下知之上者、不可有子細、惣河之口、鵜舟以下事、彼沙汰時、於三入新庄分者、曾不綺申、惣可停止河綺之旨、泰継之時領掌畢、其旨能々可存知也、

とあり、交通路としての佐東河の支配、それに伴う河手の徴収に関連して、鵜船のことが問題になったのではないかと考えられる(47)。

鵜船の存在から直ちに鵜飼が行われたとは、やはり断ずることはできないが、佐東河で鵜飼が行われた蓋然性は十分ありうると思われる。そして鵜船がこのように交通手段としても利用されたとみられる点、あわせて注目すべきであろう。そしてその鵜船が熊谷氏によって所有され、売買の対象にもなっていたとすれば、それを使用する鵜飼の立場もおのずと推測することができる。恐らく彼等は熊谷氏に下人・所従として従属していたのではなかろうか(48)。

表6 日前宮検田取帳による鵜飼

人名＼郷名	大田郷	吉田郷	秋月郷	津秦郷
河内三郎	給田一反	給田二反	屋敷大	
金四郎		給田三反小		
新追太郎子		給田一反小	屋敷一反	
牛王二郎子				給田一反
四郎			給屋敷三反小	
守清			給畠小	
(不詳)		給畠大		

N紀伊

日前《ひのくま》宮の社家、紀俊嗣家の所蔵文書には、永仁三年(一二九五)三月の日前宮検田取帳が伝わっているが(49)、そのなかに給田畠・屋敷を与えられた七人の鵜飼の姿を見出すことができる。上にそれを表示する。

注目すべき点は、秋月郷に鵜飼の

屋敷が集っていることで、「道曾神西」という小字に、彼等の多くは固まって住んでいたのではないかと思われる(50)。日前宮の神事記(51)によると、これらの鵜飼は時々の神事に当って、愛行鮎・干年魚・焼鮒等を貢進しており(52)、その飼場は恐らく紀川であったとみてよかろう。

この検田取帳には預所・公文・刀禰等の荘官や名に編成された百姓・作人に混って、檜物・木工・塗師・番匠・鍛冶・銅細工・深草などの手工業者、神人・楽人・御子・陰陽師・御厩・雑色・庭掃など、給田畠を与えられて、日前宮にさまざまな職掌(芸能)に応じて奉仕する人々の姿を見出すことができる(53)。鵜飼のあり方もこれらの人々と基本的には同じであるが、屋敷を給されている点、身分的には荘官に近いといわなくてはならない(54)。供祭を神社に貢進することによって、河川の利用、鵜の飼場についての特権を与えられて活動する、神人的な鵜飼の一例を、ここに鮮明に確認することができる。

なお紀伊国の鵜飼としては、文治四年(一一八八)に田仲荘に鮎鮨・火干等を進めた鵜飼のいることをつけ加えておく(55)。

以上、周知の資料を含め、管見に入った限りの例を列挙してきたが、これに後述する畿内の鵜飼の例を加えれば、中世における鵜飼の分布は、ほぼ全国にわたるといってよいほど広汎なものであったことを、推測することができよう[56]。そしてこれらの諸例を通して、鎌倉期を中心とする時期の鵜飼のあり方も、おぼろげながら浮び上ってくる。

それは第一章で海民一般についてのべたように[57]、下人・所従、平民百姓、供御人・神人――職人の三つのあり方にわけて考えてみることができる。武蔵・相模、それに安芸の場合には、在地領主の下人・所従として駆使される鵜飼の姿を想定することが可能である。また、越前のように在家役を徴収される鵜飼は、一方では平民百姓として扱われたのではあるまいか。美濃の場合も恐らく同様であったろう。そして日前宮に属する紀伊の鵜飼、松尾社に供祭魚を貢進した丹波の鵜飼は、神人として一定の特権を与えられた人々であった。

このように広く全国に分布しているだけでなく、中世の被支配者の諸身分のすべてに鵜飼が現われるという事実は、日本の民族的組成のなかで、鵜飼を行う人々のもつ比重が決して無視しえぬものであったことを、明らかに物語っているのではなかろうか。少なくとも日本人民の歴史を総体としてとらえようとするならば、こうした人々の存在を切り落すことはできないはずである。

しかも鵜飼の場合はそれのみにとどまらない。彼等の一部はきわめて古くから天皇の贄人として、特異な役割を果し、根深い民俗的な影響を後世に与えているように思われるのである。以下、その点について立ち入ってみたい。

二　桂御厨と桂供御人

大化前代、天皇に近侍し贄を捧げた鵜飼が吉野にいたこと、それが令制の雑供戸として現われることについてはすでにふれた。三十七戸といわれるこの鵜飼たちの飼場は吉野川であり、『延喜内膳司式』にみえる吉野御厨がその本拠であったと思われる。(58) この御厨は鮨年魚・火干年魚や鳩を旬料御贄として内膳司に貢進することになっており、(58) この点からみて、鵜飼は江人・網曳と同様、延暦十七年(七九八)ころ大膳職から内膳司に改隷されたと考えてよかろう。(59)

しかしこのころ行われた平安京遷都とともに、山城の鵜飼が新たに表面に現われてくる。『延喜内膳司式』は山城国について、江御厨及び氷魚網代にふれ、さらに「凡山城・河内・摂津・和泉等国、江・網曳御厨所請徭丁、江卌人、網曳五十人」とのべているが、ここにみえる山城の江人とは、恐らくは鵜飼そのものではないかと思われる。鵜飼長に率いられたこの鵜飼の集団が、吉野から移住したのか、もともとこの地にいたのかは明らかでないが、前述したような鵜飼の分布の広さ、また山城の鵜飼の活動と並行して、吉野御厨からもなお鮎が貢進されている点からみて、後者の可能性が大きいであろう。

延喜五年(九〇五)、河内の大江御厨、摂津の津江御厨、和泉の網曳御厨が大きな特権を得て「建立」され、同十一年(九一一)、新たに六箇国日次御贄貢進の制が定まったことについては、第一章に詳述した[60]。山城の江人＝鵜飼の場合も、恐らく同様に大きな特権が与えられたと思われるが、のちに桂御厨がこのときその名称で「建立」されたかどうか、定かではない。

むしろ『西宮記』がさきの日次御贄の記事につづけて、山城国宇治御網代・葛野河供御所・埴河供御所が毎日鮎を進め、「鵜飼進鯉鮎(夏鮎 冬鮒)」と記している点に注意すべきであろう[61]。少なくともこの葛野河・埴河の供御所の主体が鵜飼であったことは、『侍中群要』の「東西宣旨鵜飼」の記事によって明らかであり、十世紀ごろまで、鵜飼の場合は同じ雑供戸の系譜をひく摂河泉の江人・網曳とは多少とも異なる形で扱われていたのではなかろうか。

それは、蔵人二人が東西に分れ、御厨子所預等を相率して、さきの両供御所の鵜飼から供御を召す、この「宣旨鵜飼」の行事にも現われている[62]。これは「一条院御宇」(九八六～一〇一一)以後、見られなくなったといわれているが、かつて鵜飼が天皇に近侍していた時期の残影を、この特異な行事にうかがうことができるのではなかろうか。また、鵜飼の使う鵜は諸国――大宰府や能登・佐渡・出羽などから貢進されるが、(63)「御覧諸国貢鵜」といわれる儀式によって天皇に献げられたのち、鵜飼長に与えられている点にも注目しておかなくてはならない。(64)このような鵜の扱いは、鷹飼の鷹の場合と類似しており、(65)網曳・江人との相違はここにも現われているといえよう。

しかし一方、鵜飼は御厨子所鵜飼とよばれ、同所預の管理下におかれている点では、大江御厨・津江御厨の江人などと全く同様であった。(66)そして十一世紀に入るころには、さきの彼等に特有の儀式も次第に廃れて、むしろこうした御厨贄人としての側面が専ら表面に現われてくる。

永承三年(一〇四八)、関白頼通の高野山参詣に当って、召により供に候した「桂鵜飼廿艘、宇治鵜飼十四艘」(67)は、『執政所抄』で賀茂詣に当って「篝鵜飼等相具付松可参役之由、兼下知真木島・桂贄人等也」(68)といわれた贄人とほぼ同じ人々であったとみてよかろう。脇田晴子はこれを専ら摂関家に属する贄人と解しているが、(69)天皇の贄人が院や摂関家のそれを兼ねることは、他の諸事例からみて、むしろ一般的といってもよいと思われるので、(70)桂川・宇治川を飼場として活動したこの贄人――鵜飼は、さきの供御所の鵜飼の系譜を直接ひく人々と推定して間違いない。そして治暦四年(一〇六八)にいたって、はじめて桂御厨が姿を現わす。この年七月四日に発せられた御厨子所符は「桂御厨鵜飼等不可従使庁役事」と定めており、[71]これらの事実によって、おそくとも十一世紀には、鵜飼たちは桂贄人とよばれ、その集住する本拠が桂御厨といわれたことは明らかであろう。そして、恐らく延喜に公式なものとされたと思われる彼等の特権は、使庁役等の課役免除だけでなく、山城の河川のすべて――保津川・大堰川・桂川・宇治川等、丹波・近江にわたるその流域を飼場とし、自由に通行しうる権利であったことも、推定することができる。[72]

鵜飼たちが鵜を使うだけでなく、その操る鵜船によって水上交通にも寄与していたことは、さきの高野詣・賀茂詣への参役によって十分確認しうるが、永保元年(一〇八一)四月十六日、洪水のため桂川の四つの橋のうち三橋が流失し、川を渡り難いので、上桂河鵜舟等を遣わしたという『帥記』の記事は、このことをさらに明証している。また、『雲州消息』に「桂辺有領地(中略)彼辺散所雑色多以居止」とあることは周知のところであるが、[73]この「散所雑色」も鵜飼となにかの関わりがあるとみてよいのかもしれない。

十一世紀後半以降、御厨の贄人たちには給免田が与えられ、それを中心に荘園と同質の御厨が成立するとともに、贄人たちは他の商工民とともに新たに供御人とよばれるようになっていくが、[74]桂贄人の場合も同様であった。鵜飼たちは十二世紀になると桂供御人として史料に登場しはじめるのである。

鎌倉時代のごく初めのころ、桂供御人は解状を捧げ、神護寺領丹波国吉富荘内で鵜飼を制止されたことについて、寺の処置の不法を朝廷に訴えた。これに対する弁明のなかで、文覚は荘内の飼場に制止を加えたのは後白河院の命であること、川関は国領なので制止することはできないとのべつつ、この荘をのぞく国中の飼場についてはなんら口を挿む意志はないとし、供御人の訴えの不当を非難している(75)。この相論の結末は不明であるが、丹波国の領域までふくむ桂川・保津川を自由な飼場として通行してきた鵜飼たちが、殺生禁断を根拠とする吉富荘側からの特権の侵害を訴えたことを契機にはじまった訴訟であるとみて、間違いない。

建保三年(一二一五)九月、御厨子所解状に応じて発せられた蔵人所牒(76)も、丹波国宇津荘内の桂供御人飼場に関する特権の侵害を排除するための、鵜飼自身の訴えが契機となっていると思われる。彼等の特権が他の供御人たちのそれと同様、蔵人所牒によって保証されている点に注目しておく必要があるが(77)、反面、鵜飼たちの本来の活動に対する制約が、このような形で次第にきびしさをましていることも見逃すことはできない。

しかしこの時期も、彼等は鵜飼のみに従事していたわけではなかった。寛喜元年(一二二九)三月二十三日、松尾社の神輿を迎えた桂供御人等が先例の通り、船八艘を設けて、これを渡そうとしたところ、松尾社領西七条に住む神人たちが神船にのってこれを制止、両者の間で闘諍がおこった。その結果、供御人たちは神輿を河岸に捨て去ったので、松尾社はこれを未曾有の行為として、きびしく朝廷に訴えたのである。この訴訟は翌寛喜二年(一二三〇)までもちこされ、ようやく四月十七日、記録所で問注をとげ、供御人に対して下手人を進むべしという裁定が下った。ところが供御人の沙汰をしている刑部丞は下手人を進めないので、使庁の使を付したところ、刑部丞の妻は「悪遠江守朝臣子武士」を語らって庁下部を退散させるという挙にでた。そのため、朝廷は六波羅探題重時に命じてこの武士を追わせ、刑部丞妻を搦めとったのである(78)。

この事件はさまざまなことを物語っていると思うが、まず、桂供御人たちが船によって神輿を渡すのが先例、といっている点に注目する必要があろう。これを神事のみに限られたこととする見方も、あるいは成り立ちうるかもしれないが、前述した鵜飼の動きからみて、この時期、桂川の渡船が一般的に彼等によって担われていたと考える方が自然と思われる(79)。

また、恐らく桂供御人の沙汰者であったと思われる刑部丞の妻の動きにも目を向けておかなくてはならない。彼女は自ら「悪」といわれる武士を語らい、庁下部を追うという大胆な行動にでているのである。この刑部丞妻を直ちに鵜飼の女性と断定するわけにはいかないが、実際、このころの鵜飼集団の女性たちは、この程度の大胆なたくましさを十分そなえていた。

宝治二年(一二四八)、上桂供御人と下桂供御人は飼場をめぐって相論し、上桂側が勝訴した。ところが殿下御領である下桂側は摂政近衛兼経の御教書を帯して闘乱に及んだため、七月二日、「上桂女等群参院御所」、兼経が退出しようとしたとき、「候御共、敢高声致訴訟」という挙にでたのである。怒った兼経は葉室定嗣を召し、罪科に行うべしと命じているが、この事件を通じて、このころまでに桂供御人が上と下とに分れていることを知りうるとともに、冒頭に掲げた桂女たちの鎌倉期における姿の一端をはっきりととらえることができる。桂女を鵜飼と関連させた柳田の指摘が、まさしく正確に的をついていることは、ここに確証しうるのであるが、しかしこのころのその姿は「優艶」とはおよそ対蹠的な、まことに荒々しく大胆不敵なものだったのである。

桂女が桂供御人＝鵜飼であったことは、他のいくつかの史料によっても支えられる。「仲資王記」元久元年(一二〇四)六月九日条裏書に「火炬事、桂鵜飼女参云々」とあるのもその一つである。また『弁内侍日記』の建長三年(一二五一)五月五日の記事に、

ひろ御所よりみやれば、かつらといふものの、あやしのすがたしたるが五六人、かたみといふものひぢにかけて参る。あれもおほやけものぞかしとみるも、いとおも

しろくて、弁内侍、

かつらより鮎つる少女ひきつれていかで雲ゐのひなみしるらむ

とあるが、「おほやけもの」「ひなみ(日次)」といわれている点からみて、これは桂供御人そのものの姿とみて間違いないであろう。[82]また「東北院職人歌合」では、その十一番に、大原女と対して頭を白布で巻く桂女が現われるが、その詠んだ歌が、

桂川ふるかはのへの鵜かひ舟いく夜の月をうらみきぬらん

であったことも、彼女が鵜飼集団の女性であることを立証している。[83]とすれば、彼女らは炭を売る大原女と同様に、[84]鮎を売る女商人だったのであり、その行動半径は恐らく畿内から丹波・播磨にも及んでいたであろう。われわれはここにまた一つ、女性の供御人の存在を確認しえたことになるが、[85]さきの桂女たちのたくましい大胆さも、このような彼女らの生活そのものから、おのずとにじみでてくるものとみれば、きわめて自然なことといえるであろう。

しかし鵜飼の活動自体に対する制約は、ときとともにさまざまな方向からきびしさをましてきたようにみえる。弘安七年(一二八四)、北条時宗の死後、朝廷が令した殺生禁断によって桂供御人が朝餉・殿上台盤菜物を備進しないことが問題となり、御厨子所番衆の訴えをうけた内蔵寮は四月廿五日、これを奏聞している。[86]また「勘仲記紙背文書」

弘安八年(一二八五)三月の桂上下供御人等申状[87]によると、彼等は内膳狩取[88]のために、宇治野飼場での漁が二箇月間もできなくなったとし、そのために供御を備進し難いと訴えた。代々の蔵人所牒や院宣の保証があるにも拘らず、「山野に交らんと欲す」と彼等がいわざるをえなかった点に注意する必要があろう。

ここで、さきの謡曲「鵜飼」のテーマがあらためて想起されなくてはならぬ。鵜の首をしめて漁をする鵜飼に対して、殺生禁断はふつうの漁以上にきびしいものがあったのではなかろうか。しかも、鮎は簗などの他の漁法によってもとれるのである[89]。とすれば、鵜飼の社会的分業の体系内での位置が低下していくのは、もはや否応のない動向といわざるをえないであろう。

事実、桂供御人の姿をそれとして見出しうるのは、管見の限りでは元弘三年(一三三三)が最後である。この年に注進された内蔵寮領目録[90]には、上桂供御人のみがあげられ、

自三月三日水鮎卜之、又自五月五日続鮎員数等、委細不存知之間、不注進之

と記されているが、この記事からみても、内蔵寮のこの供御人に対する支配は、さほど意欲的であったとは思えないのである。

もとより桂の鵜飼がこれ以後行われなくなったなどといっているのではない。貞和三年(一三四七)正月二十六日、東宮益仁親王(崇光)の「御書始」の儀に当って、篝をたく

鵜飼が召されており(91)、貞治三年(一三六四)十一月には、長福寺門前の新河で、桂荘鵜飼が寺家の制禁にも拘らず、猥りに殺生するのを停止すべしという綸旨が下っている(92)。

また応安二年(一三六九)四月二十一日、松尾社社司は祭礼に当っての下桂住人の悪行狼藉を訴えている。これはさきの寛喜の相論と同じ根から発したものと思われ、松尾社は、御船渡の在所——桂川で下桂住人が弓箭兵杖を帯して神輿に矢を射立てたばかりか、駕輿丁・神人を刃傷せしめたといいたて、十八人の交名《きょうみょう》を注進した(93)。この中には鵜飼も入っていたであろうが、しかし社司は、ここでは「下桂住人」というのみで、下桂供御人とはよんでいないのである。

それから四年後、応安六年(一三七三)三月卅日、近衛道嗣は西芳寺に行く途中桂川で鵜船を見ている。しかしそれは「兼日可用意之由、所令下知桂庄也、三艘用意、鵜ヲツカフ」、といわれているように、観賞のためにわざわざ用意された鵜飼であった(94)。

また、内蔵寮への鮎の貢進もたえたわけではない。康正三年(一四五七)八月十日、桂の鮎百、寛正四年(一四六三)八月十一日、革嶋左衛門方から桂公事鮎八十、文明十二年(一四八〇)七月廿七日、同じく革島から桂公事鮎七十が山科家に進められている(95)。これが果して鵜飼によって捕獲された鮎かどうかは明らかでなく、簗によるもの(96)、あるいは革嶋氏が独自に調達したものであった可能性はありうる。文禄二年(一五九三)、豊臣秀次は日野・烏丸・飛鳥井などの公家とともに、大井川で鵜飼を観賞しており、ほそぼそとではあれ、戦国期を通じてこの辺で鵜飼が続けられていたことは間違いなかろう。(97)

しかしそこには、かつて天皇に近侍し、桂供御人として特権をふるった鵜飼の面影は全くない。大名や公家の求めに応じて、自らその観賞の対象となるこうした鵜飼の姿は、まさしく近世を通して現在のそれに直接つながるものといえよう。そして桂川の鵜飼は、おそくみても近世中期には、もはや全く絶えはてていたのである。(98)

ところが、鵜飼のこのような衰退が明瞭になりはじめた室町期、あたかもこれにかわるように、桂女の特異な活動が目立ってくる。

三　桂　女

近世の桂女は元祖を伊波多(岩田)姫とし、神功皇后の侍女として、皇后が兜の代りに使ったと称する綿帽子を家に伝えていた。白い布で頭を包んだ彼女たちは、富豪有力な家に出入して平産を祝い、また婚姻のときに供をして祝言をのべ、戦陣にも御陣女房として加わっただけでなく、年頭八朔には京都所司代をはじめ、禁裏・三条西・日野西等の公家に飴を献じたという。その家は上桂・下桂を中心に、上鳥羽・伏見にも何戸かあり、代々、女性が家をついだ。

冒頭に掲げた「桂女由来記」で、柳田はこのような特異な桂女の民俗を、よくねり上げられた文章で見事に描いている。しかし桂女に注目した人はもとより柳田だけではない。江馬務も早くからこの民俗に関心をもち、多くの史料を発掘している(99)。江馬の関心は専ら頭に白布を巻く桂女の風俗に向けられ、いくつかの論稿によって、その由来をきわめた。そこで江馬は、現在の花嫁の角かくし、妊婦の岩田帯や綿帽子の起源をこの民俗に求めつつ、結局、それが朝鮮の民俗ときわめて類似している点を根拠に、桂女を桂近辺に居住した秦氏と結びつけて理解しようとしている。

一方、中山太郎も、神功皇后をまつる御香宮の巫女であり、のちに御陣女郎のような遊女となった桂女のあり方に注目しているが、戦前のこれらの論稿をはじめ、桂女に関する資料・文献を遍く網羅して『桂女資料』と題する一書にまとめ、この方面の研究に広い道をひらいたのは名取壤之助であった(100)。この書には、「原田文書」「小寺文書」「中村文書」等の桂女の家に伝来した古文書、各種機関に架蔵されている古文書をはじめ、古代から近代にいたる桂女にふれた文献をすべて収録しており、現在にいたるまでの研究は、ほとんどそれに加えるものはないといっても過言ではなかろう。とくに戦後、滝川政次郎が遊女に関連して桂女に言及し(101)、『京都の歴史』でも、桂女の商人・遊女・巫女としての諸側面がとりあげられ、供御人との関連も示唆されてはいるが[102]、歴史学の立場からこの問題に正面からとりくんだ研究は全くないのではなかろうか。もとより私にもいまはそれだけの用意はない。しかし前述したような観点に立って、あらためて文献を見直してみると、名取の蒐集からもれた史料は意外にまだ残っているように思われた。いうまでもなくこれは名取の責に帰せらるべきでは全くなく、ひとえにわれわれの怠慢といわなくてはならない。といっても、私自身、この問題に関心を抱いたのはごく最近のことで、いま名取の労作に加えうる史料はほんの僅かしかないのであるが、ここではそれを紹介しつつ、既知の史料をもあわせて、前節でのべた桂供御人――鵜飼集団の女性としての桂女が、中世後期にいかなる姿で現われるかについて、若干考えてみたい。

桂女が鵜飼とは一応別に、それとして史料に現われるのは、正和五年(一三一六)十一月、山城国上野荘実検目録[103]に、

一、桂女　在家七宇内
　一宇　下司　一宇　職事給
　残五宇　公事在之

とあるのが最初である。田畠とは別に、在家のみがまとめて検注の対象になっている点に、桂女の非農業民としての特質がよく現われており、上野上桂荘の内に桂女の小集落

のあったことを、これによって推測することができる。

しかしその在家には公事——在家役が賦課されており、しかも一部は下司・職事の給分となっている。いわばここでは、上野荘の秩序に組みこまれた桂女の姿が現われているので、さきにあげた「下桂住人」といわれた鵜飼も同様であったと思われる。[104]鎌倉末・南北朝期以降、鵜飼・桂女がこのように荘園の組織を通じて掌握されるようになっていることは、それ自体、注目すべき事実であるが、さらに見逃し難いのは、この在家が「鵜飼」としてでなく、「桂女」として検注された点である。

それはすでに、この集団の「職人」としての特質が、鵜飼によってでなく、その女性の職能を通してとらえられるようになっていることを物語っており、桂の鵜飼そのものの衰退をここにはっきりとうかがうことができる。

室町期以降、近世を通じて桂女は女系相続であったことが知られているが、そうした慣習も、すでにこのころには固まりつつあったとみてよかろう。

そして、これからしばらくして室町期に入ると、桂女は『桂女資料』の紹介している文政十一年(一八二八)十月の「一札之事」[105]と題した文書に、「京都桂姫殿、摂河泉播四ケ国勧化……」とあるような、遍歴する遊女として、その姿を現わすのであり、この時期、桂女たちがかなり広い範囲にわたって、恒常的に諸国を経廻していたことは、史料によってはっきりと証明することができるのである。

『九条家文書』一、九九号、文安元年(一四四四)十一月日、和泉国日根野・入山田両村年貢散用状には、

一貫文嘉吉三　十二　廿九　　桂女被下

とあり、文安四年(一四四七)にも同様の記事がみえ、文明十六年(一四八四)十二月の散用状では二貫文が下行され、「同女上下三人三ケ日逗留雑用云々」として、三百文が年貢から支出されている。また翌文明十七年(一四八五)には一貫文に加えて、百文が「同女一宿雑用云々」として年貢からさしひかれた。(106) さらに『政基公旅引付』永正元年(一五〇四)八月九日条には、

日暮比桂来姫夜叉、樽等持参了

とあり、同月十二日条に、

姫夜叉今日罷帰、弐百疋遣

と記されており、この年は三泊四日の滞在であったことが判明する。これらの史料によって、桂女は恐らくは毎年、和泉国日根荘を訪れ、樽を持参して、ほぼ一人一貫文を下行され、一～三日逗留していた事実を確認することができる。

一方、『経覚私要抄』『大乗院寺社雑事記』にも多くの桂女に関する記事を見出しうる。

その初見は宝徳三年（一四五一）二月五日の前者の記事で、

　桂榼一、勝栗等持来了

とあり、同年二月七日条には、

　桂女帰之間、梅染面一遣了

とあり、さらに享徳二年（一四五三）二月六日にも、榼・勝栗・昆布等を持って来たことが記されている。また後者には長禄四年（一四六〇）二月十一日条に、

　桂女参、榼以下如例持参、百疋給之了

とあるのを最初として、寛正三年（一四六二）・同四年・文明六年（一四七四）・同九年にその記事がみえるが、とくに注目すべきなのは、文明十年（一四七八）九月十七日条の記事、

一、桂女来、榼一双二種持参、百疋如例給之、母姫夜叉去年六月他界云々、息女当
　年初也、不便々々、吉野参詣之次立寄了

及びつぎの、文明十二年（一四八〇）二月十七日条の記事である。

一、桂女参申、百疋下行之、此正月五日より河内国屋形ニ候云々

妹夜叉（ママ）八十計ニテ入滅
├─土用 妹夜叉之子、于今存生、七十計ニ成云々　畠山之桂也、隠居、孫子ニ与之
│　└─妹夜叉 妹夜叉之子也　於畠山者号土用
└─妹夜叉 此二三年ニ入滅、早世　土用之子也

こののち文明十六年(一四八四)には「此四五ケ年ハ不参」といわれ、延徳二年(一四九〇)・明応四年(一四九五)にも記事があるが[107]、これらの史料によって、大和の経覚・尋尊の許にも、やはりほとんど連年、桂女が来り、樽を持参し、一貫文の銭を下行されて立ち去ったことを確認しうる。しかもこの桂女はほぼ代々姫夜叉の名のりをうけついでおり、和泉の日根荘に現われた人と同じ女性だったことも、文明十二年の記事から明らかになってくる。そしてこの桂女はとくに河内国守護畠山氏と深い関係をもち、その屋形では別の名のり――土用の名でよばれ、そこに一箇月以上滞在することもあったのである。この事実の上に立って考えれば、明応二年(一四九三)、細川政元に攻められて窮地に陥った畠山政長が自殺する前に、「公方様ノ御ナクサミニ参リテ、舞歌ナトシケル桂ノ遊女トモ」の群の中に、桂女に姿をかえた子息を入れて、大和に落してやったという『足利季世記』の所伝も、かなりの真実を伝えているとすることも可能になってくる。

もとより、この姫夜叉を名のる桂女は都にも現われる。山科言継は天文十三年(一五四四)の六月三日・同廿日・九月十三日に「桂女夜叉」と一盞を傾けているが、これも姫夜叉の流れをくむ女性と考えてよかろう[108]。

しかし言継は永禄七年(一五六四)七月廿七日には、地蔵と名のる別の桂女とも盃を傾けている。この桂女は、大永四年(一五二四)三月六日、将軍義晴が細川尹賢の屋形に行った折に現われ[109]、翌日二百疋を下行された千百・地蔵、『年中恒例記』で正月五日に将軍家に参じて御服を与えられるならわしであった地蔵・千百と同じ系統の人であろう。永禄四年(一五六一)に、三好義興の亭に将軍義輝が招かれたときに参った桂女もまた、恐らくこの人々であったに違いない[110]。この人々は将軍家と密接な関係があったのではないかと思われるが、千百は「日野殿之桂也」といわれており、さきの畠山氏と姫夜叉の場合といい、このころの桂女は特定の権門ととくに深い関係をもっていたのではないかと思われる。

このように、室町期の桂女は、近世を通じて下桂村の桂女によって代々うけつがれた姫夜叉・地蔵・千百などの名乗をすでに持っており、その女系相続も確定していた。そしてこの各々の名乗に即して、特定の権門の保護をうけていたとみられる。しかしそれは決して、主と下人のごとき私的隷属関係ではなく、彼女らは他の諸権門の許にも自由に出入しえたのであり、また桂女の姿——白いかぶりものを特有な形で頭に巻き、鮎を入れた桶をいただく桂女独特な服装をしているものは、さきの『足利季世記』の所伝にみられるように、「敵味方ノ沙汰ニ及」ばぬ「公界者」として扱われたのである[111]。諸国の関渡津泊を煩なく自由に通行しえた鎌倉期に桂供御人——桂女の特権は、少なくともこのような社会的慣習として、なお彼女らにうけつがれ、保証されていたので、その遍歴は、敵対する戦国期の大名の間をこえて、前述した畿内から、さらに広く諸国に及んでいた。

桂女は「勝浦女」あるいは「勝浦」とも書かれた。摂津の石山本願寺の証如の許には、「勝浦女」が天文五年(一五三六)正月十日、「佳例《かれい》の鮒」や「鰹一編・樽一荷」を持参し、また、七月七日には、その妹とみられる人が鮎鮨を持って訪れ、以後、天文六年(一五三七)から同十二年までの毎年、さらに天文十六年・同二十年・同二十二年・同二十三年(一五五四)の年始めには必ず姿を見せ、年によっては七月にも来訪している[112]。

この桂女の場合、「細川勝浦」ともいわれているので[113]、細川氏とのかかわりを推測せしめるが、証如は毎年の祝儀をはじめ小袖などを与え、手厚くこれを遇している。いっぽう、桂女の側からは、小鮒・鮎鮨を必ず持参しており、そこにかつての鵜飼集団の女性、鮎売の女商人の面影がはっきり残っているといえようが、興味深いのは、天文五年(一五三六)正月十日のさいには、「和睦珍重」として、さきの鰹を持参し、天文十二年(一五四三)には、「誕生の儀につき」昆布を持って来ている点である。江戸時代の桂女が出陣・帰陣・婚礼・安産・入夫・家督・年始などのさい、縁起のために招かれたといわれているのと[114]、このことは見事に符合しており、「勝浦」という呼び方、「かつお」や昆布の進献、さらにさきに経覚に献上された「勝栗」など、みなこの縁起にかかわりがあるとみなくてはならない。永禄四年(一五六一)三月、毛利元就・隆元父子が、小早川隆景の居城、安芸国雄高山を訪れたとき、同月二十八日にひらかれた宴席で、最上座に向かい合って坐した元就・隆元の傍にひかえる「勝浦」の姿を見出すことができる(115)。桂女が安芸国まで遍歴の足を伸ばしている点も、注目すべきであるが、戦国大名にとって、桂女は勝利につながる縁起のよい女性——遊女だったのである。証如や毛利氏だけでなく、おそらくは多くの大名に桂女は招かれたに違いない。

以上の事実は、江戸時代における桂姫の「諸国勧化」の直接の源流が、室町期に遡ることを示しているだけでなく、「勝浦姫之由来」「桂姫謂書」「桂女先祖書」など、各種の由緒書として文書にされた桂女の職能起源伝説(116)——前述したように、「伊波多姫」と名のる桂女の先祖が、神功皇后の侍女として、いわゆる「三韓征伐」のさいに皇后に従い、懐妊した皇后に白布を献じ、皇后はこれを兜がわりに帽子とし、また腹帯に用いて、勝利を収め、無事、皇子を出産したという伝承が、室町時代には確実に成立していたことを物語っている。

それ故、この伝承を背景として彼女たちは訪れた権門・大名に寿詞を捧げ、そこで催される宴席ではその身につけた舞歌によって興を添えたのであった。頭を白布で包んだ姿で大名を歴訪する桂女たちは、それ故にまさしく遊行女婦——遊女だったのであるが、一面また彼女等の来訪は、ことのはじまりを祝う、よい縁起に基づくこととして、大名たちにも期待を持って待たれていたのであろう。だからこそ豊臣秀吉も、朝鮮出兵に当って、文禄元年(一五九二)、伏見御香宮(これも桂女と関係ある神社といわれる)に参詣したとき、この「嘉例」によって桂女を召しており、徳川家康は石清水八幡宮の社家の女、亀を関ケ原の戦いのさいに御陣女郎として従え、さきの由緒に基づき、桂女をその供として召しているのである(117)。

そして、これが機縁となって、桂女は江戸幕府の保護をうけ、将軍家光の代までは江戸に行って祝詞をのべ、その後も救銀を与えられるとともに、年頭八朔には、京都所司代をはじめ、禁裏・三条西・日野西などの公家、さらには、諸大名の家に出入し、近世を通じて、庶民の中でもさきの職能によって活動しつづけた。この伝承——由緒書は、それ故、室町・戦国・江戸時代にわたる桂女の地位を保つ現実的な支えとなったといわなくてはならない。

しかしこれまでのべてきたように、この桂女の遊行の真の淵源は、室町期をこえてはるかに古く遡りうる。それは鮎鮨を入れた桶を、白布を巻いた頭上にいただいて諸国を経廻した鵜飼の女性——桂供御人、桂贄人のかわりはてた姿だったのである。もとよりこのような室町期以降の桂女の果した役割に、鵜飼そのものにまつわる一種呪術的な性格の残影を見出すことはできよう。権門に寿詞を捧げる桂女に、鮎を神や天皇に贄として捧げた遠古の素朴な彼女たちの姿を読みとることも、また不可能ではない。そして、神功皇后にその起源を求める由緒書の奥底には、かつて天皇に近侍していた時代の鵜飼の記憶がひそんでいるとも考えられよう。

しかし鎌倉期、悪党と結んで庁下部を追い、ときに院に群参して、摂政の背後から高声で訴訟をした、あのたくましい桂女の姿はもはやここにはない。『看聞御記』の応永二十三年(一四一六)三月七日の記事にみられるように、桶を頂き、鮎を捧げるその風姿が、御所侍によって扮装され、酒宴の席で満場の喝采をうけるという、倒錯した戯画のみがそこには残されているにすぎない。そして勢家の門々をわたり歩き、銭の下行をうけて宴席に侍る彼女等の姿が、いかに優に艶なるものがあり、また慶事を祝うものとしてなくてはならぬものであったとしても、それはやはり、特殊視――賤視の裏返し以外のなにものでもないといえるであろう(118)。

結

花嫁の角かくし、妊婦の綿帽子が、遠く鵜飼の女性たちの民俗に一つの源をもっているという、ここでのべたことが、もしも認められるならば、これは一個の興味深い事実といえよう。そして、いま観光の対象としてのみもてはやされている鵜飼が、じつは日本の民族的組成のなかで重要な位置を占めていた事実が、これによって多少とも鮮明になったとすれば、本章の意図は一応達成されたといってよい。

しかしわれわれは、この問題を通して巨大な問題に直面せざるをえない。それは日本の社会に深く根を下している差別の問題そのものである。

鵜飼と桂女が大きな変貌をとげた時期――それは南北朝内乱期であった。その変貌の背景に、鵜飼の全分業体系内での位置の低下、それ自体のもつ呪術的意味の稀薄化があったことについては前にのべた。もとよりこれは日本の社会の否応のない発展がもたらした事態であり、近世以降の日本がそこにひらけてくることはいうまでもない。しかしこの発展が、里人に打殺される鵜飼、遊女・女郎として特殊視――賤視される桂女をうみ出し、これらの人々を差別する社会構造を決定的につくりだした一面をもつことも、決して見落すべきではなかろう。

しかもこの変貌が、鵜飼の贄＝供御をうけとっていた天皇、彼等の特権を保証していた天皇の支配権の決定的な弱化と深く関連していることも、間違いない事実であろう。その意味で差別の問題はそのまま天皇制の問題に直結する。室町期以降の鵜飼と桂女の姿の対極には、政治的実権を失った天皇が存在するのである。

これまで近世の差別・賤視を、直ちに古代にまでひきあげ、すべての山海民・商工民を賤民的な角度から考えようとする見方が、かなり広く行われてきた。しかしそれでは、日本の民族的な構成そのものに大きな歴史的変化があり、それが社会的分業のあり方の転換と結びついている事実を、結局は見落してしまうことになろう。それはある意味では、天皇の存在を日本民族固有のものとする見方と表裏をなすとすらいってよかろう。

実際、鎌倉期までの鵜飼は決して単純に賤視されてなどいない。その一部は供御人・神人として特権をもっていたのであり、女性もまた、たくましくも堂々と生きているのである。たしかに殺生と結びついたその生業が彼等自身を苦しめ、またそれを生業とせざるをえない彼等に対して、一種の畏怖を覚えた人々があったことは事実であろう。巨視的にみてそれが後年の差別・賤視につながることは考えられるとはいえ、この時期まででは差別・賤視の観点ではとらええない問題がたしかに存在しているのである。それを日本の社会のもつ未開性と結びつけ、南北朝の内乱期をこの観点から考え直してみることは、私にとって、やはり今後の大きな問題とならざるをえない。

江馬務は桂女を朝鮮民族と結びつけて考えようとした。しかし桂女が鵜飼であるならば、それはもっと広い範囲の諸民族との関連でとらえられなくてはなるまい。アジアの諸民族のなかに日本の占める位置を正確にとらえるために、このような方向で問題をさらに追究してみる余地も、まだ広く残されているように思える。

このような私の観点について、天皇の役割を過大視するもの、あるいは「社会学的」な誤り、という批判もあろうと思う。しかし私はそうは考えない。

ある時期、差別・賤視された鵜飼と、祝福される花嫁の角かくし――それは歴史の痛烈な皮肉であり、またその見事な審判の進行を示すともいえるであろう。それをみつめ、その審判の意味を深くさぐることによってのみ、わが国の社会に根を下す「差別の構造」を、天皇制とともに克服し去る道が本当にひらけてくるのではあるまいか。

（1）『定本柳田国男集』第九巻（筑摩書房、一九六二年）所収。

（2）渋沢は自らも「式内水産物需給試考」（第二部第一章注7所掲『祭魚洞襍考』所収）で鵜飼について詳述（同書二〇〇～二二九頁）、さらに柳田の桂女についての指摘にも注目しており（同書一三六頁）、その独自な見解を示しているが、一方、その主宰する日本常民文化研究所の仕事として、鵜飼についての調査をおしすすめた。この民俗調査は、鵜飼の漁法の有無、起源、漁人の数、家筋・特権、鵜の入手経路・訓練法・飼養法、魚種、俗信、女性との関係、漁具と鵜羽等々、周到に用意された十六項目の調査要目に対して、多くの人々からの報告を求めたもので、『民具マンスリー』一一―四～一〇号に、最近収載された。これによって、その後の鵜飼研究の基礎は固められ、この調査結果を基礎とする研究成果は、日本学士院日本科学史刊行会編『明治前日本漁業技術史』(第一章注8所掲)第三編第三章「鵜飼漁技術史」としてまとめられており、それを集約したものが、竹内利美「鵜飼漁業」(日本常民文化研究所編『日本水産史』角川書店、一九五七年)として発表されている。鵜飼に関する文献史料は、これらの仕事のなかに、広く網羅されており、本章も多くの点でそれに依拠している。

(3)『原始漁法の民俗』(第一章注1所掲)は「鵜飼の伝承」「鵜飼懐古」など、多くの鵜飼に関する稿をおさめている。また最上はそれをまとめて「鵜飼について」(『海事史研究』九号、一九六七年)を発表している。

(4)『鵜飼――よみがえる民俗と伝承』(中公新書、一九六六年)は、広く鵜飼について概説しつつ、それは農耕社会を前提として成立したとし、その源流を中国南方に求めている。また「養鸕考(鵜飼研究序説)」(『史学』三四―三・四、一九六二年)では鵜飼をその漁法に即して、A・B・Cの型に分類、技術の発展史の復原を試みている。

(5)小川博「日本における漁撈民俗研究の動向」(『海事史研究』一五号、一九七〇年)は、この方面の研究史を要領よく整理している。

(6)「阿太養鸕部の研究」(『社会経済史学』三―八、一九三三年)。

(7)「律と鼈」「雑供戸考」(第一章注26所掲『律令諸制及び令外官の研究』所収)。

(8)「隼人の近畿地方移配地について」(第三章注42所掲)。

(9) これらの史料は、注(2)にあげた渋沢の論稿に網羅されている。
(10) 『令集解』巻五、職員令。
(11) 『長良川の鵜飼』(岐阜市役所、一九五三年)。
(12) なお、本章発表後、鵜飼について再度まとめたものを、「鵜飼の歴史」(『岐阜市史』通史編、原始・古代・中世、一九八〇年)として発表した。本章との重複があり、またその一部は本章にもとりいれたが、江戸時代の美濃の鵜飼についても多少言及したので、参照していただければ幸いである。
(13) 大和・山城・和泉・越中・美濃などをあげることができよう。注(2)渋沢論稿参照。
(14) 「杉本文書」(『静岡県史料』第一輯)。なお、駿河の鵜飼については宮本常一著作集13『民衆の文化』(未来社、一九七三年)九六頁に鳥屋となった安倍川尻の鵜匠に関する指摘がある。
(15) 現在、石和町(現、笛吹市)には鵜飼山遠妙寺があり、鵜飼橋と名づけられた橋が笛吹川にかかっている。
(16) 日本古典文学大系本『梁塵秘抄』の三五五及び四四〇に、
○鵜飼は可憐《いとを》しや、万劫年《とし》経《ふ》る亀殺し、又鵜の頸を結ひ、現世は斯くてもありぬべし、後生我が身を如何にせん
○鵜飼は悔《くや》しかる、何しに急いで漁りけむ、万劫年経る亀殺しけむ、現世は斯くてもありぬべし、後世我が身を如何にせん、ずらむ
とある点、参照。ここでとくに亀の殺生が問題にされている点に注意する必要がある。江戸

時代、長良川の鵜飼はドチ＝鼈を突いて鵜の餌としているが、これはきわめて古くからのことだったのである。大和吉野御厨が「乾鼈四担」を貢進している事実(『延喜内膳司式』)、『今昔物語集』巻第十九第二十九に淀川の河尻で鵜飼のために釣り上げられた亀がみられることなどと、この今様とをあわせ考えると、鼈・亀の殺生は、鵜飼という漁法そのものに古くから結びついた餌の採取方法といえるのではなかろうか。そして鵜飼が淀川に亀を釣りにいっていることを考えると、江戸時代の長良川の鵜飼が国中の川に「ドチ突」に行ったように桂の鵜飼も広く亀釣に行ったとみることもできる。事実、『平家物語』巻六で、この鵜飼は「かつらのうかい」といわれているのである。河岡武春「黒潮の海人」(日本民俗文化大系5『山民と海人』小学館、一九八三年)は亀漁と隼人とを結びつけて考えているが、鵜飼と隼人との関係をあわせてみると、これは非常に示唆に富む指摘といえよう。

(17)『滋賀県漁業史』上(概説)第二章第五節(一八頁所掲)。

(18)「竹生島文書」。

(19)「多賀神社文書」。なお戦国末、江戸初期については注(12)拙稿参照。

(20)日本古典文学大系本『平治物語』の頭注には「滋賀県栗太郡栗東町小平井か、未審」としている。

(21)「東寺百合文書」ト函一九号(三)(九六―一〇五)、安貞二年八月五日、修明門院処分状案〔鎌6・三七七一〕。

(22)大日本古文書家わけ第十四『熊谷家文書』三号、建保三年十月十八日、美濃国鵜飼庄沙汰人百姓等申状(鎌4・二一八六)。
(23)『甲陽軍鑑』。
(24)「鵜飼漁業法及び沿革履歴書」(注11前掲『長良川の鵜飼』所収)。
(25)『諏訪大明神絵詞』下。
(26)前掲『明治前日本漁業技術史』。
(27)『壬生家文書』(鎌3・一七〇九)。
(28)『稚狭考』『若狭郡県志』等参照。
(29)福井県立図書館・福井県郷土誌懇談会共刊『北国庄園史料』五号文書。なお、宮本常一著作集1『民俗学への道』(未来社、一九六八年)二二九頁に越前大野の鵜匠についての指摘があるが、これはまた別の系統の鵜飼であろう。
(30)坪江郷が春日社に寄進されたのは正応元年(一二八八)であり、注(29)の文書にみえる坪江下郷の注文は、全体として国衙領当時の賦課を示していると考えてよかろう。
(31)福井県立図書館・福井県郷土誌懇談会共刊『小浜・敦賀・三国湊史料』三国関係史料、一、大乗院文書(抄)、雑々引付のなかに、(正和五年)六月十七日、大乗院門跡御教書(鎌34・二五八七二)があり、前年以来の内侍所沙汰人と湊雑掌との相論にふれている。
(32)『中世の関所』(畝傍書房、一九四三年、吉川弘文館より一九八三年再刊)第六論文。
(33)『皇室御経済史の研究』前篇(畝傍書房、一九四二年)三八二頁以下。
(34)第一部第一章。

(35)「京都御所東山御文庫記録」甲七十、応永廿一年三月日、内膳司清宣申状。
(36) 例えば第一部第一章でふれた交野禁野と交野関、大日本古文書家わけ第六『観心寺文書』七一号、建徳二年後三月八日、弾正少弼和田某施行状にみえる河内国大庭関と大庭御野など、その例は多い。また「京都大学所蔵兵範記保元二年冬巻紙背文書」保元元年十一月廿三日、山城国貢御人藤原経成解(『平安遺文』六―二八五八)によると、貢御人にして山階小野郷司をかねる経成は、同郷内の賀茂祭大盤床子饗田四段を相伝しており、そこは「貢御所」といわれている。一方「山科家古文書」寛正六年九月日、山科内蔵頭雑掌重申状案には「山科小野東庄内四宮河原」とある。四宮河原が鎌倉後期、内蔵寮の管理下にある率分所であった点についても第一部第一章でのべたが、これらの史料をあわせ考えると、それは古く小野郷内にあった貢御所と関わりがあるとみてよいと思われる。
(37) 第一部第一章でのべたように、伊賀国の供御所の贄は国司を通じて進められている。
(38)「松尾神社文書」(『平安遺文』八―四〇〇五)。
(39)「東文書」(瀬野精一郎編『鎌倉幕府裁許状集』下、六波羅・鎮西裁許状篇、六波羅探題裁許状七号)(鎌7・五三二五)。
(40) ただ松尾社の天田河に対する支配、鵜飼との関係は、前述した宇治の網代に対する松尾社の権利などを考えるとあるいはもっと古くまで遡りうるかもしれない。
(41)『平安遺文』三―八九四、丹波国高津郷司解には、天喜五年(一〇五七)、丹波国から「供御鮎御贄壱荷」が貢進されているが、これも鵜飼による貢進であろう。

(42)「清水寺文書」(瀬野精一郎編『鎌倉幕府裁許状集』上、関東裁許状篇一九五号)(鎌24・一八三六三)。

(43) 前掲『明治前日本漁業技術史』六〇四頁以下参照。

(44) 注(22)『熊谷家文書』一九号(鎌12・九〇九九)。

(45) 同右一九七号(鎌22・一六六六九)。

(46) 同右三二号(鎌40・三一三七六)。

(47) 石井進は『日本中世国家史の研究』(第二章注85所掲)三六四頁以下で安芸国の守護領について詳細に分析し、この佐東河についても佐東河手を徴収する「川関」の存在に注目、「その主は守護武田氏の一族らしい」(三六七頁)としている。ここで熊谷氏と争った武田泰継は在国司でもあり(「東寺百合文書」み函九一号(一―一五)、十月廿四日、藤原実清書状(鎌23・一八一五三))、「佐東本郷(郡カ)孝親跡地頭武田孫四郎泰継」ともいわれ(「白河本東寺百合古文書」六十八、正応□年六月廿四日、某書状(鎌22・一六八八七))、かつての守護宗孝親のあとをうけつぐ人であった。そしてこの熊谷氏との相論は、恐らく河手の徴収権を保持する泰継と、鵜船をもつ熊谷氏との争いであったと思われる。

また石井は佐東河口の伊福郷に設定された厳島社領志道原庄の倉敷地内の在家十六宇中にみえる「感神院神人」に注目している。しかしここでは同じ史料のなかに、四人の供御人がいる点に注意したい(「厳島神社文書」仁安元年十一月十七日、安芸国志道原荘倉敷在家畠検注帳、『平安遺文』七―三四〇四)。この国から「内侍所供神物」が貢進されていることは、別の史料（「東寺文書」数一―三、九月十日、院宣）から明らかになってくるので、この供御人をそれと結びつけることも可能であろう。そして注(31)の越前国三国湊の場合をあわせてみれば、この場合も、鵜飼とこの供御人との関係を考えてみる余地は残っているといえよう。

(48) 前掲『熊谷家文書』一〇五号、応永十年二月廿八日、熊谷直会《直宗》置文に、その重代相伝下人として「南村之鵜生大郎兵衛之部類」（傍点筆者）がみられる。これが「鵜匠」に通ずるとすれば、あるいはその流れをくむ人々だったかもしれない。

(49) この帳簿は、内原郷・有家郷・和太郷・大田郷・吉田郷・津秦郷・本有真郷・新有真郷・秋月郷などの諸郷の検田畠取帳を含んでおり、同社の社領の実態を知るうえに、貴重な内容をもっている。ここでは一九五〇年十月に宇野脩平が採訪し、鈴木行三が筆写した写本を使用した。この筆写本は神奈川大学日本常民文化研究所に架蔵されている。

(50) 秋月郷には「鵜飼田」という地字をもつ一町の田地がある。

(51) 神奈川大学日本常民文化研究所架蔵「紀俊嗣家文書」には、「神事記」「大雙紙」「恒例法式」「年中神事記下」及び表題のない神事記などがある。

(52) 前注の諸帳簿により、鵜飼の役をあげると左のようになる。

正月社頭分　愛行鮎卅許
三月三日　鯛已下魚代百文許　酒殿守請
五月五日　干年魚三百又御供所別当三十
七月七日　同十五日同之

八月十日　四百文下土師請
同　廿日　四百文上土師請
九月九日　生年魚百　酒殿請　神宮已下行之
調庸御祭　公文所膳夫所　六薦桶二代一貫二百文、此外焼鮒分有之
相嘗御祭　大集夜子細同前
御解除夜　愛行鮎十五二ケ月分

内容の十分明らかでない点もあるが、参考のために掲げる。鯛などはもとより鵜飼自身の漁によるものではなかろう。

(53) なお、大田郷に「皮細工田」という地字をもつ九反の田地があることにも注目すべきであろう。

(54) 神人・御厩・雑色・檜物等も屋敷を給されている。こうした人々の神社に対する従属関係が、強度に隷属的であったとする見方には、このような点からみても従えない。

(55) 『壬生家文書』二、四九三号所収、文治四年五月十二日、田仲庄鵜飼役送状。

(56) 渋沢は注(2)論稿で、『延喜式』に現われる鮎を貢進した国々をあげている。以下にそれを列挙してみる。

「主計式」(中男作物)参河、伊勢、尾張、近江、美濃、但馬、因幡、伯耆、播磨、備前、備中、
　備後、周防、紀伊、阿波、伊予、土佐、筑前、筑後、肥後、豊前、豊後
「宮内省式」(諸国例貢御贄)但馬、美作

「内膳司式」(旬料御贄)大和　(年料御贄)伊賀、伊勢、近江、美濃、丹波、但馬、播磨、美作、
備中、紀伊、土佐、大宰府
このほか「斎宮寮式」に伊勢、「伊勢神宮式」に阿波、「民部式」に土佐がみえる。もとよりこれがすべて鵜飼によって捕獲されたわけでないことはいうまでもないが、ここで検出した十四箇国、さらに近世における鵜飼の分布とあわせてみると、古代、このくらいの範囲に鵜飼が分布していたとしても、さほど見当違いではないように思われる。

(57) 第二部第一章第一節。なお古代については、小林茂文「古代の鵜飼について」(『民衆史研究』一九号、一九八〇年)が、鵜を首長権のシンボルとみて、首長の服属に伴う贄の供献が鵜飼の鮎貢進として継承されたことを詳述しており、参照されたい。
(58) 九月から明年四月に鳩を、四月から八月まで年魚の鮨・火干を月別上下旬各三担貢進している。
(59) 『類聚三代格』巻四、延暦十七年六月廿五日。ここには鵜飼長は現われないが、鵜飼は江人ともいわれていたと思われるので、このように考えてよいと思う。
(60) 第二部第一章第三節。
(61) 『西宮記』第十裏書。葛野川は桂川、埴川は大井川をさすとも、高野川の古称ともいわれる。
(62) 『侍中群要』第十(『続々群書類従』第七)。『延喜内膳司式』に、「山城国江御贄者、国司率預人漁捕進之」とあるのは、この行事のより古い形を示しているのではなかろうか。『親信卿記』天延二年八月廿二日条「遣東西宣旨飼使」とある点も参照。

(63)『三代実録』仁和三年五月廿六日条に「大宰府年貢鸕鷀鳥、元従陸道進之、中間取海道、以省路次之煩、寄事風浪、屢致違期、今依旧自陸路入貢焉」とあり、貞観十二年二月十二日条には鸕鷀鳥を捕えるために新羅国境まで行って捕えられた対馬島の人のことが記されている。また『類聚国史』巻八十七に延暦二十四年十月廿五日、官鵜を盗んで伊豆国に流された佐渡の人のことがみえる。佐渡から鵜が貢されたのかどうかはこれだけでは判明しないが、貢進された鵜は官鵜とされた点に注目すべきであり、すこし時代が降って、『親信卿記』天延二年八月十日条に「出羽貢年新鵜□二率、奏聞之後、分給三所鵜飼、其儀、仰所令進鵜飼等進御贄度数勘文今年度数、同員数矣、出右兵衛陣外、任進御贄次第分給、預出納小舎人等相共給之、能登・□(佐)渡等貢、先日分給已了」とあることから、能登とともにこのころには佐渡から鵜が貢されたことを確認しうる。また『権記』長保二年九月二日条に「出羽国年料鵜貢進、蔵人所載本解文十二率之中、五率見進、其残途中死、又冷泉院一率、東宮二、左大臣家二、皆不満本数、途中死者、右内府料又以死了」ともあるように、鵜は蔵人所に進められた。

(64)『侍中群要』第十。

(65)鷹はもともと兵部省主鷹司に属したが、早くから蔵人所の所管に入っている。鷹についても「御覧御鷹事」といわれる行事があり、鵜の場合と類似した手続によって、鷹飼に分給された。

(66)大江・津江御厨については第二部第一章参照。御厨子所に鵜飼が属したことについては、『侍中群要』第十「御覧鵜事」の項、及び後掲注(70)『源氏物語』の記事など参照。

(67)「宇治関白高野山御参詣記」(『続々群書類従』第五)。この鵜飼たちは「各燃篝火、普照行路」したといわれている。

(68)この真木島贄人と宇治鵜飼を密接に関係する集団とみることは一応自然といえる。事実、後述するように(注87史料参照)、宇治野は鎌倉中期まで鵜飼の飼場であった。とはいえこの贄人を直ちに鵜飼そのものとみることは断定し難いので、むしろ網代との関係を考える必要があろう。この点、第二部第四章参照。

(69)『日本中世商業発達史の研究』(御茶の水書房、一九六九年)一八三頁。

(70)例えば津江御厨供御人(今宮供御人)が祇園社大宮駕輿丁を兼ねて今宮神人といわれ、燈炉供御人が東大寺鋳物師・日吉聖真子神人・住吉社修理鋳物師を兼ね、殿下御細工とも密接な関係にあったこと、和泉国近木荘には御櫛生供御人、院御櫛造、近衛殿櫛造などの櫛造の集団がいた点、さらに伊賀国供御所が「至尊供御并殿下御贄」を貢進していること等々、その実例は多い。これについては第一部第一章でものべた。

鵜飼については、文学作品ではあるが、『源氏物語』藤裏葉に「ひんがしの池に、舟ども浮けて、御厨子所の鵜飼の長、院の鵜飼をめしならべて、鵜をおろさせ給へり」とある点からみて、桂供御人は院の鵜飼をも兼ねていた可能性がある。

(71)「大谷氏所蔵文書」御厨子所公人等重訴状案の具書目録(赤松俊秀『古代中世社会経済史研究』平楽寺書店、一九七二年、四一六頁)(鎌38・二九五二三)。

(72)これが天皇の支配権から発するものであったことは、『西宮記』巻八に「禁河(埴河左衛門府検知、葛野河右衛門府検知」とある点からみて明らかである。

(73) 後掲注(100)名取壌之助編『桂女資料』をはじめ、引用する書は多いが、最近では林屋辰三郎『中世芸能史の研究』(第四章注21所掲)が桂供御人との関連で注目し(三一三頁)、脇田も前掲書一七五頁で関説している。ただその関係を、直線的に考えることは慎重でなくてはならない。

(74) 第一部第一章。

(75)「神護寺文書」五月一日、文覚書状案。

(76) 注(71)文書。

(77) これは第一部第一章でのべたように、この特権が天皇の支配権に発するものであることによるといえよう。

(78)『明月記』同日条。

(79)『勘仲記』建治二年七月二十四日条に、宇治川の場合であるが、「御随身上﨟、少々乗鵜船奉順」とある点なども参照。なお『桂女資料』に収められた「小寺文書」十三・十四には下桂村の渡船にふれた元和二年(一六一六)・寛文十三年(一六七三)の文書がみえるが、この渡船の淵源もきわめて古いものと考えなくてはなるまい。また「広隆寺文書」建武四年七月十六日、足利尊氏寄進状によると、鎌倉末期、桂の地には「桂新免」といわれる得宗領があった。これがいつごろまで遡りうるかは明らかでないが、交通の要衝と得宗領との関係を考えるためにも注目すべき事実と思われる。

(80) 近衛家領のなかに山城国桂殿がみえ、梅津荘・侍従池・革嶋など、この辺の所領が多い。
(81)『葉黄記』。
(82) 日次供御をさす。『夫木抄』廿七、鮎「朝な朝な、日次供ふる、かつらあゆ、歩みを運ぶ、道もかしこし」を参照すれば、一層この点は明瞭であろう。
(83) 他の一首は、「こひわひて瀬にふすあゆのうちさひれ、骨と皮とにやせなりにけり」という、まことに泥くさい歌であった。
(84)『本朝無題詩』巻二「見売炭婦」によって、周知の事実である。
(85) 粟津橋本供御人(六角町四宇供御人)が「女商人」であったことは第一部第一章でのべたが、これはかなり一般的なことと考えてよいであろう。
(86)『勘仲記』。
(87)「勘仲記自弘安九年四月一日至五月廿九日巻紙背文書」(鎌20・一五四九八)。折紙に書かれたこの文書は未紹介なので、以下に掲げる。

　□□(桂上)下供御人等謹言上
　　□(欲)早且任先例、且任　院宣□□(被)下御牒、備進供御子細事
□□(右子)細、当供御人等為内膳狩取、□□(追カ)出宇治野飼場、二ケ月之□(間カ)□(供)御人等停止漁、捧代々御牒、□(雖カ)言上子細、愁訴未達、然而□(供)御備進者更不闕如、於今者□力尽者也、不飼鵜不致漁□(何カ)可備進供御哉、六十日之間□□、争無御哀憐哉、所詮云鵜者□也、云人者供御人也、早令進上□、供御人等者欲交山野、□□荒廃、供御退転之基、□(此カ)□(趣)可然之様、得御意、有御□

□者、将仰聖代之憲法、□□如件

弘安八年三月　日　　　　桂上下供御人等上

(88) これはあるいは宇治網代と関連する人々ではないかとも思われる。

(89) 桂川で簗が立てられていたことは、『弁内侍日記』宝治三年四月七日条に「かつら川をわたりしに、みなかみのかたに、やなといふものに水のたきりおつるをとのきこえ侍しかは……」とある点からも知りうる。あるいは鵜飼自身も一方で簗を使用していたと考えることもできよう。

(90) 「宮内庁書陵部所蔵文書」。

(91) 「通冬卿記」。

(92) 「長福寺文書」。

(93) 「東文書」六、応安二年四月廿一日、松尾社司等申状、応安二年八月日、松尾社惣公文注進状。

(94) 『愚管記』。

(95) 史料纂集『山科家礼記』。

(96) 「東文書」三、永正十五年五月五日、後柏原天皇綸旨によれば、すでにこのころは大井川・桂川はすべて松尾社の社領とされており、同文書、大永三年八月日、松尾社祠官等重申状には、大井川における簗をめぐる相論が記されている。これによっても、供御人としての鵜飼の立場が大きな変貌をとげたであろうことを推測しうる。彼等の飼場自体がすでに松尾社領となっているのである。

(97)『古事類苑』産業部所掲「時慶卿記」。また『閑吟集』にも、やれ、おもしろや、えん、京には車、やれ淀に舟、えん、桂の里の鵜飼舟よとある点も参考になろう。

(98)『古事類苑』産業部所掲「閑窓自語」。恐らく鵜飼の一部は、前述したような桂の渡船を専業とするようになっていったのではあるまいか。

(99)「桂包考」「桂包の研究」「桂女の研究」「桂女の新研究」は一九二一年から一九三〇年にかけて書かれている(次掲『桂女資料』所収)。

(100)『桂女資料』大岡山書店、一九三八年。

(101)『遊女の歴史』(至文堂、一九六五年)九五～九六頁。

(102)『京都の歴史』(学芸書林)2「中世の明暗」(一九七一年)一六四～一六五頁、同上3「近世の胎動」(一九六八年)二二〇～二二一頁では、詳しく叙述されている。

(103)「東寺百合文書」シ函一〇号〔鎌34・二六〇三〇〕。

(104)注(93)参照。

(105)『桂女資料』七九頁、架蔵文書六。

(106)同文書一〇一・一二二・一二三号。

(107)以上の記事の年月日を掲げると、長禄四年二月十二日、寛正三年十二月廿七日、寛正四年七月廿日、文明六年九月廿一日、文明九年十二月卅日(九月廿一日のこと)、文明十六年九月廿一日、延徳二年三月十七日、明応四年二月晦日であり、九月・二月が最も多いが、必ずしも時期が定まっていたわけではないようにみえる。

(108)『言継卿記』。

(109)「細川亭御成記」。

(110)「三好亭御成記」。また「三好筑前守義長朝臣亭江御成之記」にも「桂両人」が祗候し、千疋を与えられている。

(111)公界者については、前掲拙著『無縁・公界・楽』(平凡社、一九七八年)〔⑫〕参照。

(112)「証如上人日記」。

(113)同右、天文十六年正月十四日条。

(114)注(100)『桂女資料』。

(115)大日本古文書家わけ第八『毛利家文書之二』四〇三号、永禄四年、毛利元就父子雄高山行向滞留日記。

(116)『桂女資料』所載。

(117)同右参照。

(118)いまも桂の地には、桂飴を売る店がある。古風な味を持つこの飴は、すでに鮒や鮎を売るすべを失った桂女が、その生活を支えるために、江戸後期から作って売りはじめ、権門にも献上した飴の流れをくんでいるのである。かつてさかんだった桂鵜飼の名残をしのぶよすがは、ここにも残されている。

第三部　鋳物師——非農業民の存在形態（下）

第一章　中世初期の存在形態

序

ヨーロッパで十四、五世紀にようやく現われる鉄の鋳造の技術を、中国人がすでに紀元前、春秋戦国時代に発展させていたことは周知の事実である。その影響下で文明を育ててきた日本においても、鋳鉄の歴史はきわめて古く、農具・鍋・釜等々、その製品はわれわれの日常生活に深く根を下している。しかしその生産を担ってきた鋳物師についての、歴史学の分野でのこれまでの研究は、決して豊かとはいえない。とくに中世の鋳物師に関しては、戦前、遠藤元男が職人史の一環としてこれに注目したのをはじめ(1)、豊田武が諸国の鋳物師の状況を概観し、鋳物師の所持する偽文書が、近世、御蔵小舎人《みくらこどねり》を世襲した真継《まつぎ》家によって発給された事実を明らかにした論稿を発表しているが(2)、その後、片山清(3)・阿蘇品保夫(4)・河音能平(5)の労作など、いくつかの新たな知見が加えられたとはいえ、この豊田の達成をこえる研究は、現在にいたるまで現われていないといわざるをえない(6)。

だがそれは、いわゆる「専門」の歴史家に視野を限定した場合のことである。戦前・戦後を通じ、この分野の研究はそれ以外の人々によって広く担われ、おし進められてきたといえるであろう(7)。このこと自体、われわれに鋭く反省を迫る事実といわなくてはならない。しかしこれはある程度まで手工業史全般についていいうることであり、そこにはこれまでの歴史学——とくに戦後の歴史学のあり方とも深く関係する問題がひそんでいると思われる(8)。

それとともに鋳物師の場合、その諸家に伝来した中世文書をすべて偽文書とみなす見方のあったことが、歴史的研究の不振の直接的原因であったことは、否定できぬ事実であろう(9)。豊田はすでにその点について的確な疑問を提出していたが、それは広く知られぬままにとどまっており、また、この見方を克服する鍵をひめた「真継文書」は、戦後、名古屋大学文学部に所蔵され、多くの人々の努力により、着々と整理が進められながら、諸種の事情によって紹介がおくれていた。

しかし、最近ようやくそのなかの中世文書については、名古屋大学文学部国史研究室の手で刊行されるにいたったので、ここでは、そこに紹介された「真継文書」を中心にすえて、まず平安後期から鎌倉前期にいたる鋳物師の動きを辿ることによって、中世前期における商工民のあり方の一端を探ってみたい。たしかに鋳物師を含むこれらの人々は、日本の民族全体からみれば、決して多数とはいえないであろう。しかし少なくとも、この人々の生活とその織りなす世界を視野の外において描き出された歴史像が、著しくゆがんだものとならざるをえないことだけは、断じて誤りない。この小さな試みが、すでに存在しているゆがみを正すことに、多少とも寄与しうれば幸いである。

一　燈炉供御人の成立

蔵人所《くろうどどころ》に属する鋳物師の存在を明確に知りうるのは、管見の限りでは承暦三年（一〇七九）のことである。(11)この年正月二十五日、蔵人所鋳物師従七位上秦宿禰《はたのすくね》俊任は、年労及び私物三百疋を御仏行事所に進納した功により、諸司の属に任ぜられんことを望み、臨時内給によって、大舎人少属となり、正六位上に叙せられているが、ここで俊任が、このようなことは「古今の例」といっている点からみて、鋳物師が蔵人所に所属するようになったのは、これよりかなり遡るとみてよかろう。この鋳物師が蔵人所に対して負った恒常的義務は、なによりもまず殿上の燈炉の造進であったと思われるが、この燈炉を蔵人所が調進したことは長暦三年(一〇三九)に確認できるし、[12]燈炉の管理には蔵人が当っていたことも『侍中群要』などによって知りうる。[13]とすれば、古く典鋳司に属し、奈良時代、内匠寮に移った鋳物師[14]が蔵人所の所管に入っていく時期は、おそくとも十世紀とみてよいであろう。[15]

注目すべき点は、ここで鋳物師が位階をもち、大舎人少属に任官している事実である。平安後期、このような例は少なからず見出すことができるので、寛弘五年(一〇〇八)、作物所《つくもどころ》螺鈿道工前伊予掾正六位上秦忠辰が内蔵権少属に、寛治六年(一〇九二)には木道工内豎《ないじゅ》正六位上丸部宿禰信方、嘉保三年(一〇九六)には漆工道正六位上多治友方が、作物所請奏によって前者は越後少掾、後者は丹波大掾に任ぜられている。[16]もとよりこれらの人々は工人集団の長ともいうべき人であろうが、これは、古代以来手工業者が多少とも賤視の対象とされてきたというこれまでの見方に、再考を迫る事実といえるであろう。[17]

それとともに注意しなくてはならないのは、これらの手工業者がいずれも「――道工」といわれていることで、平安後期から諸種の手工業者が「道々細工」という表現で総称されるようになってくる理由はそこに求めることができる。こうした手工業者たちがのちに「職人」といわれたことは周知の通りであるが、後述するように、その技術はやがて「芸能」といわれるようになる。中世商工民のあり方の特質は、まさしくこの「道」「芸能」「職人」という表現そのものに求めることができるので[18]、やや先取りしていうならば、さきの秦俊任の存在を通して、われわれは十一世紀半、鋳造の「芸能」によって蔵人所につかえ、「鋳物」の「道」に携わる「職人」——中世的な鋳物師集団の先駆を見出しえたといえよう[19]。

ただこの秦姓鋳物師は古くから鋳工として現われる最も伝統的な鋳物師集団だったと思われ[20]、その本拠を河内とみることも不可能ではないが、その活動はこれ以後、文献の上ではあまり明確でなく、むしろ衰退の傾向すら感じさせる[21]。これに対して、多少降ると、河内にはそこを根拠として各地で活動する広階《ひろしな》姓・丹治《たじ》姓鋳物師を見出すことができるのであり、中世的鋳物師の本格的な形成は、むしろこうした人々によって担われることとなっていったのである。

広階姓鋳物師は豊田武・義江彰夫によってすでに指摘されているように[22]、正治元年（一一九九）の伊賀国黒田荘と大和国長瀬荘との堺相論に登場する。この相論は「国の境は荘の境」という原則が問題になっている点でも興味深いが、相論の対象となった唐懸の田地三反を開発したのが、長瀬荘下司高橋成延の第六女の夫、和泉国の所生といわれる河内国住人鋳物師大工広階重任であり、この人は黒田荘に住んでその荘官＝専当職に補任され、この職と田地を子息貞重・近重に譲与している。重任の開発の時期はこの相論より三十年ほど前といわれているので、十二世紀半すぎとみてよかろう。(23) 一方、三浦圭一が注目したように、久安二年(一一四六)十月十七日、河内国八上《やかみ》郡野遠郷萩原里三十五坪一反の田地を頼円から買い、鉄百二十斤を支払った広階信時という人があり、(24) これらの事実をあわせてみれば、十二世紀半には、河内国に本拠をおきつつ、和泉・大和・伊賀などの諸国に広く活動した広階姓鋳物師集団の存在をはっきりと確認することができる。

このような活動範囲の広さに、この時期の鋳物師のあり方の一端がよく現われているが、注意すべき点は、鋳物師が荘官級の人と姻戚関係を結ぶとともに、自らも荘官として田地を開発し、鉄を代価として田地を買得している事実である。そこに小規模にせよ、手工業・商業に一方の足をもつ「領主」を見出すことは、決して不自然とはいえぬであろう。とすれば、これは「在地領主の館の周辺に給田を与えられ、きびしい隷属を強いられた」という中世前期の手工業者に対する通説的見方では、到底理解しがたい事実といわなくてはならない。(25) 坪井良平によれば、同じころ広階姓のほかに、丹治(多治比《たじひ》)姓・船姓の鋳物師の存在を確認することができるので、(26) こうした鋳物師集団は河内を中心に、いくつか存在したと考えられる。

このころ、十一世紀半から十二世紀にかけては、荘園公領制が急速にその形を整え、諸権門が荘園を確保するとともに、非農業民を新たに組織化すべく相互に競合した時期であった。例えば天皇家・賀茂社が古くからの贄人に給免田を与え、供御人・供祭人として特権を保証していったことについては先にのべたが(27)、鋳物師の組織もまた、それまで彼等を統轄してきた蔵人所を中心に、永万元年(一一六五)、新たな形を与えられたのである。それを推進したのは蔵人所小舎人惟宗兼宗《これむねかねむね》であった。兼宗はこのとき、河内国丹南郡狭山郷《さやま》(日置荘《ひきのしょう》)の鋳物師たちから証文をとり、短冊を与え、蔵人所燈炉以下鉄器物供御人を新たに「建立」、これをいくつかの番に編成し、番頭を定めた。この事実を伝える仁安二年(一一六七)の二通の蔵人所牒によって(28)、このとき鋳物師たちがなにを望み、御蔵小舎人がなにを意図したのかを明瞭に知ることができる。

鋳物師たちはおおよそ以下のようにいう。「そもそも供御人となった意趣の一つは、居住している興福寺領日置荘で、傍例に任せ、有限所当官物のほか他役なく、雑役を免除せられたいためであり、またもう一つは、鉄売買のために京中を往反するさい、衛士《えじ》や使庁の下部などに売買物を取り失われるなどの煩があるので、諸国七道、京中市町、和泉・河内両国市津往反の間、この煩を遁れるため、おのおの短冊を賜ったのである(29)」。御蔵小舎人惟宗兼宗はいう。「謹みて旧規を検ずるに、禁裏奉公の貴賤、或は私領田畠を以て諸供御の用劇に便補し、或は私進退の便宜の家人を以て、諸供御人を建立せしめ、都鄙市津の煩以下、甲乙人の妨を停止するは、古今の習、聖代の佳例、朝威を崇め奉るの故なり。ここに兼宗、事の縁を以て鋳物師等の請文を召取り、奉公の便に付きて、蔵人所燈炉以下鉄器物供御人を建立せしめおわんぬ。よって、本番頭等に仰せて、兼宗、短冊を散在諸国鋳物師に書き賦らしむ[30]」。

事情はこれで明白といえるが、ここにはいくつかの注目すべき点がある。その一つは、この鋳物師集団の本拠が河内国日置荘にあり、「所当官物」を負担する田畠がその基礎となっていた事実がある。鋳物師はここでそれを雑役免として公認させたのであるが、さきの広階姓鋳物師の場合に照らしても、これはごく自然なことといえよう。彼等が供御人となった理由の一つは、こうした田畠に対して、当時頻々と賦課された勅事・院事等々の課役免除をかちとるためだったので、承安四年(一一七四)、日置荘の蔵人所燈楼（炉）作手が造宮役を免除された先例をたてに、造内裏役の免除を主張しているのも[31]、この公認された権利の主張だったとみてよかろう。ただ見落してはならないのは、この鋳物師集団が日置荘住人としてその田畠についても興福寺に所当を進めている点で、その限りでは、彼等は名主あるいは百姓だったのである。別稿でものべたが、これによってみても、土地に対する支配と人的な支配関係とが院政期に統一されて荘園制が成立するとみる通説は、決して事実を正確にとらえた見方ではないと思われる。[32]
しかしもとより鋳物師の生活は田畠の耕作のみによって支えられていたのではない。鋳物を製造し、「鉄売買」のために和泉・河内、京中をはじめ諸国七道を往反する商工民としての活動こそが彼等の主たる生業であり、雑役免の田畠はそれを補うもので、制度的には朝廷への貢献に対して彼等に与えられる給付の転形とみるべきであろう。恐らくそれは彼等自身によって耕作されたのではなく、小百姓・作人などに充て作らされたものと思われる。
そしてこのように本拠地に若干の給免田畠を与えられつつ、広範囲にわたって遍歴し、行商を行う点は、鋳物師のみならず、中世前期の商工民の大部分の共通した特徴である。[33]彼等が諸国の自由通行権を求め、交通路に対する支配権をもつ天皇につながり、供御人となることを求めた根本的な理由はここにあるので、中世社会――荘園公領制下の社会的分業は、本来的にこのような実体をもっていたといわなくてはならない。[34]
しかしもとより鋳物師は河内にだけいたのではない。[35]弘安二年十一月の牒は、「或は所職に付きて、或は縁に触れて」諸国に散在する「土鋳物師等」に向けて発せられているのであるが、これらの散在鋳物師たちは、「本供御人番頭」たる日置荘鋳物師の「子孫」といわれており、彼等はいわば「同族的」な関係で結ばれていた。[36]この時期の商工民の組織の実態、その発展の方向は、ここによく現われているが、注目すべき点は、兼宗による燈炉供御人の組織がこうした鋳物師のつながりを前提として進められたことである。かつての蔵人所と鋳物師との関係を背景としつつも、これによって、はるかに広範囲の鋳物師を掌握する道がひらけたわけで、中世の鋳物師組織は、ここにはじめて本格的な軌道にのりはじめたといえよう。

これによって河内国鋳物師は「本供御人番頭」という地位を保証され、その諸国散在鋳物師に対する統制を公的に認められた。兼宗の命によって諸国土鋳物師に短冊を賦り、有限課役を催促するのは、これら番頭の役割とされたのである。しかし同時に、御蔵小舎人惟宗兼宗もまたここで、燈炉供御人年預として、新たにその立場を固めた(37)。恐らく兼宗は蔵人所とすでに古くからつながりをもつ日置荘鋳物師との間に、「私進退の便宜の家人」といわれるような、私的な「事の縁」を結んでおり、その結びつきを通して、供御人の組織を一段と広い規模で「建立」したのであろう。院政期、激動の渦中におかれた下級官人が、自ら積極的に荘園の下司や供御人の年預となってその立場を保とうとした例は、小野山供御人年預となった主殿寮《とのも》の伴氏、六角町四宇供御人を建立、三条以南の魚鳥等の商人――鳥供御人・生魚供御人などを支配し、摂津国吹田荘下司にもなった御厨子所《みずしどころ》預《あずかり》紀宗季(38)など、少なからず見出しうるが、この兼宗の場合もその一例に数えることができよう。他の諸権門の場合と同様、中世天皇家の経済もまた、このような個性的な人々に支えられることによって、形を成すことができたのである。(39)

しかし、これで諸国鋳物師のすべてが組織されたのでもなく、この組織自体が直ちにそのまま安定したわけでもなかった。年預奉行人の名字も知らず、番頭の催促を用いないで有限課役を進めぬ散在土鋳物師も少なくなく、諸社の権威を募り、神人《じにん》と称して兼宗の使者の命に従わぬものもあった。これに対して兼宗が解状を蔵人所に捧げ、かかる鋳物師は「子細を本所にふれてその所を追出せしめ」、「所職の業能《ママ》」を停止すべしと訴えたのに応じて、さきの仁安二年十一月の牒は発せられたのであるが、もとよりそれだけで、こうした事態が克服されるはずはなかった。(40)

翌仁安三年(一一六八)、さきの広階姓鋳物師の一人、広階忠光は「始めて貢御人を立て」、「根本の仁」たるによって、その惣官職に補されたのである。ここで「始めて」建立されたといわれている燈炉供御人と、前述してきた兼宗の建立によるそれとが、重なり合う組織か、それとも一応別個の組織なのか、これを判定しうる決定的な根拠はいまのところない。しかし私は以下のような理由から、この両者はひとしく燈炉供御人といわれながら、多少とも性格を異にする別々の集団と考える。(41)

この惣官職は忠光から子息忠次、忠次からその弟助延、助延から子息光延へと四代にわたって相伝されていくが、建保三年(一二一五)、阿入という人物が蔵人所下文によってこの職に補任されるや、にわかに相論の対象となった。そのさい「日吉《ひえ》社聖真子《しょうしんじ》神人兼燈呂(ママ)供御人并殿下御細工等」は解状を進め、光延の主張を正当として阿入を非難しているが、そのなかで彼等が、「神人等、諸国七道に趣き、廻船の荷を以て泉州堺津に付け」たところ、阿入が無道にも「件の廻船の荷を点定」したといっている点に、注意を向けておかねばならない。のちに、鋳物師には廻船鋳物師と土鋳物師があるといわれ、両者は別個の性格をもつものとして区別されているが(後述)、さきの日置荘鋳物師に統轄された鋳物師が土鋳物師といわれているのに対し(42)、この日吉神人、殿下細工を兼ねた供御人の活動は、明らかに廻船鋳物師とみるべきであろう。とすれば、これは両者がその建立の当初から性格を異にしていたことを物語っているといわなくてはならないので、建立の年紀の僅かな相違をこれにあわせ考えるならば、広階姓鋳物師に統轄される鋳物師集団は、さきの燈炉供御人建立にひきつづいて、仁安三年、新たに忠光を惣官として供御人となったとみるのが自然であろう。推測をさらに加えるならば、その年預も兼宗ではなく、他の御蔵小舎人(43)であり、のちの右方・左方の区別も、この時期すでに胚胎していたと思われるが、当面、それを確証することはできない。

ただここで注目しておかなくてはならないのは、平安末・鎌倉初期、鋳物師の遍歴・

交易が廻船によって行われていたという事実である。しかもその荷上地が堺津であった点も、すでに三浦圭一が注意しているように、[45] まことに興味深いことであり、この廻船鋳物師の活動舞台が瀬戸内海であったことを、おのずと物語っている。彼等が廻船につんだ製品について、このころの文献史料はまだなにも語ってくれないが、[46] これをこの内海の縁辺で広く盛んに行われていた製塩と関連させて考えてみるのも、一つの魅力ある想定といえよう。近世、能登の中居《なかい》鋳物師のつくる塩釜と製塩とが密接不可分の関係にあったことは周知の事実であるが、[47] それをこの時期にまでおし及ぼすことができるかどうか、今後なお究明される必要のある問題であろう。

同時にこの集団を統轄した忠光が「惣官」とよばれる職に補任されていることにも注意しておく必要があろう。別にのべたように、供御人・神人を率いる惣官は、多くの場合、武士団でもあったとみて差支えないのであり、[48] さきの広階重任の場合からみても、忠光自身、荘官級の武士であったと考えて、全く不自然はない。遍歴・交易する鋳物師は、いわば一個の武装商工人団だったのであり、彼等が天皇――蔵人所牒によって保証された自由通行権は、この武装に裏付けられて、はじめて実効をもちえたと考えなくてはならない。

それとともに、この鋳物師集団が燈炉供御人である一方、日吉社聖真子神人を兼ね、殿下御細工でもあった事実は、多くの考慮すべき問題を提起している。さきに諸社の神人と号して年預・番頭の命に従わぬ鋳物師があったことにふれたが、そうした権門の間の競合の一つの解決を、このような形にみることもできる。事実、燈炉供御人たる鋳物師が、必要に応じ、またかなり永続的に、他の権門社寺の鋳物師を兼帯した事例は、のちにも見出しうる。しかしすべてがそうであったとは、もとより断定することはできない。興福寺が鋳物師を従えていたことは、間違いのないことであり(49)、摂関家の場合も、『執政所抄』に、六月十五日の天神供三箇夜に当り、銅鏡を鋳造するために鋳物師五人が御倉町から召された事実が記されている。こうした諸権門に従う鋳物師と燈炉供御人との関係は、今後なお追究を必要とする問題であるが、ただ摂関家の鋳物師は、供御人の兼帯ないしそれと密接な関係をもっていたのではなかろうか。さきの実例はそれを証しており、他の供御人・贄人などの場合から推して、そう考えるのが自然と思われる。天皇家と摂関家、あるいは院の経済が、このような形で重なり合っている点、中世の国家機構のあり方を考える場合にも重要な問題と思われ(50)、社寺の鋳物師も同様の方向で追究してみることは可能であろう。しかしこの点に立入ることは後日の課題とし、いまは一応、別個の性格をもつ二つの鋳物師集団を含みつつ、燈炉供御人の組織が十二世紀後半にその形を成した事実を確認するにとどめ、さらにその歩みを辿ってみることとしたい。

二　東大寺鋳物師の成立

治承四年(一一八〇)、平氏によって焼かれた東大寺と大仏の再建の試みは、はやくもその翌年にはじめられている。治承五年(一一八一)三月十七日、蔵人左少弁藤原行隆は鋳師十余人を具し、勅使として下向、大仏の鋳修を命じたが、恐らく、燈炉供御人と推測されるこれらの鋳師たちは、「この事、人力の及ぶところに非ず」、「勅勘」を蒙るとも不可能として、あえて引受けようとせず(51)、ここに勧進上人重源《ちょうげん》、宋の鋳工陳和卿《ちんなけい》が登場することとなる。

重源はこの年、七道諸国勧進の宣旨を与えられ、「一輪車六両」によって勧進を開始(52)、大仏の鋳修も、十月六日、仏頭の羅髪の鋳造からはじめられた(53)。しかし鋳修は難行し、結局、寿永元年(一一八二)、商沽として渡来した宋人陳和卿を重源が見出すにいたって、ようやく軌道にのったのである(54)。翌二年二月十一日に右の手、四月十九日に首、寿永三年正月五日に左の手が鋳造され、この年の半、鋳修の事業はほぼ終っている(55)。その作業は大工陳和卿、舎弟陳仏寿など、七人の宋朝鋳物師を中心として進められたが、前年四月の首の鋳造のときから「日本鋳物師工」として、大工散位草部《くさかべ》是助、長同是弘・同助延、小工十一人、計十四人が仕事に加わった。[56]「河内国鋳師」といわれたこの草部姓鋳物師集団の参加は、「聖人沙汰」によるもので、「宋人、不快の色ありと雖も、彼れ是れを誘い、今においては和顔し了んぬ」と、重源は九条兼実に語っている。[57]

東大寺鋳物師といわれ、草部是助を惣官とする鋳物師集団はここにその姿を現わしたのであるが、注目すべきは、この鋳物師たちが当初から重源と切り離し難い結びつきをもっていた点である。大仏の鋳造に加わるよりも前、寿永二年三月十七日、草部是助は上醍醐の大湯屋釜を鉄八百斤を用いて鋳造、さらに四月十四日、三宝院内の湯屋釜を鉄二一〇斤によって鋳たが、このうち前者は「俊乗坊重源上人勧進也」といわれており、後者も恐らく同様だったと思われる。[58]その後、重源と是助の関係は大仏鋳造を経ていよいよ密接となり、建久八年(一一九七)夏に鋳造された東大寺大湯屋の鉄湯船も是助の手になるものであり、[59]同年十一月二十二日、重源の発願によって造立された周防国阿弥陀寺鉄塔もまた、是助・助延・是弘によって鋳られている。[60]そしてこのとき是助は、すでに鋳大工従五位下行豊後権守草部宿禰と署名するほどの地位にあり、[61]助延・是弘も従五位下であった。[62]さらにこのほか、同様に重源の勧進によって鋳造された笠置寺鐘、東大寺勧進所鐘も、様式からみて草部氏の作品であったろう、と坪井良平は指摘している。[63]重源と是助の関係は、およそかくの如く密接なものだったのである。

中ノ堂一信はその論稿「中世的「勧進」の形成過程」[64]で、勧進聖と鋳物師との関係に注目し、両者の遊行・漂泊的生活に共通するものを認めているが、河内を中心に、山城から周防まで広く活動した重源と草部姓鋳物師集団のあり方は、この指摘をさらに具体化するための手懸りとなろう[65]。ただ両者の関係を考える場合、見落してはならないのは、重源が滝口紀季重の子息、蔵人所滝口、鳥羽院武者所季康の兄弟だった点[66]で、両者の関係の背後には、やはり蔵人所と鋳物師との古くからの結びつきがあったのではなかろうか。そしてこの場合には、重源がまさしくさきの惟宗兼宗の役割を果したのではないか、と考えることもできよう。

だが重源と草部是助との関係は、これだけにとどまらない。建仁三年(一二〇三)七月の備前国畠地子麦進未幷納所所下物散用状[67]は、建久四年(一一九三)以来、重源の知行国であった備前国の「応輸畠地子麦」の実態を詳細に示しているが、そのうち「所下麦」のなかに、

合百石　　船賃幷雑用料七石

鼓《(鋳)》物師河内権守是助給百七石

という一項がみえる。自らの住国に因んで、この年までに河内権守の官途を得ていた草部是助は、知行国主重源によって、備前国の畠地子の中から麦百石を給分として与えら

れていたのである。これがこの年のみのことであったのか、または毎年のことだったのかは、これだけでは断定できない。この文書の裏を返して、重源は自らの事蹟を記し、「南無阿弥陀仏作善集」と名付けたが、(68) そのなかにみえる備前国での多くの事業をみると、あるいはこの年の是助の仕事に対する給分と考えられないこともない。しかし反面、後年、草部姓鋳物師が備前・備後を重要な活動舞台としていく事実を考慮すれば、(69) 同じ量ではなかったにせよ、是助への給分は恐らくこの年だけにとどまらなかったとみるのが自然であろう。

そして、国衙領の畠地子を給分に与えられたこの是助の事例は、国衙領に給免田を与えられ、国衙工房で仕事をする手工業者の実態を考える場合の一つの手懸りとはなりえよう。これまでこうした手工業者は国衙のきびしい隷属下におかれていたとみられてきたが、(70) 東大寺鋳物師にして、従五位の位階をもち、「権守」の官途をもつこの是助をそのように考えることは到底不可能であろう。(71) 別の機会にのべたように、国衙領・荘園にみられる手工業者の給免田が、荘官のそれととくに区別されていない事実も考慮に入れる必要がある。(72) その意味で前にものべたように、この時期の商工民を権門に強度の隷属を強いられた人々とみて、「賤民」に近づけて理解しようとする見方は、再検討されなくてはならないと考える。(73)

むしろそれは一個の特権的存在とすらいえるであろう(74)。単に給分、あるいは給田畠を与えられただけではなく、この東大寺鋳物師――草部姓鋳物師集団もまた、さきの燈炉供御人と同様、諸国往反自由の特権を保証されていたのである。

後年の彼等の主張の中にみえる建久五年(一一九四)、建永元年(一二〇六)の宣旨が(75)、あるいはそれを保証したものとも思われるが、その確証はない。しかし承元四年(一二一〇)、東大寺鋳物師、燈炉供御人(燈炉御作手鋳物師)に対し、それぞれ院庁下文、院宣によって、関渡津泊で市津料、山河率分、山手の煩なく自由に通行しうる特権が保証されたといわれ(76)、それを各々施行する形で、建暦二年(一二一二)九月十三日、将軍家政所下文《まんどころくだしぶみ》が諸国関渡地頭充に下っている点からみて(77)、東大寺鋳物師が早くから特権を与えられていたことは、推定して誤りないと思われる。

彼等がこのような特権を与えられた根拠は、重源の五畿七道諸国の勧進自体が宣旨によって認められた点にあった(78)。これは供御人の自由通行権の保証と全く同じ意味をもっているのであり、その勧進上人と不可分の関係にあった鋳物師も、供御人同様の特権を保証されることになったのであろう。そして東大寺鋳物師といわれながら、この鋳物師集団は東大寺の寺院機構の内のみに必ずしも掌握され切っていたわけでなく(79)、燈炉供御人と次第に接近・融合していく理由もまたここに求められる。

しかし、この将軍家政所下文によって、鋳物師たちの諸国往反自由の特権は、新たに成立した幕府によって、はじめて公式に認められた。この下文を発した数日後、九月二十一日、幕府は諸国の津料・河手等を全面的に停止する方針を、所々の地頭に訴えによって緩和し、地頭たちが従来のように沙汰することを認めているが(80)、それは鋳物師をはじめ、恐らくは多くの供御人などの特権をこのように承認したうえでのことだったのである。

このことの意味は大きいといわなくてはならぬ。さきの燈炉供御人の二集団に、この東大寺鋳物師を加え、中世鋳物師の組織の原型は、天皇だけでなく、東国の幕府の保証をもえて、ここにほぼ確立したといってよかろう。

三　燈炉供御人の実態

建暦三年(一二一三)十一月、和田義盛の乱の半年後、蔵人所は燈炉御作手鋳物師等の解に応じて牒を発した(81)。この牒は「諸国諸庄園守護地頭預所沙汰人等」による「諸市津関渡山河率分津料」の煩を停止、鋳物師のこれまでの特権を再確認し、「木曾乱逆以後」の守護地頭以下甲乙人の「新儀今案」を停めたもので、これ以後の牒の原型となるとともに、後世の偽牒の下敷にされた牒であるが、これによって、当時の鋳物師たちの活動情況を、よくうかがうことができる。

まずここで鋳物師たちが「諸道細工人等、就身〻芸能、令交易売買色〻私物者、是定例也」といっていることに注目しなくてはならぬ。この時期の諸種の手工業者が、「――道工」といわれ、総称して「道々細工」「道々輩」とよばれたことについては、前述したが、その技術が「芸能」といわれていた事実を、これによって確認することができる(82)。それとともに、これらの細工人たちは、それぞれの製品を「交易売買」するのが「定例」といわれている点にも注意すべきで、これはこの時期、手工業者が同時に商人でもあり、商工未分離の状態にあったことを明瞭に物語っている。おのずと彼等は行商人として移動・遍歴をしなくては「細工人」としての自己を保つことができなかったので、前述したように、中世の社会的分業のあり方、その発展度はここに端的に現われているといってよかろう(83)。

そうした細工人の一種として、鋳物師もまた五畿七道諸国を往反、「鍋釜以下打鉄鍬鋤」などの生産用具(84)、日常生活用具を広く売買し(85)、その利潤を以て「御年貢以下臨時召物」を備進していたのである。しかし彼等はそうした鉄製品のみを売買していたのではなく、「布絹類米穀以下大豆小麦」などもあわせ交易していた(86)。「守護地頭以下甲乙人」

は鉄製品であれば問題ないが、このようなそれ以外のものを売買するのは「然るべからず」として、「市手津料」を賦課したのに対し、鋳物師は「要用に随い売買せしむ、何ぞその色を嫌わんや」といって、これを「新儀今案」と主張、牒もまたその主張を認めている。この点にも、なお完全に専業者となり切っていない当時の細工人のあり方が、その一端を現わしているといえるであろう。

こうした行商する細工人にとって、さきにも「木曾乱逆以後」といわれたように、戦乱による交通の攪乱は大きな障害であった(87)。とくに承久の乱による混乱、乱後、幕府の権威を背景とする守護地頭の非法は、「不可勝計」といわれたほど著しいものがあった。これに対して鋳物師たちは直ちにその非法停止を訴え、承久四年(一二二二)三月二十九日、燈炉作手は六波羅探題から、諸国市津関渡で山手等の煩なく往反することを認めた過所《かしょ》を与えられ(88)、ついで同年(貞応元)五月、同じ趣旨の蔵人所牒を得ている(89)。そして、東大寺鋳物師もまた同じころ、同様の特権を保証されたものと思われる(90)。

この場合、鋳物師の自由通行権は、牒とともに六波羅探題過所によって保証されている。それは牒や将軍家下文を施行する形で発せられてはいるが鋳物師をはじめ、西国を行商・遍歴する商工民にとって、六波羅の過所は必須のものであったと思われる(91)。承久の乱後、武家の西国に対する支配権が一段と強化されたことは、この点をみても明らかであるが、その保証をも得て、鋳物師の特権はほぼ完璧なものとして安定したといってよかろう。

そしてこのころには、同じく燈炉供御人(燈炉作手)といわれていた、さきの二集団の鋳物師は、形の上でも左方・右方にはっきりと分離したものと思われる。建保三年(一二一五)以来つづいた、惣官職をめぐる広階光延と阿入との相論も、恐らくはその分離の過程でおこったことと推測されるが(92)、嘉禎二年(一二三六)には確実な根拠をもって、左方・右方の分離を確認することができる。

この年十一月、蔵人所は左方燈炉作手等に対して牒を発した(93)。この牒は、これまで「代々御牒」を帯して諸国七道を経廻していたが、近年、守護地頭は「不可用御牒案文、帯正文可経廻」といい出し、非法狼藉をする、という作手たちの訴えに応じたもので、二十人の番頭の名をあげ、作手の権利を保証している。恐らく同文の牒がこの二十人の各々に与えられたのであろう。

これは現在のところ、左方作手の初見史料であるが、そこで彼等の活動が「指無段歩給免、只為廻船諸国七道経廻」と特徴づけられている点に、まず注目しなくてはならない。日置荘に免田をもつ鋳物師とはことなり、この人々は給免田をとくに与えられず、廻船鋳物師として広く活動していたことを、これによって明瞭に確認することができる。

とすれば、まぎれもなくこの左方作手こそ、仁安三年(一一六八)、広階忠光を惣官として組織された鋳物師集団とみて間違いない。そして、後年の例からみて、この牒の使となった「御倉小舎人紀景久(弘カ)」は、恐らくその年預であったろう。(94)これに対し、かつて惟宗兼宗が年預となって組織した日置荘鋳物師を中心とする諸国土鋳物師の集団は、右方作手とよばれたのであった。(95)

しかし、建立以来およそ七十年を経たこのころ、左方作手は著しく大きな堂々たる組織として自らを現わしている。それぞれに鋳物師の小集団を率いたと思われる、草部姓八名、布忍《ぬのせ》姓三名、氷姓三名、広階姓二名、紀姓・山河姓・橘姓・膳姓各一名、計二十名の番頭たちがそこに姿をみせるのであり、当初、この集団の中心的存在であったはずの広階姓鋳物師は、すでにここでは数的に低い比重を占めているにすぎないのである。

これらの諸姓の鋳物師の活動状況については、坪井良平の労作に依拠しつつ、別に詳しくのべたので、(96)ここではこうした左方作手の組織の拡大に関連して、注目すべき点を一、二ふれるにとどめたい。これらの番頭たちの姓をみて、すぐに気付くことは、草部姓鋳物師が多数を占めている事実である。そのうち、番頭の筆頭にあげられている草部延時は、助延の子息で左兵衛志の官途をもち、東大寺鋳物師惣官職を父より相伝、貞永・嘉禎に蔵人所牒を賜わったといわれる人で(97)、恐らくは他の七名の草部姓番頭も、東大寺鋳物師であったろう。また他の番頭山河清助は、尾張国知多郡八社神社の鐘銘に「東大寺大工」として現われる人物で、山河姓鋳物師もまた、東大寺鋳物師であった(98)。とすると、二十名の番頭中九名が、左方作手である一方、東大寺鋳物師でもあったわけで、すでにこのころ、この二つの鋳物師集団は、事実上、融合しつつあったといわなくてはならない(99)。左方作手の拡大は、一つにはこのような事情を背景にしていた。

それとともに、この牒の下る直前、嘉禎二年十月七日に、六波羅御教書《みぎょうしょ》が発せられ、鎮西鋳物師等に対する公事催促について、「宣下の上は子細に及ばず」とし、武家被官人がこれを抑留したときは「尋ね沙汰すべし」と、なにものかに命じている事実に注意する必要がある(100)。鎮西鋳物師は恐らく大宰府に属した鋳工の系譜をひき(101)、のちに宰府鋳物師ともいわれた独自な鋳物師集団で(102)、これが文献上の初見であるが、この御教書が、時期・内容からみて、さきの嘉禎の牒と密接な関係をもっていることは、まず間違いないところであろう。とすれば、どんなにおそくとも嘉禎までに、鎮西鋳物師は左方作手の組織に属するようになったと推定することが、可能になってくる(103)。瀬戸内海を廻船で活動した左方作手のあり方や、後年の事情から推して、両者の関係は恐らくそれよりもかなり古くまで遡るとみることも不可能ではない(104)。そしてこの推定が認められるならば、嘉禎ころの左方作手は、東大寺鋳物師を次第に吸収しつつ、鎮西鋳物師をもその組織下に入れ、畿内を中心に内海周辺から九州にいたる広範囲な鋳物師を擁し、その活動は全国に及んでいたということができよう。

では右方作手はどうであったのか。左方に比べて残存史料が少ないため、充分にその動向を辿ることはできないが、どんなに狭くみても彼等が日置荘を中心に河内国金田・長曾禰などに本拠をおき、長門国もその勢力下においていたことは間違いない(105)。そしてさきの左方作手の番頭のなかに、古く鋳銭司に関係し、十二世紀以降、河内国鋳物師として名高い丹治姓鋳物師が一人も見出せない事実と、周防・長門にその活動の跡を見ることができるという坪井の指摘を考え合せると(106)、右方作手の中心は、恐らくこの丹治姓鋳物師であったとみて間違いなかろう。彼等の活動も広い範囲にわたっていたと思われるが、史料の残存状況を考慮にいれても、全体として、伝統を背負った右方作手は、新興の左方作手にややおされぎみであったことは否定できないようにみえる。

以上のべてきた左方・右方の燈炉供御人は、いずれもその本拠を西国――畿内・鎮西・山陽道などにもつ鋳物師であったが、鎌倉幕府の統治下におかれた東国でも、鋳物師の動きは次第に活発の度を加えつつあった。将軍家の政所には細工所があり、「芸能」によって召仕われる「道々細工」がそこに属していたこと(107)、それらの人々に与えられた所領は、他人に譲渡したり、「非器の輩」に伝えたりしてはならないと定められ、(108)御家人たちが勝手にこの人々を召仕うことは禁じられていたことなどは、(109)よく知られた事実である。このような保護を得て、鎌倉に集る細工たちはその数を増し、なかには「武士作手」と号して「付沙汰」をする京の「道々の輩」も現われてきた。(110)

こうした「道々細工」の中に鋳物師もいたのであり、文暦二年(一二三五)六月十九日、幕府の命によって五大堂の鐘を鋳た鋳物師が、銅の不足を訴えたという『吾妻鏡』の記事は、そのことを証している。この鋳物師の姓名は明らかでないが、やがて建長七年(一二五五)に鋳造された建長寺梵鐘を初例とし、多くの作品を東国にのこした物部《もののべ》姓鋳物師が姿を現わす。(111)またそれとほぼ同じころ、建長四年(一二五二)に着工された鎌倉大仏の鋳造に携わった「鎌倉新大仏鋳物師」丹治久友・広階友国・藤原行恒などの人々も現われる。(112)

この新大仏鋳物師は、恐らくその後、東国の独自な鋳物師集団になっていったと思われるが、ここで注意しておかなくてはならない点は、そのうちの広階氏は左方作手、丹治氏は右方作手と思われ、物部氏も河内国の人といわれているように、鎌倉に現われる鋳物師がいずれも畿内に本貫《ほんがん》をもっていた事実である。確言はできないが、鎌倉前期に東国で活動した鋳物師の多くは、幕府に結びつきつつ、一方ではなお燈炉作手を兼ねていたのではあるまいか。[113] やがては東国に定着する人があったとしても、それはもう少しのちのことと思われる。鎮西と異なり、鋳造の技術的伝統が稀薄な東国の特徴は、このようなところに求めることができよう。[114]

これまで、当時の鋳物師は本拠を離れて遍歴・移動するところに特徴があるといってきた。しかし売買交易の場合は単独で遍歴することがあったとしても、実際に出先で鋳造に携わる場合、鋳物師たちは小集団をなして注文主の設けた仕事場に来り、その作業を行なったと思われる。このような鋳物師の作業集団は、もとより仕事の大小によって差はあったろうが、多くは恐らく前述した番頭の率いる小集団に近似、ないし一致するのではないかと推測されるので、鋳物師の基本的な組織はそこに求められなくてはならない。

その規模・特質を知りうる手懸りは少ないが、東大寺大仏を鋳修したときの草部姓鋳物師の組織は、その一例となりえよう。ここでは草部是助が大工となり、その子息助延及び同姓の是弘(是助の近親であろう)の二人が長として、十一人の無姓の小工を従え、宋人の鋳物師集団とともに鋳造の作業を行なっている。[115] この大工是助と助延・是弘のチームは建久八年(一一九七)の周防阿弥陀寺鉄塔の鋳造にも携わっており、[116] この時期の是助の作品の多くは、恐らく同じ小集団によって造られたのであろう。

また、豊田によってすでに紹介された、寛元四年（一二四六）の高野山奥院大湯屋釜の鋳替[117]も、鋳造作業の実情を知りうる興味深い例である。鋳替に当って、その原料となったのは本釜鉄、花王院釜鉄に「供僧分支配鉄」を加えた一二六六斤の鉄であり、工費は政所・名手・麻生津・荒川・神野・真国・猿川等、高野山膝下の諸荘や寺僧に、米・銭・布等を賦課してととのえられた。惣大工は河内国住人丹治国高、それに多々羅屋十宇の各々に一人の列《つれ》大工十名が加わり、八月二十一日から九月二十六日まで、三十六日間の工程で作業を終えている。この間、工費は炭や不足分の鉄などの直、多々羅祭の用途、鋳物師の食料・作料・酒、番匠の食料などに支出され、作業を終えた鋳物師は酒をくみかわしたのち出立、山を去ったのである[118]。

この時、列大工として国高の指揮の下に加った十人のうち、国貞・国則・師国・頼高・友弘・則友・宗弘・則弘はいずれも河内国住人で、丹治姓であることが明らかな国則のほかにも何人かは国高と近親関係にある丹治氏だったと思われる。のこる二人のうち友国は大和国住人、守真は政所住人であるが[119]、これらの列大工の下に、さらに小工が若干従っていたことも考えられる。

大河直躬はその興味深い著書『番匠』[120]の中で、番匠の労働組織が大工・引頭《いんどう》・長・連（列）という階層的組織をとることが一般的であり、そこに中世前期から中期にかけての工匠の工事場での制度の特徴があると指摘しているが、わずか二例とはいえ、鋳物師の労働組織もそれと基本的に同様であったといえよう[121]。ただ鋳物師の場合には引頭はなく、番匠の組織ほど整頓された分化をとげてはいないが、大河が詳述した特徴は、ほぼそのままあてはまるといってよい[122]。

それとともに、この鋳物師の労働組織が著しく血縁的・同族的性格を帯びている点に注目しなくてはならない[123]。大河はこのような「血縁的工事組織」「家業の相伝」に中世工匠の特徴を求めているが[124]、これもまた見事に鋳物師の組織の特徴と一致している。それは坪井が梵鐘の様式・作風を詳細に分析し、同姓鋳物師の作例に共通の特色を見出していることによっても裏づけることができる[125]。

中世鋳物師はこのように血縁的な、色濃く自然生的な性格をもつ小集団及びそれをうちにふくむ同姓集団を基礎としつつ、前述したような供御人集団に組織されていたのであるが、しかしこの二つの事例からみても明らかなように、この集団は注文主から仕事場・原料を与えられて作業しているとはいえ、食料・作料を給され[126]、それ自体、自立した工人集団であったことも見落されてはならない。「鋳師屋」という言葉にも示されているように[127]、彼等はその本拠地に、自らの仕事場をもちはじめていたのである。ただ、しばしばふれたように、その自立性は移動・遍歴による自らの製品の交易売買及び注文主の仕事場での作業によって保たれ、またときには給免田の形で恒常的な給与を保証されることによって維持されていたことは事実である。その意味で平安末・鎌倉前期、商工はなお未分離であり、商工民は農業からも完全に分離し切ったとはいえないであろう。しかし彼等は決して特定の支配者、あるいは共同体によって工房・土地に縛りつけられてはいない。その意味で彼等は、やはり「自由」な商工民であったといわなくてはならない。自らの技術を「芸能」といい、その生業を「道」と表現するような、萌芽的ではあれ固有の技術観が現われてくるのも、そうした自立性をもつ「自由」な集団の存在を背景において、はじめて理解することができる(128)。

しかしまた一面、彼等の「自由」な遍歴が、供御人の身分を得て、天皇の支配権によって保証されることによって、はじめて可能であった事実も見逃してはならない。そしてすでに一個の「特権」に転化した本源的権利――自由通行権を与えられた代償として、彼等は自らの「芸能」である鋳造という「職掌」をもって、天皇、あるいは権門に奉仕しなくてはならなかったのである。彼等が「職人」といわれた理由はそこにある(129)。

このような意味で、前にもふれたように「職人」「芸能」「道」は鋳物師をはじめとする中世前期の商工民、狭義の芸能民、非農業民のあり方を特徴づけているといえるであろう。

結

石母田正は最近の著書『日本古代国家論』第一部[130]で、社会的分業の発展の仕方について論じ、そこに「二つの道、すなわちカーストへの道と、ギルドへの道」が存在することを指摘している。石母田が論じたのは古代社会についての問題であるが、いままでのべてきた中世前期の鋳物師のあり方は、果してそのいずれを志向しているとみるべきであろうか。

たしかに彼等が一応の自立性をもった、「自由」な商工民集団であったこと、そこに「芸能」「道」といわれるような専業者としての規定と自覚とがそなわっていた点に注目するならば、それを直ちにギルドとはいえないにしても、これをその方向で理解しようと試みることは可能であろう。他方、その集団が自然生的な、血縁的性格を色濃くもち、その「自由」が、共同体の本源的権利の倒錯した表現ともいうべき天皇の支配権に保証されることによって、はじめて成り立ち得ていることに目を向けるならば[131]、そこにはカースト的な分業形態を固着させる可能性がはらまれていると考えることもできる。

戦前の座論争以来、現在にいたるまで、日本の中世社会をめぐって行われてきたさまざまな論議の、この分野での一つの集約点は、ここに現われているといえるであろう。しかしそれはまた究極的には、一方の極に、全く政治的実権を奪われたかにみえる天皇を固定し、その対極に、一切の人間的権利を剝奪されたともいえる被差別部落を固着させた近世社会が、いかなる過程を経て生み出されたかを解明するという、たやすく解き難い問題にも通じているのである。

その問題に近づくためには、南北朝期以降、本章でのべたような中世商工民の組織がどのような矛盾の中で、発展・解体していったか、その間にあって商工民自体がいかなる変貌をとげていったかを明らかにする必要があろう。

(1)『日本職人史の研究』論集編(雄山閣、一九六一年)。

(2)「中世の鋳物業」(『歴史地理』六七―一・二、一九三六年)(豊田武著作集第二巻『中世日本の商業』)、吉川弘文館、一九八二年所収)。

(3)『芸備両国鋳物師の研究』(一九六一年)の公刊ののち、片山はさらに「備後国三原の鋳物師 補遺」(『史迹と美術』四二―三号、一九七二年)を発表、これに補足を加えている。

(4)「中世鋳物師組織の推移試論――阿蘇品鋳物師文書の紹介をかねて」(『熊本史学』三九号、一九七一年)は、同家に伝来した貴重な文書を紹介しつつ、それを基礎として、中世の鋳物師組織、とくに鎮西のそれについて、多くの新たな事実を明らかにしている。

（5）「蔵人所の全国鋳物師支配の成立過程――本供御人・廻船鋳物師と土鋳物師」（『美原の歴史』一号、一九七五年）。

（6）戦前、寺尾宏二「京都に於ける座の問題」（『経済史研究』一九―一、一九三八年）、「鋳物師の座」（『経済史研究』二四―六、一九四〇年）や広岡泰「三条釜座の研究」（『経済史研究』二七―五、一九四二年）などの労作があり、戦後は板倉勝高「文政十一年改諸国鋳物師名寄記」（『流通経済論集』三―一、一九六八年）、「真継鋳物師の分布と残存形態」（『生産の歴史地理――第二次・三次産業を中心として』歴史地理学紀要一二、一九七〇年）や中川弘泰「近世の鋳物師と真継家」（『日本歴史』二六六号、一九七〇年）、「近世の鋳掛職について」（『日本歴史』二九四号、一九七二年）、『近世の鋳物師』（近藤出版社、一九七七年）などをはじめ、村内政雄「由緒鋳物師人名録」（『東京国立博物館紀要』七号、一九七二年）、さらに笹本正治「甲斐の鋳物師」（『信濃』三三―八、一九八〇年）、「中世・近世の美濃鋳物師」（『日本歴史』三九五号、一九八一年）、「近世真継家配下鋳物師人名録」(1)・(2)（『名古屋大学文学部研究論集』史学二八・二九、一九八二・八三年）のような労作がつぎつぎに現われ、近世の鋳物師については、活発に研究が進められているが、中世のそれについては、まだこのようにいわざるをえない。

（7）例えば、戦前の香取秀真の諸労作、最近結実した坪井良平の梵鐘銘を通じての著書（注21・112）をはじめ、各地の鋳物業史――『東海鋳物史稿』（綜合鋳物センター、一九六七年）、

『福井県鋳物史誌』(福井県鋳工業協同組合、一九六九年)、長谷進『中居鋳物史』(穴水町文化財保護専門委員会、一九七〇年)など、こうした労作はきわめて多く、ほとんど枚挙にいとまないといってよかろう。

(8) もとより、戦後、浅香年木(注128)・仲村研(注126)などの労作はあるが、一般的にはこのようにいえると思う。これは単に研究が専ら農村に焦点を合せて行われてきたというだけにとどまらぬ問題があると思われる。その点については序章参照。

(9) この点については第一部第一章でのべたので、ここでは立入らない。

(10) 名古屋大学文学部国史研究室編『中世鋳物師史料』(法政大学出版局、一九八二年)。以下『史料』と略し、「真継文書」についてはその文書番号を掲げる。

(11) 「大間成文抄」第六。『除目大成抄』の原本と思われるこの巻子本は、九条家に伝来し、現在、宮内庁書陵部に所蔵されている(菊地康明氏の御好意により、『除目大成抄』との校合をすることができたことを、同氏に心より感謝を表する)。

(12) 『春記』長暦三年閏十二月二十三日条に、「御燈炉懸庇内御燈明等自官方請度自蔵人所供之云々」とある点、参照。

(13) 『侍中群要』第一「上格子事」「下格子事」には、殿上の「燈楼」の扱いが記されている。

(14) 内匠寮移管の時期は、神亀五年(七二八)と推定される。慶雲元年(七〇四)四月九日、諸国の印を鍛冶司に鋳造させている点からみて、典鋳司は有名無実の官司であったと考えられる(早川庄八氏の御教示による)。

(15) 『百練抄』寛元元年正月十一日条に、中宮職印を「内匠寮可鋳進之由下知、件用途、先例

以諸司納功、下寮鋳進、而近代不合期之間、内々本宮沙汰之」とある。内匠寮と鋳物師との関係も、形の上ではその後もつづいていたものと思われる。

(16)「大間成文抄」第七下、寛弘五年十月十八日、作物所螺鈿道工前伊予掾正六位上秦宿禰忠辰申文、同第四、寛治六年正月廿三日、作物所請奏、同第四、嘉保三年正月廿七日、作物所請奏。

(17) 最近、脇田晴子は「中世賤民の歴史的前提――雑戸源流説批判」(『部落問題研究』三七号、一九七三年)で、雑戸に対する「卑賤視」の問題を再検討し、「有位の雑戸」の存在に注目している。そして、「雑戸の所属している官司の職業内容が、後代の賤視された職業と結びつかない」ことを明らかにし、「雑戸というものが古代社会において有していた卑賤視は、中世賤民の源流とはならず、古代社会における分業の段階に規定された身分的差別であった」と主張している。いまのべてきたことも、このように考えれば自然に理解できるのであり、脇田の観点はさらに発展させられる必要があろう。

(18) この点は終章で詳述する。

(19)『長秋記』保延元年九月廿九日条によると、播磨国鋳師の鋳造した「鏡高欄桙木」が「別様」だったため、源師時は「本様」を鋳造した「鋳師能貞」に問い合せた上で、鋳師たちの意見に従って、別の鋳師に鋳造させることとしている。これによって播磨に鋳物師のいたことを知りうるだけでなく、宮廷内の装飾品の必要に対応する鋳物師のかなり広域的組織が、十二世紀前半、すでに成立していたことを知りうる。

(20) 平野邦雄『大化前代社会組織の研究』(吉川弘文館、一九六九年)第三編、一五五〜一五七頁にあげられている「八世紀の金属工」にみえる鋳工は秦姓が多く、その他、石村・守・額田・海・物部・日置・椋人・辛人・狛・山代・王などの姓がみえる。そのうち秦船人は河内国高安郡の人であった。

(21) 坪井良平『日本の梵鐘』(角川書店、一九七〇年)によると、河内には、中世、秦姓鋳物師は現われず、巻末の鐘銘年表によっても、その数は少ない。

(22) 豊田『中世日本商業史の研究』(岩波書店、一九四四年)五二頁、義江「荘園村落と手工業分業者とに関する一史料」(『月刊歴史』二〇号、一九七〇年)。

(23) 「東大寺文書」第四回採訪四・六、『三国地誌』伊賀国旧案名張郡等(『鎌倉遺文』二一一〇七一〜一〇七五・一〇八八)などが関連文書のおもなものである。なお、「東大寺文書」第四回採訪七、承安五年五月廿三日、黒田荘官等請文(平7・三六八七)に、頭領の一人として広階近重が連署している点も参照されよう。考えてみる必要のあるのは、この広階氏が杣の専当、頭領であった点で、『類聚三代格』巻四、昌泰二年五月廿八日、官符が「鋳銭之道、薪炭為本」といっているように(この場合は銅であるが)鋳造には莫大な燃料が必要であり、あるいはそのことから鋳物師と杣との関係を自然にとらえうるのかもしれない。一つの臆測を記し、後考を俟つ。なお黒田日出男「荘園制的神祇支配と神人・寄人集団」(竹内理三編『荘園制社会と身分構造』校倉書房、一九八〇年所収)は、この点を杣と鍛冶との関係でとらえようとしているが、鋳物師と鍛冶とはやはり区別すべきではなかろうか。

(24) 京都大学文学部所蔵「古文書集」久安二年十月十七日、僧頼円田地売券(『平安遺文』六―二五八九)。

(25) 手工業者に対して与えられた給田が、その量は多少すくないとしても、地頭・下司・公文などの荘官給田と全く同じ形態であることを想起する必要がある。この点については、第一部付論1「「惣官」について」でふれておいたが、手工業者がのちに職人といわれるようになる点をふくめて、終章で詳述する。

(26) 注(21)坪井著書二四六～二五一頁及び巻末付表参照。

(27) 第二部第一章。

(28)『史料』一―一号・二号。この建立を永万元年とした理由は、『史料』一―七号(鎌5・二九六四)に「自二条天皇御宇被建立」とあり、同一―一五号には「二条天皇御宇仁安年中被建立」とみえるのに対し、参考資料一一号「勘仲記永仁元年十二月巻紙背文書」蔵人所左方燈炉供御人兼東大寺鋳物師等重申状(鎌22・一六六八二)に「□条院御宇永万年中被建立」とある。長寛三年は六月五日に永万に改元、二条天皇はその六月二十五日、位を六条天皇に譲っている。また永万二年八月二十七日に仁安に改元しているので、一―七号と参考資料一一号をともに生かすならば、供御人建立は永万元年六月五日～二十五日の二十日間となる。

(29)『史料』一―一号。

(30) 同右一―二号。

(31)『吉記』承安四年九月八日条。

(32) 拙稿「荘園公領制の形成と構造」(体系日本史叢書6『土地制度史Ⅰ』山川出版社、一九七三年)[③]参照。

(33) 彼等はたしかに「自立」した商工民集団であったが、その「自立」性はこうした遍歴と、さきの給付によって支えられていた点に注目しておかなくてはならない。なお、拙稿「中世の鉄器生産と流通」(講座日本技術の社会史第五巻『採鉱と冶金』日本評論社、一九八三年)[⑨]、「中世の「職人」をめぐって」(『近世風俗図譜12』職人、小学館、一九八三年)[⑧]でのべたように、建築工としての木工・鍛冶・銅細工などは、供御人とはならず、広域的な遍歴もしなかったことに注意しておく必要がある。

(34) 第一部第一章。

(35) 例えば注(19)『長秋記』保延元年九月廿九日条にみられる播磨の鋳師能貞などは、その一例である。

(36) 一七〇頁でのべた広階重任の例は、そのよい例となろう。これをそのまま言葉通りうけとってよいかどうかは問題であるが、彼等のつながりが血縁的なものと意識されていたことは注目すべきであろう。

(37) 惟宗兼宗については、『史料』解説ですでにのべたが、『山槐記』永暦元年十一月二十八日条に、以下のような記事がある。

蔵人以明来云、小舎人兼宗自讃岐院御時召小舎人、只件男許也、其器優、欲中補定額者、予答云、有理者何事有哉、但被召問守時・宗時等如何、且可被申頭弁也者、以明向頭弁返来云、被補何事之有哉之由、頭弁有命、予答云、然者承了者、件定額者近代十二人云々、只貫首進止云々。

(38)『春日神社文書』正嘉二年十二月二十五日、関東裁許下知状案〔鎌11・八三三四〕は、元久元年十一月の吹田荘充の下文を引き、「如元以豊前守宗季朝臣為下司職事」という文言をのせている。

(39)前掲拙稿「荘園公領制の形成と構造」。

(40)『史料』一—二号。この「業能」は「芸能」の誤りとも思われるが、このような言葉があったことを否定する根拠もないので、そのままにしておく。

(41)『史料』参考資料二号「民経記貞永元年五月巻紙背文書」年月日未詳、日吉社聖真子神人兼燈炉供御人幷殿下御細工等解〔鎌6・四三一七〕。

(42)この「土鋳物師」の「土」がなにを意味するか、なお明らかにしえていない。土一揆・土田などの「土」と関わりがあると思われるが、なお後考を期す。

(43)のちの状況から考えて、これこそ、のちに真継家がその権利をうけついだ紀氏の人ではなかろうか。

(44)拙稿「中世前期の水上交通」(『茨城県史研究』四三号、一九七九年)〔⑩〕。

(45)「中世における畿内の位置」(『中世民衆生活史の研究』思文閣出版、一九八一年)。

(46)のちにもふれるように、鋳物の鍋釜・鋤だけでなく、鍛冶の製した鍬、さらに山陰・山陽地方からの原料鉄もその中にあったと考えることもできよう。

（47）注（7）長谷進『中居鋳物史』をはじめ、和歌森太郎「能登中居の鋳物師について」（『国史論集』小葉田淳教授退官記念事業会、一九七〇年所収）など参照。

（48）付論1「「惣官」について」参照。

（49）興福寺については「承元四年具注暦裏書」（『大日本史料』第四編之一〇、三三四～三三五頁）に、承元二年（一二〇八）十一月二十六日の北円堂造立に当り、禄物を与えられた細工のなかに、「鋳物師一人大工紺葛一段」がみえる。また、文永八年（一二七一）、諸座寄人のなかに鋳物師座があった点については、脇田晴子『日本中世商業発達史の研究』（御茶の水書房、一九六九年）四三七頁参照。

（50）これについては、第一部第一章・第二部第一章参照。

（51）『東大寺続要録』造仏篇（『続々群書類従』第十一、宗教部、一九八頁）。

（52）同右。

（53）同右「養和元年十月六日、被鋳始大仏御頭羅髪之時、戒師授戒於鋳工等、次踏多々良、即奉鋳羅髪三流」。

（54）『玉葉』寿永元年七月四日条。なお重源に関する史料は、小林剛編『俊乗房重源史料集成』（奈良国立文化財研究所史料第四冊、吉川弘文館、一九六五年）に網羅されている。

（55）『東大寺続要録』造仏篇（前掲書二〇〇頁）。

（56）同右（同二〇一頁）。

（57）『玉葉』寿永三年正月五日条。また「随心院文書」元久三年四月十五日、後鳥羽院庁下文

〔鎌3・一六一三〕にも「凡和卿作法、嗔恚卿慢増感之上、嫉妬狂気相加(中略)或大仏治鋳時、妬日本鋳師、其鋳形之中、籠土入瓦」とある。この唐人鋳師の帰国については、『貴嶺問答』に、「東大寺大仏其功已成、鋳師唐人今朝可帰本国云々、誠是権化之所為、神明之結構也、彼唐人雖欲召覧、異朝殊俗輙不可入禁裏、兼又廻却可謂遺恨」とある。

(58)『醍醐雑事記』巻第十。

(59)「東大寺大湯屋鉄湯船銘」(注54『俊乗房重源史料集成』三五一頁)。

(60)「阿弥陀寺鉄塔銘」(同右書三六〇～三六六頁)。

(61) この位階を得たのは、前述した上醍醐大湯屋の釜を鋳た功によるものと思われる。そこで「纏頭経院奏可叙五位」といわれており、その翌月、寿永二年四月の大仏の首鋳造のときには「散位草部是助」となっている点からみて、そのように推定できる。また『玉葉』建久元年十月二十七日条に、「東大寺工等被任諸国権守介掾目等也」とあり、豊後権守となったのは、そのときではなかろうか。なお『史料』一―一四号、草部助時解写〔鎌10・七〇二六〕によると、是助は建久五年(一一九四)、建永元年(一二〇六)の両度、宣旨を与えられており、東大寺鋳物師惣官としての地位は、あるいは建久五年に固まったのではなかろうか。

(62) その初見は、注(60)の銘であるが、それによると建久六年には、二人は従五位下となっていたことになる。

(63) 注(21)『日本の梵鐘』九八頁及び二四七頁。

(64) 日本史研究会史料研究部会編『中世の権力と民衆』(創元社、一九七〇年)所収。

(65)「勝尾寺文書」(『箕面市史』史料編一)三一号「勝尾寺再建記録」に「建久六年乙卯春三月鐘イル、イモシ東大寺ノ新大夫」とあるが、これも恐らく草部姓鋳物師であろう。
また、三浦圭一「鎌倉時代における開発と勧進」(前掲『中世民衆生活史の研究』第一篇第三章)が指摘しているように、秋田県松岡経塚出土経筒銘には、寿永三年三月、大檀主尼殿、結縁之衆僧仲西、父僧永尊により、大勧進僧某の下で経筒を鋳造した大工草賀部国清を見出すことができる(『平安遺文』金石文編、五〇〇号)。草部姓鋳物師の活動がここまで及んでいる点に注目しておかなくてはならない。
(66)『尊卑分脈』第四篇、二一二頁。重源は俗名を刑部左衛門重定といった。
(67)「南無阿弥陀仏作善集紙背文書」(前掲『俊乗房重源史料集成』四五七頁以下)(鎌3・一三七〇)。
(68)同右書四八二頁以下。備前国で重源は、国府、豊原荘内豊光寺に湯屋をたて、正願寺・大安寺などに鐘一口、太子御廟にも湯屋と湯釜を作っている。これらの鐘・釜が草部氏の作であったことは間違いないと思われる。
(69)注(3)片山清の著書で詳しく紹介された備後国宇津戸の鋳物師丹下氏は、この草部氏の子孫といわれている。前掲『史料』解説、五「鋳物師諸家文書」の項を参照されたい。また「備前国和気郡金剛院旧鐘銘」(片山著書二八頁、注21坪井著書二八六頁)に「元応元年乙未十二月十九日草可部之延継鋳之」とある点にも注目すべきであろう。
(70)例えば佐々木銀弥『中世商品流通史の研究』(法政大学出版局、一九七二年)第二章「荘園

領主経済と商業」一五五頁には「伊予の国衙付属工匠達は、それぞれの手工業品の貢納生産の代償として、日常の生活と経済は、ほぼ全面的に支給免田によって、保証されていたと考えてさしつかえあるまい。それだけに国衙に対する工匠の隷属性はきわめて強かったものと考えざるをえない」といわれており、これが通説的な見方を代表するといってよかろう。

(71) このような手工業者の官途・位階については、第一節でものべたが、決して例外的なことではない。是助が給分を与えられた備前だけでなく、各地で活動していることも考えなくてはならない。ある国で給免田畠を与えられた手工業者が、その国の国衙工房のみで働いていたということは決して証明されたことではないので、むしろこの是助のような場合こそ一般的とみるべきであろう。そして「権守」という官途が、有勢在庁にしばしば見られる事実に注意を向けておかなくてはならない。

(72) 注(32)拙稿「荘園公領制の形成と構造」二五一頁参照。地頭・荘官が給免田を特定の荘園・公領で与えられていても、だれも、「国衙に対する」、また荘園支配者に対する地頭・荘官の「隷属性はきわめて強」く、その生活は「ほぼ全面的に支給免田によって保証されていた」などとはいわないのである。おそるべきドグマがそこにある、といわなくてはならない。

(73) 前注でのべたドグマと「偏見」の根源の一つはここにある。それは生の形でも、また裏返しの姿でも、研究者のなかに深く広く存在しており、日本史の像を大きく歪めているように、私には思われてならないのである。

(74) 伊予国国衙から免田を与えられている傀儡も白革造も、また紀伊国日前宮から給田畠を与えられた庭掃も制度的にはそうなのである(日前宮については「紀俊嗣家文書」参照)。寛元二年四月日、大和奈良坂非人陳状案(部落問題研究所編『部落史に関する綜合的研究』史料第四、柳原書店、一九六五年、九三頁以下)(鎌9・六三二五)に「是者本寺最初社家方々之清目、重役之非人等也」とある点に注意されたい。黒田俊雄はそのすぐれた論稿「中世の身分制と卑賤観念」(『部落問題研究』第三十三輯、一九七二年、『日本中世の国家と宗教』岩波書店、一九七五年所収)で、「権門家産支配秩序の上での身分となりえなかったもの」の一つに、非人をあげ、それを「身分外身分」とされたが、清目も非人も「重役」を負う点で、制度的にはやはりさきの皮造・庭掃などをふくむ多種多様な手工業者・非農業民と同じであったとみなくてはならない。この点については、拙稿「中世身分制の一考察——中世前期の非人を中心に」(『歴史と地理』二八九号、一九七九年)〔⑪〕でもふれた。

(75) 注(61)参照。

(76) 『史料』一—三号、建暦二年九月十三日、将軍家政所下文写(鎌4・一九四三)、同上一—四号、同上(鎌4・一九四二)、及び注(61)であげた同上一—一四号、草部助時解写など参照。

(77) 前注一—三号・一—四号。

(78) 『東大寺続要録』造仏篇(注51前掲書一九九頁)の宣旨は「五畿七道諸国等司」に対して発せられており、上人自身、諸国の自由通行を認められていた。

(79) 「興福寺所蔵覚遍本明本抄巻十紙背文書」年月日未詳、栄西書状(『鎌倉遺文』四—一八六九)は、今枝愛真の推定により、建暦元年三月二十日から同二年九月の間の文書であり、東大寺大勧進職であった栄西が、法勝寺九重塔再建に当ったさい、則高という人と東大寺鋳物師草部是助との間に相論のあったことを伝えている（『書の日本史』第三巻「明庵栄西」の項、平凡社、一九七五年）。重源以後も、草部是助が東大寺大勧進職とつながりのあったことは、これによって知りうるが、「東大寺文書」の中には、鋳物師に関する記事は見出せないようである（菊池武雄氏の御教示による）。

(80)『吾妻鏡』同日条。

(81)『史料』一―五号。

(82) このような「芸能」の用例については、注(74)黒田俊雄「中世の身分制と卑賤観念」に引用されている『普通唱導集』を参照されたい。『新猿楽記』には、これに当る語を「所能」といっているが、この用例も『古老口実伝』（『群書類従』神祇部所収）に「或鍛冶、或檜物、或商人等、依所能色々仁所進之」とみえ、ほぼ「芸能」と同義に使われている。

(83)「細工人」及び非農業民の遍歴については、第一部第一章・第二部第一章などでのべたように、檜物作手・莚作手・薬売・轆轤師・生魚商人・桂女さらに櫛造・傀儡・唐人などについて確認しうる。恐らく、各種の「職人歌合」に現われる人々にこれはほぼ共通した特徴であろう。

(84)「打鉄」あるいは「熟鉄」（『史料』一―一五号文書）などが、それぞれいかなる性格の鉄であるのか、まだ知りえていない。河音能平が注(5)論稿で指摘しているように、これが原料鉄であることは間違いないところで、「打鉄」が鍛冶の原料鉄であるならば、鋳物師は鉄商人をも兼ねて、その交易を行なっていたとみるべきであり、鍛冶の製品である鍬を売買する鋳物師は、その意味で、まさしく鉄器物商人だったのである。鋳物師が広域的に遍歴した理由はここにある。なお朝岡康二は、熟鉄を銑鉄――生鉄を再熔解したものとみている（「鍛冶材料鉄（軟鉄）の製法と流通」『民具マンスリー』一六―一一、一九八三年）。それとともに信濃国で鍬を売り歩いた興福寺一乗院貝新座の寄人（「筒井寛聖氏所蔵文書」〔鎌32・二四八四九〕）をはじめ、鋤・鍬がこのように広く売買されていたことは、鉄製農具の普及を考える場合、とくに注目すべき事実といわなくてはならない。ただ、鍛冶が自らの製品を売買せず、このような人にその交易をゆだねている点にも注意すべきである。注(33)拙稿参照。

(85)『古今著聞集』巻第十六にみえる周知の鋳物師の事例で、鋳物師が宿をとった遊女の家には、すでに釜があり、遊女は脇釜を鋳物師から求めようとしている。また、京都大学文学部国史学研究室所蔵「一乗院文書」嘉応二年十一月廿八日、摂津国河南荘桜住人等雑物注文には「からすき一具」「鍬一口、金輪一」があり、また紀伊国荒川荘の悪党法心の資財のなかには「鍋大小廿七、釜大小十三、鉄輪廿三」がみえ（大日本古文書家わけ第一『高野山文書之七』又続宝簡集八十五、一五六六号、正応四年九月日、高野山寺僧追捕物注文〔鎌23・一七七一四〕）、若狭国太良荘の百姓黒神子も「マサカリ一、クワ二」のほかに「鍋三大小」をもっていた（「東寺百合文書」し函一七号（二）（一〇―一二）、貞和三年九月日、黒神子追捕物注文）。やや時代の降った事例であるが、鉄製用具の普及を考えるうえで、注目する必要があろう。

(86) 前にものべたが、これは傀儡・唐人が櫛を売っているように、中世前期の商工民に広くみられた事態であろう。
(87) この牒の発せられたのは、和田義盛の乱のあとであり、「木曾乱逆」がそれを誤って表現したのか、それとも義仲の乱をふくむ源平合戦をさしているのかは、十分明らかでない。
(88) 『史料』参考資料一号「阿蘇品文書」六波羅探題過所案〔鎌5・二九三四〕、同上一―六号、承久三年九月二十四日、六波羅探題過所写〔鎌5・二八四一〕。同上一―九号、貞応元年五月二十六日、六波羅探題過所写〔鎌5・二九六二〕も参考とすることはできるが、いずれも検討の余地のある文書なので、ここではとらない。
(89) 『史料』一―七号文書、「東寺百合文書」ゐ函六一号(三)〔三二一―四〇〕〔鎌5・二九六四〕。
(90) 注(61)の『史料』一―一四号、草部助時解写に「承久三年、賜六波羅殿御教書畢」とあり、それが同上一―六号をさしているものと思われる。この六号文書それ自体は、検討の余地があるとしても、この事実は認めてよかろう。
(91) 「離宮八幡宮文書」貞応元年十二月十七日、六波羅探題過所〔鎌5・三〇二九〕なども参照できよう。また檜物作手に対して、貞応二年三月日、蔵人所牒〔「弁官補任紙背文書」〕〔鎌5・三〇七八〕が与えられている点も、あわせ注意しておく必要があろう。なお後述する嘉禎の牒に応じても翌年、六波羅探題過所〔『史料』一―一三号〕〔鎌7・五一六七〕が発せられている。東国における過所は、幕府によって与えられていたものと推測される。
(92) 『史料』参考資料二号「民経記貞永元年五月巻紙背文書」。ここで阿入が蔵人所下文を得て物官職に一旦補任されている点からみて、阿入の主張はそれなりの根拠をもっていたと思われる。とすれば、この相論を通じて、これまで一応一個の集団として扱われてきた燈炉供御人が左方・右方にはっきりわかれたとみることもできよう。なお、注(88)前掲一―九号の六波羅探題過所写は「蔵人所右方燈炉御作手等」に充てられているが、これは参考にとどめておきたい。

(93)『史料』一―一〇号文書(鎌補2・補一二一〇)。

(94)左方作手に対して発せられた牒の使は、これ以後すべて紀氏である。景久についてはいまのところ所見がない。ただ『民経記』貞永元年四月一日条に「小舎人景弘」がみえる。恐らくはその写し誤りと思われるが、ここでは一応保留しておく。

(95)右方作手の年預が惟宗氏であったかどうかは不明であり、鎌倉末期までに、紀氏にとってかわられたものと思われる。『史料』参考資料一二号「安尾文書」参照。

(96)『史料』解説参照。

(97)注(61)『史料』一―一四号、草部助時解写に「助延之子息兵衛志延時助時親父所職相伝之時、貞永・嘉禎賜蔵人所御牒畢」とあるが、この嘉禎の牒が、『史料』一―一〇号の牒に当るものと思われる。なお、延時が河内国布忍寺鐘銘、東大寺鐘釣金具銘に現われることは、『史料』解説でふれた。

(98)この点も『史料』解説で詳述した。

(99)『史料』参考資料六・九・一〇・一一号などには「左方兼東大寺鋳物師」、あるいは「蔵人所左方幷東大寺燈炉供御人」などとして現われるので、おそくとも文永三年(一二六六)ごろまでに形の上でも融合したとみられる。この点は次章で詳述する。

(100)『史料』参考資料三号「阿蘇品文書」(鎌7・五〇五九)。

(101) 大宰府に上番して銅竈を生産した筑後国の造銅竈工があったこと、大宰府にも「作物所」があった点など、平野邦雄「大宰府の徴税機構」(竹内理三博士還暦記念会編『律令国家と貴族社会』吉川弘文館、一九六九年)に詳しい。

(102) これについても『史料』解説参照。

(103)『史料』参考資料五・六号によって、文永三年には史料上に明確となるが、それ以前にこの形ができたことは間違いない。

(104) 鎮西鋳物師はこのように左方作手となってからのちも、大宰府と関係をもちつづけており、その惣官代職(兄部職)は、左方惣官によって補任されるとともに、大宰府の下文でその地位を保証されている。次章参照。

(105)『史料』参考資料四号、宝治二年、蔵人所牒(鎌補3・補一四二二)は右方作手に関するものであるが、この文書は長門国の鋳物師に伝来した文書である(文書の誤読があったため、旧稿をこのように改めた)。同上参考資料六号、文永三年十二月十三日、左方兼東大寺鋳物師惣官中原光氏惣官代職補任下文案(鎌13・九六一〇)に「所称右方鋳物師者、日置・金田・長曾禰三ケ所也」とあり、このとき右方と争っていた左方も、この三箇所は認めている。

(106) 注(21)坪井『日本の梵鐘』一〇六〜一〇九頁参照。その活動は畿内、近江・紀伊・伊予、山陽道諸国、薩摩・常陸・武蔵に及んでいるが、山陽道は畿内とともにその活動の主要な舞台であった。『三国名勝図会』弘安七年閏四月三日、島津久経鋪鐘願文（鎌20・一五一七二）に「鋳師太宰府住人丹治恒頼」が現われる点も注目しておく必要がある。

(107)『吾妻鏡』仁治二年九月七日条「有臨時評定、為出羽前司行義奉行、細工所輩恩沢事有沙汰、野世五郎拝領相模国横山五郎跡新田垣内等、是細工故日向房実円本給地也、女子頻雖申子細、付芸能充給訖」とある。また、佐藤進一・池内義資編『中世法制史料集』第一巻、鎌倉幕府法、追加法一三一条、延応二年三月十八日(?)の法令「不可召仕町人并道々輩事」も注目すべき内容をもっており、このころ、「権門之所従」と号する道々の者の多かったことを物語っている。

(108) 前注『中世法制史料集』第一巻、追加法五三条「依芸能被召仕輩所領事」参照。

(109) 注(107)追加法及び三八〇条参照。

(110)『吾妻鏡』延応元年九月十六日条「京都道々之輩、号武士作手、好付沙汰之由、被聞食及之間、可停止之旨、被仰六波羅」。

(111) 坪井前掲書一〇一～一〇六頁参照。大和権守・筑前権守・山城権守などの官途をもつこの鋳物師はまさしく将軍家鋳物師ともいうべき人々であり、とくに北条氏と密接な関係にあった。この点、拙著『中世東寺と東寺領荘園』（東京大学出版会、一九七八年）[②]第Ⅰ部第三章第一節2参照。

(112) 坪井『日本古鐘銘集成』（角川書店、一九七二年）一〇六六号、蔵王堂鐘、文永元年八月二

日の鋳。この新大仏鋳物師が友国・行恒までかかるのかどうか、多少疑問がのこる。同書五三号、東大寺真言院鐘には、同年卯月五日の日付で「新大仏寺大工丹治久友」と刻されている。

(113) さきの左方の番頭中にあらわれぬ物部氏の場合は右方の可能性がある。左方が鎮西にとくにのびようとしたのに対し、右方が関東に結びついたとなれば、大変興味深いが、これは後考をまつほかない。

(114) ただ、西国(朝廷・六波羅)、東国(幕府)、鎮西(大宰府)と、三つの大きな鋳物師集団の活動圏があった点、注目すべきである。また、平安時代の末、武蔵で経筒・鉄仏などを鋳造した藤原姓鋳物師がいたことは、林宏一「藤原守道とその系譜」(『埼玉県史研究』九号、一九八二年)で明らかにされているが、これも河内辺から移住した鋳物師とみられないこともない。

(115) 注(56)参照。

(116) 注(60)参照。

(117) 注(22)豊田前掲書五二頁。

(118) この鋳造に関する史料は、大日本古文書家わけ第一『高野山文書之八』(又続宝簡集一八六三号)寛元四年九月日、修理行事源俊注進状(前欠)(鎌9・六七四四)、高野山文書刊行会『高野山文書』第二巻(復刊版)、一九〇号、寛元四年、大湯屋釜修造用途注文(鎌9・六七八六)、「高野山御影堂文書」寛元四年九月晦日、鋳師用途内饗丼段米出米等結解状(鎌9・六

七四三)がある(この最後の史料については、大石直正氏の御好意によって、同氏の手写をお送りいただき、はじめて知ることができた。心より御礼申し上げる)。

(119) この政所住人の鋳物師が『高野山文書之三』続宝簡集六四一号、弘安十一年正月廿九日、松若田地売券(鎌21・一六四九六)の四至に「限北鋳師屋殿領」とみえ、『高野山文書之六』又続宝簡集一一八八号、嘉元三年二月六日、鋳師屋嫡女田地売券(鎌29・二二〇九五)で、官省符荘の田地壱段小を売ったとされている鋳物師につながることは間違いなかろう。

(120) 『番匠』(法政大学出版局、一九七一年)第六章「大きな工事場の労働組織」。

(121) 坪井『日本古鐘銘集成』金一、東大寺鐘釣金具銘には、「大鋳師左兵衛志延時、小工廿人」(延応元年九月三十日鋳)とあるが、詳細は不明である。

(122) このような点については、すでに遠藤元男『日本職人史の研究』論集篇(注1所掲)「九、中世職人の給料・生活について」で各種の細工の身分・階層と関連させて、この組織について言及されている。大河はこの見解に対して、それを「日常の身分的な階層としての機能をもたず、工事ごとに編成される階層組織だった」とし、遠藤の見方を否定している。この大河の見解は、鋳物師のあり方からみて基本的に支持することができる。鋳物師の場合、制度的な階層としては惣官・番頭の組織が存在しており、それは大工・小工とは異なる次元の組織と考えなくてはならない。

(123) 東大寺大仏の場合も、高野山大湯屋釜の場合も、若干の家族的な小集団の集合によって工事が行われたが、前者は草部姓、後者は丹治姓の鋳物師の仕事とみてよかろう。

(124) 注(120)大河著書、第七章「工匠家族」。
(125)『日本の梵鐘』の記述は、基本的にこの方向で行われている。
(126) 作料については、仲村研「中世手工業の二、三の問題――特に建築生産を中心に」(『史林』四五―四、一九六二年)参照。
(127) 注(119)参照。「金屋」「鉄屋」も同様であり、鎌倉後期以降、それは次第に鋳物師の活動の中心をなしていく。この点は別の機会にふれたい。
(128) 鋳物師の場合「座」の組織は史料上に現われないが、供御人組織がそれに当るといえよう。その特質については、注(1)遠藤前掲書、浅香年木『日本古代手工業史の研究』(法政大学出版局、一九七一年)のように階層性を強調する見方と、清水三男「中世の座の性質について」(『中世荘園の基礎構造』高桐書院、一九四九年)、注(49)脇田晴子『日本中世商業発達史の研究』のように平等性を強調する見解がある。これは必ずしも矛盾する見方ではないとも思われ、本供御人相互の間には明らかに平等性が貫いているが、本供御人自身の率いる小集団を視野の内にいれれば、階層性が存在していたといえる。この点も、また機会をみて考えてみたいと思っている。
(129) 中世後期以降、手工業者がなぜ職人といわれるようになるのか、必ずしもその理由は明らかにされていない。中世前期の「職人」が決して手工業者のみをさしているのでないことは、「東北院職人歌合」をはじめとする各種職人歌合をみただけで明瞭なことであり、また、前にのべたように(付論1「「惣官」について」)、在庁を「職人」といった用例もみえ、「沙汰未練書」では、「名主・下司・公文・田所・惣追捕使以下職人等事」といわれ、荘官級の人を「職人」といった例も広く見出しうるのである。この点に立ち入ることは、いまは避け、終章でふれることとしたいが、ただ『兵範記』仁安三年十月五日条に、「諸国召物多以弁済、道々細工就職掌勤仕」といわれている点に、ここでは注目しておきたい。この「職掌」という語は、直ちに「芸能」ともいいかえることができるのであり、この辺に、「職人」と「芸能」とをつなげる鍵があることは間違いない。前述したように、手工業者と荘官とは、中世前期に、なお実態としても等置しうるのであり、荘官もまた「職掌」あるいは「芸能」によって、権門に勤仕する点で、手工業者――細工と同じともいえる。とすると、これまでの「職」についての論議とは多少別の角度から、その問題に近づくことが可能になるであろう。

(130) 岩波書店、一九七三年。

(131) 第一部第一章参照。

第二章　中世中期の存在形態

序

平安末期から鎌倉前期にかけて、左方・右方の燈炉供御人（燈炉作手）及び東大寺鋳物師に組織され、蔵人所小舎人の下に統轄された鋳物師たちが、諸国往反自由の特権を保証され、多くは同族的な小集団をなして各地を遍歴し、注文主の作業場で鋳造に携わるとともに、原料鉄・鉄製日用品・農具、それに穀物・絹布などを売買交易したことについては、すでに前章で詳述した。そこでものべたように、このような鋳物師のあり方は決して例外的なものではなく、中世社会における商工民の一つのあり方と社会的分業の特徴とを、端的に示している。中世初期、農業からの商工民の分離は、すでに一定度の進行をみせ、商工民はすでに一応「自立」した集団をなしているが、商工はなお未分離であった。そしてなにより注目すべき点は、この時期、商工民集団がそれとして自らを維持するためには、多くの場合、諸国往反——遍歴が不可欠の条件だったことである。(1)課役免除・往反自由の特権を求め、彼等が供御人・神人となり、天皇ないしその支配権に関与する権門(2)と結びついていった理由はそこにある。彼等がその「自立」性をこうした支配権による保証によってはじめて保ち得ている点は、その集団及び彼等の技術の性格が、色濃く血縁的・同族的・世襲的であった事実とともに、この時期の社会的分業にまつわる自然生的な特徴をよく物語っているといえよう。

中世商工民の組織はよく西欧のギルドと比較される。たしかに彼等の組織はその比較を成り立たしめうるような同業者集団であったが、しかし一面、そうした比較では到底わり切ることのできぬ、むしろカースト的ともいうべき特質をあわせもっていたといわなくてはならぬ。(3)

鎌倉前期まで、このような特色をもつ鋳物師集団は次第にその規模を拡大しつつ、諸国で活発な活動を展開していったのであるが、十三世紀も後半にさしかかるころになると、この組織はそれ自体の前進とともに生れてきた新たな矛盾に直面し、動揺・発展し、変質しはじめる。それは中世社会のみならず、前近代の歴史においても、重要な意味をもつ社会的転換の一環としてとらえるべき動きであり、商工民集団の性格も、社会的分業の特質も、ここで大きく変ってくる。

本章では第一章にひきつづいて燈炉供御人とその組織に焦点を合せ、鋳物師集団の動揺・発展の過程を辿りつつ、この時期の社会的転換の意義をも探ってみたい。

一　惣官中原光氏と左方作手の発展

寛元四年(一二四六)、東大寺鋳物師惣官左兵衛志草部延時は、その職を子息助時に譲った。是助が東大寺大仏鋳造の賞としてこの職に補任されて以来すでに四代目、重代相伝の職として助時の地位はたびたびの宣旨・蔵人所牒などによって、十分保証されていたはずであった。ところがそれからしばらくして、この惣官職を「奪い取」ろうとする人物が現われる。中原光氏といわれ、当時左兵衛尉、恐らくそのころすでに左方燈炉作手の惣官となっていた人である。(4)(5)

前章でものべたように、嘉禎のころまでに東大寺鋳物師と左方作手とは、事実上の融合をとげつつあった。(6)光氏の主張がこうした現実の事態の進行を背景としていたことは間違いなかろう。しかしそれにしても、光氏はなぜ助時の地位を奪い、敢てこの両組織の惣官職を兼帯しようとしたのであろうか。その理由は、供御人組織自体の内部の矛盾に求めなくてはならない。

宝治二年（一二四八）十一月、左方燈炉作手惣官光氏は、つぎのような解を蔵人所に提出した。

謹検先例、供御人等雖散在諸国、有限御年貢恒例臨時召致（物脱）其勤之処、近年或寄事於守護地頭、或募私権門高家、有不拘下知之輩之間、所役殆及闕如、彼供御人役者、付外才課役也、乍居其職、何不勤彼役哉、望請　天恩、為惣官光氏之沙汰、狩催諸国散在之鋳物師、可備進毎年御年貢恒例臨時之課役、若有不叶其催之輩者、停廃其職、兼又（可脱）停止市津関渡津料例物并守護地頭煩之由、任先例、欲被成下御牒、殊西国被停止門司・赤間・嶋戸・竈戸・三尾等関新儀狼藉者、供御人等仰　綸言、弥致奉公之忠節乎、仍為蒙御裁許（令脱）所言上也

これに応じて、十二月、蔵人所は牒を光氏に充てて下し、「供御人兼東大寺鋳物師等」に通達させたのである。[7]

ここで光氏が解を発した背景に、前年の宝治合戦に伴う混乱を考えることは、これまで「木曾乱逆以後」や承久の「乱逆以後」に、作手の解及びそれに応ずる牒が発給されている[8]点からみて、一応無理のない推測といえよう。事実、同じ宝治二年（一二四八）、右方燈炉作手たちは、この戦乱に伴っておこった「諸国守護所地頭已下之輩得替」とい

う新事態に対処すべく、承久の乱後に与えられた牒や「武家下知状」をそえて解を提出、「守護所・地頭・神人・先達」などによる煩をとどめてほしいと訴え、これを認めた蔵人所牒を得ているのである。(9)

しかし、むしろここで注意すべき点は、さきの解で中原光氏が強調し訴えているのが、決して単なる守護・地頭による濫妨ではなかったことである。供御人自身が守護・地頭や権門高家にことよせて惣官の催促に従わないこと、西国の諸関の新儀狼藉、それこそ光氏が解で主張した点であった。専ら守護・地頭の側からの煩が問題とされた建暦・貞応の段階と、宝治のこのころとの違いは、この点に鮮やかといわなくてはならない。

すでにこれよりさき、京の「道々の輩」で「武士作手」と称して「付沙汰」をするものがあったことについては、第一章でふれたが、この牒はそうした事態が諸国でおこっていることを示している。すこし先どりしていうならば、この事実は、これまで広く諸国を遍歴・交易していた鋳物師が、次第に特定の地域での活動を強めつつ定着していく動き、また守護・地頭や諸権門がそれに応じてこうした商工民をより緊密に自らの支配下におこうとする動きの萌しがでてきたことを、物語っているといえよう。鋳物師の活動そのものの発展に伴って、中世鋳物師組織の基本的な矛盾が、はじめてここに姿を現わしたのである。

西国諸関の新儀狼藉もまた、その別な形での現われとみることができよう。ここで光氏があげた諸関——門司・赤間・嶋戸・竈戸・三尾等——はもともと古い起源をもつ関であるが[10]、それが「新儀」といわれるような動きを示してくる背景には、鋳物師の廻船を含めて関所を通過する船の著しい増加、それに対する津料・関料賦課の強化を考えなくてはならない[11]。鋳物師の自由な遍歴に対する障害が、彼等自身の活動の発展の結果として現われてきている点に、この時期の新たな問題があった。

それのみではない。『経俊卿記』によると、正嘉元年(一二五七)、燈炉作手の内部に争いがあり、五月八日、「本作手、相違なし」という裁決が下っている[12]。事情は詳らかではないが、そこに、年預・惣官・本作手の統制からはずれた「新作手」、あるいは「脇作手」ともいうべき人々の新たな動きがあったことは間違いないであろう。

さらにまた、こうした動向とともに、長門に勢力圏をもつ右方作手と、瀬戸内海から九州・山陰にいたる水域を廻船で活動したとみられる左方作手との、鋳物師支配、商圏をめぐる競合も、恐らくこのころには始まっていたと思われる。

中世鋳物師の組織は、このような内外の矛盾のなかで、明らかに動揺しはじめていた。左方作手惣官中原光氏は、それを克服し、より拡大された規模で統制を強化すべく、解を進め、牒を得たのであった。さきの草部助時との相論も、その間におこったことにほかならない。光氏にとって、左方作手を兼帯するものの多い東大寺鋳物師をもその支配下におかなくては、作手の統制がむずかしくなってきたのであろう。相論の経過は明らかでないが、事態が光氏に有利な方向で進んでいたことは、ほぼ間違いないと思われる。弘長二年(一二六二)十一月、右衛門少尉に進んだ光氏は、あらためて解を進め、左方作手惣官職たることの再確認を求め、翌月、これを認めた蔵人所牒が左方作手充に発せられている(13)。恐らくこれは、相論を有利に導くために、光氏の打った布石であろう。しかし、このとき光氏の提出した解は、宝治の解と同じく、西国諸関の狼藉や、守護・地頭、権門勢家の威をかりる供御人の動きにふれるとともに、近年、関東・北陸に逃げ下り、惣官の下知に従わず、年貢・公事を備進しない鋳物師が現われてきたと指摘している。これはさきの矛盾の実情を、さらに明瞭に物語るものといわなくてはならない。

光氏からみれば「逃亡」であったとしても、これが単純な課役を忌避する逃亡でなかったことは明らかであろう。それは、武家の統治権の下にある関東(14)、得宗の権勢のもとに、日本海水運が活発な展開をみせつつある北陸への(15)、鋳物師の意識的な移住であった。第一章でふれた物部姓鋳物師や鎌倉新大仏鋳物師は、その具体例にほかならない。近世以降、最近まで鋳物業の中心として知られた下野・武蔵や越中・能登の鋳物師たちが、河内からの移住をいい伝えている(16)のは、決して伝説とのみはいいきれないのである。

もとよりこうした動きのみられたのは、関東・北陸だけではなかった。とくに、独自な伝統をもち、すでに一個の地方的組織を成立させていた鎮西鋳物師の場合、(17)中央の年預・惣官からの自立の傾向は、より顕著だったに相違ない。しかし、このような「逃亡」――各地への鋳物師の移住・定着こそ、社会的分業の新たな発展の方向だった。とすれば、そこからおこってくる課役の欠如は、単に天皇の権威、蔵人所牒を背景とする統制の強化のみによってでは、到底、克服し難い性質のものであった。この新たな事態に即応して、供御人組織自体が、否応なしに発展・変質していかなくてはならなかったのである。

中原光氏はまもなく草部助時との相論に勝訴、左方作手惣官と東大寺鋳物師惣官とを兼帯するようになったと思われる。(18)しかし、光氏は休む間もなく、鎮西鋳物師をふくむ鋳物師支配をめぐって、新たに右方作手との激しい争いに入っていく。

光氏はこの相論でつぎのような諸点を主張した。(19)

(1)　右方鋳物師と号する範時・国清が、廻船鋳物師・土鋳物師を掠め籠めるのは、はなはだ以て謀計である。

(2)　右方鋳物師というのは、河内国の日置・金田・長曾禰三箇所の鋳物師のみである。

(3)　このほかの廻船鋳物師及び土鋳物師は、みな左方鋳物師である。

(4) 和泉国塩穴・境・石津の隠鋳物師

これはもちろん左方の側からの一方的主張で、右方作手が河内のみならず長門にも根拠をもっていたことは前述した通りであり、恐らくその支配はさらに広い範囲に及んでいたであろう。しかしこの光氏の主張を通して、第一章でものべたように、われわれは左方と右方のそれぞれの性格の違いをはっきりと知ることができる。また、すでにこのころ、和泉の境(堺)周辺の地域が、鋳物師たちの新たな拠点となりつつあることを確認しうる。

こうした鋳物師の活動の発展こそ、この左方作手と右方作手の争いをおこした真の動因といえるであろうが、この相論の重要な争点の一つは、なにより鎮西鋳物師の帰属にあったものと思われる。そして文永三年(一二六六)、中原光氏は少なくともこの点については、一旦、左方に有利な方向に事態を導いていった。

この年十二月、光氏を左方作手惣官職とした蔵人所牒を施行する大府宣が在庁官人あてに発せられているが[22]、そのうえにたって、同月十三日、左方兼東大寺鋳物師惣官光氏は、鎮西鋳物師にあてた下文を発し、平友房を「鎮西往廻惣官代職」(「左方鋳物師惣官代官職」)に補任した[23]。そしてそれは、翌文永四年(一二六七)正月、さきの大府宣とこの光氏の下知状をあわせ施行した大宰府庁下文によって保証されたのである[24]。これによって、鎮西鋳物師に対する左方惣官光氏の支配は、一応貫徹したといってよかろう。
これを左方鋳物師の組織の大きな発展とみることもできる。たしかに東大寺鋳物師を支配下にいれ、鎮西鋳物師をおさえた左方作手は、その極盛期を迎えたといっても、決して過言ではない。しかし反面、鎮西という古くからの独自性をもった地域であるとはいえ、このような一地域についての惣官代職が、ここで公式に出現した事実に注意を向けておかなくてはならない。しかもこの惣官代職は、たんに惣官による補任だけでなく、大府宣・大宰府庁下文の保証を得て成立しているのである。すこしのち、弘安元年（一二七八）、大府宣によって鎮西鋳物師兄部職《このこうべしき》が補任されているが[25]、恐らくこの職と惣官代職とは重なり合うものであろう。この点に注目すれば、光氏によるこの惣官代職補任は、鎮西鋳物師の独自な組織とその大宰府との結びつきを前提とし、それを承認したうえで行われた措置といわなくてはなるまい。

しかしこれは、つい数年前の光氏自身の主張と矛盾する方向なのではあるまいか。この時期の大宰府庁と守護所とは、伝統・規模の相違はあれ、基本的には同じ本質をもっていた。とすれば、鎮西において光氏のとった措置は、その主観はどうであろうと、結果的には彼自身の非難した諸国鋳物師と守護との結びつきを承認する方向に、道をひらいたことになろう。そしてこの方向に向う動きこそが、やがて全国的な供御人組織を否応なしに崩壊させていくのである。極盛期に達したかにみえる燈炉供御人の組織が、その内部に崩壊への要因を着実に育てつつあった事実を、われわれは見落すべきではなかろう。

中原光氏はこの訴訟を最後として、史料から姿を消す。鎌倉中期、左方作手を発展・維持すべく活発に動いたこの人物については、いまのところ他に所見がなく、詳細に知ることはできない。しかし、左兵衛尉・右衛門少尉の官途をもつ光氏が、武士的な性格をもっていたことは間違いない。(26)光氏自身が鋳物師であったかどうかは明らかでないが、彼はいわば荘園における下司の役割を、供御人集団に対して果していたのである。鋳物師のみならず「職人」の集団を統轄する惣官が、一個の武士団であり、また西国の荘官級の武士がそれ自体「職人」的性格をもっていたことについては前にもふれたが、(27)中原光氏はまさしくその好例であろう。公家の支配組織の末端にあって、実際にその足場を支えたこうした人々については、もっと深く追究される必要があるのではなかろうか。

二　供御人組織の矛盾とその展開

中原光氏が直面した燈炉供御人の組織内外の矛盾は、鎌倉後期から南北朝期にかけて、さらにいっそう深化し、新たな展開をみせていく。

そこでまず注目すべきことは、このころから各地に「鉄屋」「金屋」「鋳師屋」など、鋳物師の根拠、作業場が姿を現わしてくる点である。正応元年(一二八八)ころ、「左方兼東大寺燈炉供御人」で、「住吉大明神社御修理鋳物師」を兼ねる崛《くつ》郷住人伊岐得久は、(28)左近将監助時が「雅意に任せて、鉄屋を止」めたことをしきりに蔵人所に訴えている。(29)(30)供御人のなかでこのような権門寺社の修理鋳物師を兼帯する人が一般的になってきた事実は、それ自体注目すべきであるが、当面ここでは、鋳物師の作業場とみられる「鉄屋」が一つの争点になっていることに注意を向けておきたい。

周知の事例であるが、建治三年(一二七七)に作成されたと思われる越後国奥山荘の絵図にみえる「久佐宇津下鋳師屋」三宇や、(31)鎌倉後期、高野山の政所支配下にあって、官省符荘内に若干の水田をもつ鋳物師があり、「鋳師屋」とよばれていることなど、(32)燈炉供御人と直接関係あるかどうかは明らかになしえないが、やはり「金屋」のあり方を示す例とすることはできよう。(33)またこのころ、荘園の小字にみえる鋳物師にかかわる地名も、ある一時期の「金屋」を考えるための手がかりになる。しかし燈炉供御人の金屋のより明確な事例は、長門国に見出すことができる。

元応元年(一三一九)、年預左衛門尉紀某は、長門国都波木《つばき》(椿)金屋にあてて、「勅役御年貢以下」を代官与一友貞に沙汰し渡すことを命じており、(34)元亨四年(一三二四)には、同金屋供御人あてに、代官中務入道、定使刑部三郎に「年々供御役」をはじめ「両社行幸臨時召物」を沙汰するようにと指令している。(35)後述するように、こうした長門国の金屋は、このころすでに椿一箇所にとどまらなかったと思われるが、ここでとくに注目しなくてはならないのは、年預が代官・定使を派遣して、各地の金屋の供御人＝鋳物師から年貢・召物などの徴収を行なっている点である。

年預はいわば荘園の預所に当り、鎌倉中期以降は、蔵人所小舎人(御蔵小舎人)紀氏がほぼ世襲するようになっていたと考えられるが、(36)かつて平安末期の年預惟宗兼宗が「番頭」たちを通じて、鋳物師から課役を徴収していたの(37)と比べると、これは大きく変化した方式といわなくてはならない。各地の金屋の増加、そこを根拠とする鋳物師の定着の進行とともに、恐らくは血縁及び「家人」関係をおもな紐帯としたとみられる「番」の組織による課役収取は困難となり、(38)年預はみずからの代官・定使を現地にまで下向させなくてはならなかった。こうした事態は、前述した地域的な惣官代職の出現、各地の鋳物師の独自な組織の形成と、表裏をなすものといえよう。実際、長門国には、まもなく一国の惣官職が現われるのである(後述)。

このような金屋の増加、鋳物師の活動の地域化の背景に、社会的な需要の増大があったことはいうまでもない。このころ広く各地に定期市が現われてくることは周知の事実であるが、元亨二年(一三二二)、備前国金岡荘の西大寺市には、「莚座」「魚座」などとともに、「鋳物座」を見出すことができる(39)。家別に公事銭を賦課された「酒屋」「餅屋」のように、この市に定着してはいなかったとしても(40)、このような固定した市座の存在は、莚作手や魚商人と同程度に、市から市への鋳物師の巡回が規則的・恒常的になっていたことを明らかに物語っている(41)。そして、そうした巡回の範囲——商圏は、このころ徐々に狭まる方向に向っていたと思われる。社会的分業の発展は、たしかにここに新たな段階にさしかかりつつあった。

しかし、もちろん鋳物師の広範囲な遍歴が行われなくなったわけではない。例えば河内国の鋳物師藤原国安が、建武四年(一三三七)に近江国西念寺、康永四年(一三四五)に参河《みかわ》国設楽郡鳳来寺、文和三年(一三五四)に摂津国高尾寺の梵鐘を鋳造し(42)、摂津国堺北荘に住む山川助頼が、永和五年(一三七九)に河内の金田宮の鐘をつくり、至徳二年(一三八五)には土佐の金剛福寺の鰐口を鋳たように(43)、畿内の鋳物師たちは南北朝期にも、「出職」のために遍歴し、鉄器物・鉄商人として諸国の往反をつづけていた。それ故、諸国の自由な通行、市津関渡での交通税免除は、依然として鋳物師の生活そのものの要求であることをやめていたわけではない。

永仁元年(一二九三)より以前、蔵人所左方燈炉供御人兼東大寺鋳物師は、播磨国福泊島の築料として艘別津料銭を徴収した勧進上人、久米田寺の行円の不法を訴えている(44)。このとき供御人たちは、「諸国津料例物」の免除の特権を証明する一巻七通の宣旨・蔵人所牒・将軍家政所下文(45)とともに、讃岐国善通寺修造料艘別銭、平野社造営会坂関の関料、内蔵寮領東三ケ口津料(46)などの免除をそれぞれ証明した院宣・綸旨・内蔵寮下知などを証拠文書として提出した。これは鎌倉後期以降、さかんに設定された諸関について、燈炉供御人たちがなおその特権を主張し、それを貫徹させえていたことを示している。応長元年(一三一一)閏六月、東大寺八幡宮修造料及び兵庫島修固料を徴収する兵庫関に、兵庫島鋳物師辻子掃部允が阿波国小勢津商人徳琳法師らとともに押しよせ、関所使者の神人を打擲・刃傷し、「船幷色々物」を押取っているのも(47)、こうした鋳物師の特権と関所雑掌との衝突を示す一例とみられないこともない。

ただ反面、これらの諸例自体が明瞭に物語っているように、さきに中原光氏が問題にした西国の諸関にとどまらず、鋳物師の自由な諸国往反の特権は、ここに関所濫立という重大な障害につき当っていた。それは主として、これまで鋳物師とも深い関係をもち、同様に遍歴をこととしていた勧進上人たちの勧進方式が(48)、鎌倉後期に大きな転換をとげたことに起因している。そこで新たに採用された勧進の新方式の一つは、建長八年(一二五六）四月、多門寺住侶による明石泊での勧進[49]のような修造料所としての関所設定、艘別銭の徴収であり[50]、他の方法は、それよりすこしおくれて、弘安五年（一二八二）、東寺塔婆・諸堂修造の勧進上人となった願行上人憲静が太政官符によって五畿七道諸国への棟別十文銭賦課を認められた[51]のを早い例とする、棟別銭の賦課であった[52]。

この後者も、後述するように、定着した鋳物師と関係してくるが、当面、鋳物師たちの活動を妨げたのは、もとより前者の方式である。いうまでもなくこれは、鋳物師をも含む交通量の著しい増大を前提とし、それに即応した勧進の方式であり、ある意味では、勧進上人自身の「定着」ともいいうるであろう。しかも供御人と同様、勧進上人の特権も宣旨によって認められたのであり、関所設定も、棟別銭徴収もまた、宣旨・官符などによって認められたのである[53]。とすればこれは、鋳物師の特権と正面から衝突することになるので、それだけに摩擦は著しかったものと思われる。さらにまた、鎌倉後期以降、次第に任国に対する統治権的支配を強めつつあった幕府及び諸国の守護による関渡津泊の管理強化にも[54]、眼を向けておかなくてはならぬ。さきの西国の諸関の「新儀狼藉」は恐らくこのことと関係があると思われるが、いずれにせよ鋳物師の自由な遍歴は、これらの関渡津泊における障害によって、強くブレーキをかけられる結果となった[55]。

そしてこの事態に対処していくためにも、鋳物師たちは、否応なしに、諸国では守護ないし一円領を支配するようになった地頭と結びつき、中央では興福寺・延暦寺をはじめとする権門寺社とのつながりを強めていかざるをえなかった(56)。こうして、宝治・弘長のころ、中原光氏が警戒した動きは、もはやおさえ難く表面化し、供御人の組織はこの面からも、地域化の傾向を一段と強めていったのである。

建武の動乱をこえた暦応五年(一三四二)二月、燈炉作手鋳物師たちは、あらためて解状を提出し、当代になって、内侍所燈炉・殿上燈炉を貢献した功をあげて、これまでの特権の再確認を求めるとともに、とくに淀河の関々、大津・坂本の関所の煩を停止されたいと訴え、四月、これを認めた長文の蔵人所牒が発せられた(57)。この牒はこれまでの同種の牒のなかでも最も詳しく、また完成した形で鋳物師の特権を表現するとともに、専ら「鉄器物幷熟鉄・打鉄」の売買に携わる鉄商人としての鋳物師の一面を浮きぼりにしている点で(58)、とくに注目される。建暦のころ、鍋・釜・鋤・鍬とともに、布絹類・穀類などの「色々私物」を売買しなくては生計を保ちえなかった鋳物師たちは(59)、一世紀をへたこの時期になれば、より純化した鉄器物及び鉄商人となっているので、社会的分業の深化はここに明らかといえよう(60)。

そして、この解で鋳物師たちが、守護・地頭・預所・沙汰人・諸社神人等の関渡津泊における諸種の交通税賦課[61]や、淀河・大津・坂本などの関所の煩を問題にしているのは、もとよりさきのような事態に対応する措置であった。ただ、ここで名ざしでとりあげられたのが畿内とその周辺の関所のみであり、宝治・弘長のころのような全国的性格をもっていない点にも、注意を向けておかなくてはならない。この点からみて、暦応の牒は専ら畿内の鋳物師――この時期以後も、広く全国的な活動をつづけている河内・和泉・大和などの鋳物師の利害を強く反映しているように思われるので、燈炉供御人の組織の全国的性格が稀薄になってきたことを示しているともみられるのである。

この牒はいまのところ、現存する蔵人所牒の最後の例であるが[62]、恐らくこれは偶然ではなかろう。諸国の鋳物師にとって、全国的な遍歴は次第に過去のこととなりつつあり、専ら鉄商人となっていった人々は別として、諸国往反自由の特権に対する要求も、おのずとその切実さを失いつつあった。そして同時に、これに対応すべき天皇の支配権自体、これ以後、弱化の一途を辿っていったことは周知の通りである。中世社会の変動期、日本の社会構造をも大きくかえた南北朝の動乱をさかいとして、燈炉供御人の組織もまた、重大な変質をとげていくが[63]、暦応の牒は、まさしくその歴史を前後にわかつ意味をもつ文書ということができよう。

三　供御人組織の変質

左方作手と右方作手との争いは、供御人組織の動揺のなかで、文永以後もつづき、鎌倉末期にいたって、左方の優位に対する右方の反撃が効を奏し、一応の決着がついたものと思われる。前述した元応元年(一三一九)の年預紀某年貢催促状[64]に「諸国散在燈炉供御人鋳物師□□鉄商人等、停止左方幷大仏方之綺、一円被付于右方畢、其上大仏方又被付右方、旁以不可有子細」とあるのがその根拠であり、これによれば、諸国散在鋳物師だけでなく、大仏方といわれるようになった東大寺鋳物師も右方の支配下に入ったこととなる。左方の後退は明らかであるが、恐らくこれは、平安末・鎌倉初期の、右方は土鋳物師、左方は廻船鋳物師という分野[65]が、新たな条件の上に立って再確認されたものと思われ、この区分はもはやこれ以後、大きく動くことはなかったのではあるまいか。南北朝期以降、左方と右方の争いについては、全くそのあとを辿ることができない。しかし、大仏方・左方・右方という供御人の区分は、形だけにせよ、戦国期まで保たれつづけている[66]。

以下、この節では、こうした形を維持しつつも変質した燈炉供御人のあり方に焦点をあわせ、南北朝・室町期の鋳物師について、地域別に考えてみたい。しかしすでに坪井良平の長年にわたる研究[67]によって、鐘銘などの金石文を中心に、諸国鋳物師の実態は詳細に究明されているので、ここでは主として文献史料によりつつ、それを多少とも補足してみたいと思う。

(1)　**九州**　さきに大宰府住人といわれた鋳師丹治恒頼についてふれたが[68]、永仁二年（一二九四）、大宰府天満宮小社の供給した人々の中に、若宮社が供給を負担する「鋳物司」を見出すことができる[69]。後年、かなりの組織を持っていた大宰府鋳物師の先駆を、この「司」という字から推測することもできるかもしれない。

それはともかく康永元年（一三四二）七月十一日、筑前国大宰府住人河原右衛門二郎がその持船で鍋・釜を売ったことを「違背先例」とした蔵人所供御人大宰府鋳物師妙道の訴えに対し、少弐頼尚は、「論物」については「事書の旨に任せ」て、寺社修理に寄付し、右衛門二郎は国中を追放する、という裁許を下している[70]。事件の詳細は明らかでないが、大宰府鋳物師が鍋・釜売買について独占的な特権をもち、右衛門二郎はそれをおかしたが故に、処罰されたのであろう。その売買が船で行われている点からみて、廻船鋳物師の性格をそこにうかがうことも可能である。しかしここで注目すべきことは、この訴訟が大宰府府官の統轄者、筑前国守護少弐頼尚によって裁許され[71]、しかもそれが、こうした「論物」は寺社修理にあてるという「事書」に従って行われた点である。この「事書」の性格は必ずしも明らかでないが、[72]ともあれ、大宰府鋳物師の特権が、この時期、実質的には大宰府・守護の独自な力によって保証されていたことは、推測して間違いなかろう。

ただ妙道は、一方では依然として蔵人所供御人と称しており、年預＝蔵人所小舎人の大宰府鋳物師に対する支配も、そこに及んでいなかったわけではない。そのことは、貞和五年(一三四九)六月十七日、大宰府鋳物師に対し、御蔵民部大丞紀遠弘が下知を発しているとみられる点、[73]また文和三年(一三五四)二月十日、恐らくは年預紀氏の袖花押をもつと思われる文書によって、安芸・周防・長門とともに、豊前・豊後・筑前の金屋の年貢が催促されている事実[74]によっても、裏づけることができる。

しかしその支配がときとともに弱化していったであろうことは疑いない。南北朝内乱も末期に近づいたころには、九州二嶋鋳物師(鎮西鋳物師)を統轄し、年貢課役を催促する宰府惣官職(宰府鋳物師惣官職、兄部職)は、大宰府の支配者の下文によって補任されているのである。いま「阿蘇品文書」には、覚智をこの職に補任した正平二十年(一三六五)十二月十一日と応安六年(一三七三)十二月七日の下文案が伝来している。[75]このうち前者は某袖判宇都宮通房奉書の形をもつが、南朝年号である点からみて、ここに袖判をすえたのは、懐良親王の支配下にある大宰府の責任者と考えて、とくに不自然ではない。また、後者は九州探題今川了俊の大宰府奪回ののちに、あらためて発せられたものと思われる。

さきに文永のころ「惣官代職」だったこの職が、ここでは「惣官」といわれている点からみても、燈炉供御人年預の補任権が行使されたかどうかは疑問としなくてはならぬ。とはいえ、ここでもなお前者の下文は「右方作手」に充てて発せられている。これは前述した鎌倉末期の右方のまき返しによって、鎮西鋳物師も左方から右方の支配下に移った結果と考えられるが、いずれにせよ大宰府鋳物師が南北朝末期にも、まだ燈炉供御人であったことは確実である。

それは、芦屋の鋳物師太田氏の家に、少なくとも近世末まで、至徳元年(一三八四)九月二十六日付で、蔵人所出納安信・御蔵出雲守常弘の発したとみられる「下知状」が伝来していた事実[76]からみても、明らかであろう。蔵人所供御人の称号はこのころもまだ一定の意味をもっていたのであり、弱化したとはいえ、蔵人所の支配は九州にも及んでいたのである。

宰府惣官職がこれ以後、豊後・筑後・肥後の住人につぎつぎに伝えられていったことについては、阿蘇品保夫の研究[77]によって明らかであるが、この間、応永二十一年(一四一四)、鋳物師大工丹治念性が肥後国玉名郡大野別府中村の繁根木《はねぎ》薬師如来と八幡大菩薩に「鉄物」を寄進している事実に注目しておく必要があろう(78)。これは「当津往過廻船之鉄物」を召し置き、寺社修理料にあてたものであり、このころも鉄物商人の廻船が活発に動いていたこと、そこから「鉄公事」とでもいうべき課役(津料)が徴収されていた点を知ることができる。

しかもそうした「廻船之鉄物」を「召し置き」、寄進しているのが鋳物師自身であることに注意を向けなくてはならない。あるいはこの時期、かつて関渡津泊の津料免除の特権をもっていた鋳物師が、立場をかえて鉄商人を掌握し、その船の課役徴収権を握っていたとも考えられよう(79)。さきの勧進上人の例や、供御人の本拠と関所とが重なる場合が多いことなどを考慮すれば(80)、これは十分ありうる事態といえるであろう。またこの鋳物師と蔵人所との関係は不明であるが、他の諸国の例からみて、全く無縁であったとはいえないと思う。

大宰府鋳物師は天文十八年(一五四九)、真継久直が下向したころまでに、九州惣官大工東氏と、政所西大工とに分れ、その下に「番子衆」を従えるという発展した形を示しており(81)、九州の鋳物師はこの組織の下に統轄されていたものと思われる。

(2) **長門**　鎌倉末期、津波木(椿)に金屋があり、この国の鋳物師が右方供御人だったことについては前述したが、南北朝期に入ると、史料に現われる金屋の数は著しく増加し、貞和五年(一三四九)には、国府・須佐二箇所・津波木(椿)・瀬戸崎・厚狭《あさ》新金屋の六箇所がみえ、(82)文和三年(一三五四)には、肥中《ひじゅう》にも金屋が現われる。(83)これらの金屋の中心は国府金屋であり、貞和五年、さきの六箇所の金屋の年貢徴収のために、使者右衛門入道円阿を下向させた年預紀某の催促状は、国府金屋大工正善にあてられている。(84)この点からみても、国府金屋は津波木のそれと同じく、鎌倉末期には存在していたとみてよかろう。

しかも観応三年(一三五二)、正善の子息は父のあとをつぎ、長門国中の金屋の年貢を沙汰する惣官職たるべきことを、年預紀氏によって公式に認められている。(85)とすれば、大工といわれた正善自身、すでに惣官だったことは明らかであり、その起点も恐らく鎌倉末期までは遡りうるのではないかと思われる。元亨四年(一三二四)、院御方催十八人、外記方十六人、兵部省催十二人、殿下方蔵人所小舎人廿人の饗料・腰差・酒肴等の請取を得た藤原行綱(あるいは行縄)は、あるいはこの正善その人だったのではあるまいか。(86)

さきの鎮西往廻惣官代職についで、われわれは一国単位の惣官職の出現をここに確認しえたことになる。中央から下向する年預の使と協力して、金屋の年貢を徴収する義務を負ったこの惣官職(87)の補任は、さきの観応三年の文書からみて、なお一応、年預によって行われたものと思われる。

しかし反面、惣官に国府金屋大工が補任されている事実は、このころの国府を実質上掌握していた守護と惣官との関係を推測するうえで、十分な手がかりとなりうる(88)。さきの鎮西往廻惣官代職が、一方で大宰府の保証を得ているのと同様の関係をそこに考えることは、決して無理な推測とはいえぬであろう。守護と諸国鋳物師との関係は、このようにして次第に密接になっていったのであるが、その背景には鋳物師自身のあり方の変化があった。

恐らく文和年間の文書と思われる年預の年貢催促状に、国中の鋳物師が「去々年の諸国闘乱より〔校注一六〕」年貢を沙汰しないので、催促したところ、鋳物師はこれにこたえず、動乱のなかで他国の鋳物師が「売庭」に乱入するのを停止してほしいと申請してきた、とのべられているが(89)、鎌倉前期までの鋳物師のあり方との相違は、ここに鮮やかといえよう。鋳物師たちの切実な要求は、もはや諸国の自由な往反ではなく、むしろ他国の鋳物師の排除、一国内の商圏の確保だったのであり、彼等が蔵人所に求めたものも、その保証にほかならなかったのである。これは鋳物師の金屋への定着の進行に相応ずる動きであり、一国的な鋳物師の組織、それを統轄する惣官が現われてくるのも、基づくところはそこにあった。

そして、こうした鋳物師の要求を最もよく保証してくれたのが、守護であったことはいうまでもない。とすれば、文和三年(一三五四)には世(瀬)戸崎・肥中の金屋をもその直接支配の下におき、[90]事実上、惣官の地位を世襲していた国府金屋大工と守護とのつながりが、これ以後、いよいよ緊密になっていったことは間違いなかろう。

その反面、使者をたびたび派遣して、催促を強めたにも拘らず、年預への年貢の進納は怠られがちになっていった。文和三年、すでにここ四、五年の年貢は無沙汰といわれ、「年々無沙汰分」と「当年分」の年貢を催促する年預の催促状は、この年、何度も発せられているが、[91]こうした傾向は、年を追って顕著になっていったであろう。

長門国に即してこれ以後の状況を辿ることはできないが、この国の鋳物師のあり方は、全国的な燈炉供御人組織が、地域別・国別の組織に転換していく過渡期の様相を、よく示している。

(3)　**安芸・周防**　文和三年(一三五四)、長門及び豊前・豊後・筑前の鋳物師とともに、この両国の鋳物師も、年預紀氏の年貢催促をうけている。[92]この点からみて、安芸・周防に燈炉供御人がいたことは間違いない。

それから百年ののち、享徳三年(一四五四)、安芸国廿日市の鋳物師三郎次郎は、「賀茂之鐘」を鋳造したことについて、周防国楊井《やない》金屋の面々から抗議をうけ、今後、金屋の面々にことわりなしに周防国で鐘を鋳ることはしないという詫状をいれている[93]。さきの長門の南北朝期の状況の、その後の発展した形を、この事実を通して知ることができるので、各国の鋳物師がそれぞれの商圏・鋳造圏を確保し、その内部では他国の鋳物師の活動をゆるさぬ慣習が、ここではすでに確固たるものとなっている。

　この廿日市、あるいは楊井の鋳物師が燈炉供御人だったという確証はない。しかし享徳の文書を伝えた安芸国佐伯郡玖島村の小田氏には、久島郷に関する鎌倉末・南北朝期の文書とともに、嘉暦元年(一三二六)の年号をもつ、兵部省十二人、□□(外記カ)方十六人、院御方催十八人、殿下御方蔵人所小舎人廿人の饗料・腰差・酒肴等の請取状四通が伝来している。これは、国府金屋大工の流れをくみ、長門国鋳物師の文書を伝えた安尾家に伝来したさきの請取と全く同じ様式の文書であり、禁裏御領として著名な丹波国山国荘の史料にも、同様の文書を若干発見しうる[94]。この点からみて、小田氏は恐らく燈炉供御人の系譜をひく一族で、そこから廿日市、楊井の鋳物師もまた供御人と考えてよいのではないか、と私は推測している。そしてこの推測が認められるならば、さきの長門の藤原行綱に当る請取状の充て先「右馬允佐□(伯)〔　　〕」こそ、燈炉供御人ということになり、久島郷に若干の田地をもつ鋳物師の姿がここに浮び出てくることになるが[95]、こうした推定が成り立ちうるかどうか、今後、さらに考えてみたいと思う。

なお、天文ごろ、安芸の廿日市には鉄屋があり、鉄大工も見出されるが[96]、一方、浦氏の領分の忠海《ただのうみ》にも鋳物師がおり[97]、鋳物師の分布はさらにひろがっている。

(4) **備後**　備後国御調《みつき》郡宇津戸《うづと》に本拠をもつ鋳物師丹下氏が、鎌倉前期の東大寺鋳物師惣官草部氏の流れをくみ、その文書を伝えていること、また三原の鋳物師とともに室町・戦国期、活発に活動していることについては、すでに片山清によって、詳細に追究されているので[98]、それにゆずりたいが、ただこれまでのべてきたこととの関連で注目しておきたいのは、永享四年(一四三二)二月、海裏鋳師五郎兵衛、ついで三月に三郎左衛門が備後国守護山名時熙の判物によって、国中の惣大工職に補任された点である[99]。「築鐘鋳丼散在之在所等」について「相計うべし」とされたこの惣大工職は、さきの惣官職に当るとみてよかろうが、いまのところ、これが守護自身の判物による一国惣大工職補任の初めての実例である。これについで、享徳三年(一四五四)、三郎左衛門尉を惣大工に補任した山名持豊の判物を、守護代下見泰綱が施行しており[100]、康正二年(一四五六)にも、持豊の判物が発給された[101]。恐らく、蔵人所はこの補任にはもはや関与しなかったと思われる。

前述してきた供御人組織の変質は、ここに一つの到達点に達したといえよう。この時点でも、蔵人所の影響が全くなくなったとはいえないが、領国形成を急ぐ大名の権力によってその活動を保証された鋳物師の一国的な組織は、ここに明瞭にその姿を現わした。丹下氏はその後も、大工職を世襲していくが、その根拠とした宇津戸が、郡を異にしているとはいえ、国府からさほど遠からぬ地であったことにも注意を向けておく必要があろう。

(5) 備中・備前

すでに第一章で、鎌倉初期、備前に東大寺鋳物師草部氏が一つの根拠をもっていた事実にふれ、また鎌倉末期、西大寺市に鋳物座があったことは前述した。

こうした鋳物師といかなるつながりがあったのかは明らかでないが、藤井駿がすでに詳述しているように(102)、南北朝期、備中国阿曾の鋳物師は、備中国一宮吉備津宮及び備前国一宮吉備津彦宮と深い関係をもって活動していた。康永元年(一三四二)六月二十八日の「一宮社法(103)」によると、阿曾金屋の鋳物師は「初尾とて万ノうり物、又いもしの道具のはつほ、馬の数役、こまのあしと申、同荷役男役と申候て数役、毎年春秋二度参り候」といわれ、牛鍬・五徳・釜などを貢献し、備前国において諸公事を免除されていた。

この鋳物師と蔵人所との関係は不明であるが、長門・備後などでみられた鋳物師と守護との結びつきが、ここでは一宮との関係として現われている点に注目しておきたい。守護と一宮との不可分な関係を考えれば、それが同じ本質をもつ動きだったことは明らかであろう。そして、この鋳物師の本拠である阿曾が国府の近傍に位置していることも、また見落されてはなるまい。また備中国新見荘の吉野村は鉄を年貢としており、(104) 鎌倉後期、荘内に鋳物師がいたことは確実であるが(注33参照)、その実態は明らかでない。しかし江戸時代、この鋳物師の流れをくむ人の手に、仁安・建暦・貞応・暦応の牒が伝来していたことからみて、(105) この鋳物師も燈炉供御人であったと推測される。

(6) **但馬**　応永七年(一四〇〇)、この国の三江路《みえみち》金屋鋳物師は、近江三郎左衛門尉によって、浅間荘で荷物を押えられたとして訴訟に及んだ。これに対し、五月廿八日、守護代大田垣入道通泰は垣屋某にあてて、この三郎左衛門尉の行為を「然るべからず」とし、押えた荷物を返却すること、この鋳物師たちが蔵人所燈炉供御人として勅役を勤仕していることは、「勅裁幷武家之御下知分明」であり、今後、その売買を妨害してはならぬ、と通達している。(106)

これは守護によって鋳物師の国内での売買・往反――商圏が保証されたことを示すよい例であろう。ただ応永の初年には、なおこの特権は勅裁・武家下知に保証された燈炉供御人であることに由来するとされ、守護の保証は、いわばそれを施行する形でなされている点に注意しておかなくてはならない。恐らく、備後の永享以降の形が現われるまでは、このようなあり方が一般的だったものと思われる。

また、ここで「三江路」といわれているのは、あるいは国府を通って南下する道を往反する鋳物師をさしたものと思われるが、その金屋のあった三江荘は、国府にごく近い地であった。

(7) **畿内**　諸国鋳物師の「故郷」ともいうべき河内を含む畿内、その周辺の播磨などの鋳物師については、戦国期を中心に、すでに豊田武[107]・脇田晴子[108]などの詳細な研究があるので、当面、ここでは立ち入らない。ただそこで明らかにされている事実を、これまでのべてきたような視角から整理してみると、およそ、つぎのようなことを指摘しうるように思われる。

その一つは、鋳物師が次第に京都や、堺・兵庫などの津・泊に集中する傾向のみられる点である。すでに豊田が指摘しているように、京の三条釜座は鎌倉後期に現われる。また前述した通り、堺及びその近辺への鋳物師の集中は、鎌倉中期に確認できるが、南北朝期には、山川姓の東大寺鋳物師が堺北荘に居住していた[109]。さらに兵庫嶋の鋳物師辻子掃部允が「問丸」であったことは周知のところであり、その名字とした「辻子」からみて、多少とも都市的な性格をそこにうかがうことも可能であろう[110]。これは、さきにのべてきた国府・守護所・一宮の近辺への鋳物師の集住と共通した動向ということもできるので、中世後期における都市の発展は、こうした場への広義の職人の定着を背景にして進んだものと考えられる。

それとともに、鋳物師の特定寺社との結びつきが一層目立ってくるのも、このころの注目すべき動向といえよう。高野山の政所に属する鋳物師、住吉社修理鋳物師をかねた燈炉供御人についても前述したが、大和国の公権を掌握した興福寺につながる鋳物師が、おそくとも鎌倉前期には存在し、以後、戦国期にいたるまで寺と深い関わりをもっていたことは、豊田と脇田によって詳しく追究されている。(111) また鎌倉末期、正和四年（一三一五）、日吉神輿の造替に携わった、観法・友貞・心蓮・重光・禅忍・正印・良心・末貞などの鋳物師がいたことも知られており、(112) 山門系の鋳物師集団も、当然存在したであろう。

問題はこのような鋳物師と燈炉供御人との関係である。これまでの主流的見解は、このような人々が人身的な隷属を強いられて、特定の権門寺社に専属したと考えてきた。しかし、第一章でも若干ふれたように、この見方はかなりの修正を要するのではないか、と私は考える。よく知られている事実であるが、応永二十二年（一四一五）、興福寺東金堂の本尊鋳造に当って、大和の下田鋳物師だけでなく、河内丹南の鋳物師も加えられたこと、(113) 文安四年（一四四七）、高野山で大湯屋釜の鋳造が行われたとき、鋳物師大工には寺領山崎の右衛門尉長継が起用されているが、脇大工には大和国三輪の衛門次郎が起用されており、(114) 脇田のいうように、大きな工事にはあちこちの権門に属する工人が集って作業するのが通例であった。(115) さらに修理職と寺社の大工との関係に注目した赤松俊秀の指摘(116)や、前にのべた神人にして供御人をかねた人々のかなり一般的な存在(117)を考慮すれば、一見、権門に専属するかの如くにみえる鋳物師が、蔵人所供御人としての立場を一方にもっていたことは、十分にありうることであろう。専ら国衙——守護の支配下にあったようにみえる鋳物師が、長く燈炉供御人でありつづけている事実もこの見方を支えるものと思われる。

もとよりこれは、蔵人所の課役を正式に免除され、特定寺社の神人鋳物師たることをみとめられた人の存在を排除するものではない。はっきりとは確認できないが、さきの中原光氏の発言からみても、また他の職人の場合から推しても、(118) そうした鋳物師の存在は十分に考えうる。それは平安末・鎌倉初期にもありえたであろうし、南北朝期以降は、いよいよその可能性が大きくなってきたといえよう。

とはいえ、そのことをもって、寺社への職人のきびしい人身的従属が一層進行したとみるのは、もとより事実に反する。寺社が鋳物師のような職人を自らの下に神人等の形で組織しえたのは、その統治権(公権)への関与によるとみるべきであり、(119) 天皇と供御人の場合と質的に異なるものではない。そして、天皇・幕府の統治権が弱化した室町期、寺社は神仏の権威を背景として、独自な仕方で自らの立場をいよいよ公的なものに高めようとしており、職人の特権の保護も、その立場からなされているのである。興福寺がそのような寺社の権威と大和一国の公権を背景に、多くの職人の座をかかえていたことについては、すでに脇田の研究で詳細に論究されているが[120]、諸国守護の任国に対する統治権強化と、それは本質的に同じ動きといえよう。そして前述してきたように、こうした寺社・守護に特権を保証されて、職人の組織はむしろ次第にその自立性、自治的性格を強めていったといわなくてはならない。

こうして全国的な燈炉供御人の組織は、さまざまな方向から解体、崩壊の危機にさらされはじめた。しかし応仁の乱の直前、このような危機に直面して、新しい状況に即した方法で、全国的な鋳物師のつながりを再組織しようとする動きが、鋳物師の「故郷」河内・和泉からおこってくる。宝徳元年(一四四九)から同三年にかけて、自ら「本座」と称する和泉・河内の鍬鉄鋳物師たちは、新たにその業を営むものが関東にでてきたことを不法とし、「相伝の証文に任せて」本座の商売を保証するとともに、「新業の族」を制禁すべし、と幕府に訴えてでた。これをうけた幕府は、「本座」の主張をみとめ、宝徳元年、関東管領の奉書が発せられ[121]、同二年、同三年とつづけて、関東管領にあてた将軍家御教書が発給されたのである[122]。これは恐らく、蔵人所とも密接な連繋をとって行われた訴訟であったろう。全国的な鋳物師の組織を再建し、統制を回復しようとするこの訴訟がいかなる結着をみたのか、事実は必ずしも鮮明とはいい難い。もとより衰頽しつつある幕府が、この要求に十分こたえ得たとは到底考えられない。恐らくこの和泉・河内の鋳物師本座と蔵人所側の企図は、それ自体としては実現しなかったにちがいない。

しかし、この訴訟ははるかにのちに、一つの結果をうみ出した。戦国期の鋳物師たちは宝徳三年、河内の一〇九人の鋳物師による三箇条の「座法」[123]が、供御人年預御蔵小舎人の承認のもとに制定された、と語り伝えていたのである。実際、その根拠となったなんらかの真実の座法が、さきの訴訟の結果、制定されたことも十分考えられるが、それはともあれ、この語り伝えられた「座法」こそ、まさしく近世鋳物師組織の起点とされたものだったのである。その事情については第三章で考えてみたいが、この意味で、宝徳の訴訟は、近世に向って進む時代の胎動を、はっきり示したものといえるであろう。

(8) **若狭**　嘉吉二年(一四四二)十月、太良荘にいた正覚院宝栄に対して、太良荘大工六郎権守行信が、東寺御影堂の鐘を鋳造して寄進したいと申し出てきた。行信は「地金」として古い鐘を下されれば、それに「くわへかね」を若干入れて鋳造しよう、費用は一銭もくれなくてもよい、というので、喜んだ宝栄はその旨を同荘の給主、東寺供僧宝厳院聖清に申しおくるとともに、口径何尺の鐘をつくるべきか、指示を仰いでいる[124]。

これに対し、東寺側からは、これまでの鐘が小さくて、その音が外院まで聞えないので、口径二尺六寸の鐘を鋳てほしいと希望したようであるが、交渉に当った宝栄は、大工行信の言として、十一月、つぎのような点を東寺に書き送った。(125)

(イ) 地金をたまわって鐘を鋳ても、口径一尺八寸ならば五十貫文の奉加になる。もし口径二尺とすれば、六十七、八貫文となり、二尺より一寸ますごとに二十貫文ずつ必要なので、二尺六寸ならばそれだけでも百貫余になってしまう。

(ロ) 二尺の鐘までは、細工所一箇所でも鋳造可能であるが、二尺をこえると、細工所は二箇所、大工も二人いなくては不可能である。しかし若狭には細工所は一箇所、大工は一人しかいないので、他国の大工を雇わなくてはならなくなる。

(ハ) 二尺でよいならば鋳替て進上したいが、「年内ハはや北国ハ雪もふり候間、土も冷候間、おもハしくもあるましく候」。それ故、年があけてから鋳造したい。

東寺側も結局これを諒承したが、(126) 鋳造の仕事は大分のびのびとなり、嘉吉三年(一四四三)五月二十六日、行信は鋳造を二十一日から開始したと報告しており、(127) 六月六日、約半月かかった工事は無事に終了した。(128) こうして出来上った鐘は、人夫として動員された太良荘の百姓たちによって今津まで運ばれ、琵琶湖を通って東寺に送られた。(129)

このときの費用の負担をはじめ、東寺に対するさまざまな不満を太良荘の百姓たちが強く表明し、そこに嘉吉の徳政一揆の影響がはっきりうかがわれる点については、別の機会にふれたが、[130] それはともかく、われわれはこの事例を通して、梵鐘鋳造工事の経過、当時の鋳造技術の水準、若狭の鋳物師の状況などを具体的に知ることができる。

とくにそこで注目すべきは、嘉吉のころ、若狭の鋳物師大工は一人、細工所（金屋）も一箇所しかなく、国府に近い太良荘がその根拠地だった点である。[131] この鋳物師が燈炉供御人だったという確証はないが、後述する加賀・越中などの例からみて、まずそう考えてよいであろう。応永二十年（一四一三）、「小浜着岸之鉄船之公事」を「内裏」に直納すべしとの管領奉書が下っていることも注目すべきで、さきの肥後の例を考慮すれば、あるいはこの廻船鉄商人からの公事徴収と鋳物師とは関係があったかもしれない。[132]

大分降って天文九年（一五四〇）、若狭国守護武田信豊はその袖判をすえた判物で、[133] 他国の鋳物師が入り来って商売することを法度とするこの国の鋳物師の特権を保証するとともに、こうした不法な族に対する「金屋中」の成敗を認めているが、この金屋は現在の遠敷《おにゅう》郡の金屋とみて間違いなかろう。嘉吉のころ、わずか大工一人だったこの国の鋳物師は、百年を経て著しく数をまし、金屋村に集住し、「金屋中」という自治的組織をもつにいたっている。その商圏が戦国大名によって保証されている点をふくめ、これは室町期から戦国期にかけての鋳物師の発展の仕方を、よく物語っているといえよう。

(9) 加賀・越中　永和二年（一三七六）五月十四日、越中国守護斯波義将は、弟の伊予

守義種にあてた書状で、内裏蔵人所燈炉供御人越中国野市金屋鋳物師たちに対する二宮信濃入道の公事賦課について、供御人の「公験以下歴然之上者、向後可被止彼煩候」と指令した。[134] これをうけて、義種の意を奉じた左衛門尉宗直は、都(礪)波郡鋳物師についてては二宮入道に、射水《いみず》郡鋳物師に関しては由宇又次郎に守護義将の命を施行している。[135]ここで鋳物師がよりどころとした「公験」は、「諸国守護地頭預所等の煩を停止せられ、勅役を勤仕」してきたという「勅裁幷武家御下知施行等」であり、そのなかに、仁安以来の蔵人所牒が含まれていたことは間違いない。しかしここで鋳物師たちが強調したのは、これらの牒発給の主眼点であった諸国の自由な往反の特権ではなく、むしろ課役(公事)免除の側面だったのである。このころ越中にはかなりの数の金屋が存在していたと思われるが、諸国往反の遍歴から、こうした金屋を本拠とするようになった鋳物師の生活の転換は、そこにはっきりと現われているといえよう。

そのことは、至徳二年(一三八五)、やはり供御人である加賀国山代荘内金屋鋳物師に対する菅生社造営棟別役の催促停止を指令した、守護富樫昌家の「内談衆」充の書下に[136]よって、さらに明瞭に知りうる。金屋に対して棟別役が賦課されたこと自体、そこに一応安定した在家が存在していたことを証明しているので、前述した勧進方式の転換にともなう棟別銭賦課の盛行は、定着した鋳物師に対して、このような形で影響を及ぼしてきたのである。

しかしこうした公事・棟別役免除が、燈炉供御人としての特権に基づいて強調され、越中の場合は「勅裁幷武家御下知施行等」により、加賀の場合は「勅裁如此」と勅裁を施行する形で、守護が指令を発している点も、見落してはなるまい。但馬国についてのべたように、室町期も恐らくこの点は変らなかったものと思われる。

それからしばらくして、応永二十年(一四一三)、東寺法輪院修造のための棟別銭が越中国に賦課されたが、「国中土民」とともに鋳物師たちも催促をうけ、「質物をとられ」るにいたった。鋳物師たちは課役をとどめて、この不法を蔵人所に訴え、五月、燈炉供御人年預紀定弘は、建暦・貞応の牒及び越中・加賀の課役免除に関するさきの文書を副え進め、綸旨を寺家に下して、鋳物師の棟別を免除してほしいと朝廷に言上している(137)。この場合、武家との関係は判明しないが、やはり内侍所・清涼殿以下の燈炉を備進する鋳物師の特権が強調され、綸旨による保証が要求されている点、事情は基本的に変っていないといえるであろう。

ただ、ここで年預が依然として紀氏に世襲され、なおその機能を保っていることを、あわせ確認しておく必要があろう。供御人の全国的な統轄者としての役割は、諸国の惣官職、惣大工職に分解した中央の惣官よりも、このころは年預の方に比重が移っていたのではなかろうか(138)。

それとともに、とくに注目すべきは、棟別銭の免除を求めて東寺側と交渉した年預定弘が、当初、鋳物師は二十宇といっていた(139)のを訂正し、それは「棟梁」のみのことで、「寄人」の住宅を合せれば二百五十宇に及ぶといっている点である(140)。もとよりそこに、課役免除の範囲を拡大しようとする意図が入っていることは間違いなく、多少は割引く必要があるとしても、越中国の鋳物師がともあれ二百五十宇といわれるほどの大集団であったことは特筆すべき事実といってよかろう。江戸時代も、高岡の鋳物師を中心に、礪波郡・新川郡・婦負《ねい》郡などに大きな集団のあった越中の事例であり(141)、これをたやすく他に及ぼすことはできないとしても、室町期の鋳物師集団の規模が意外に大きかったことを、この事実から推測しておく必要があろう。

さらに目を向けておかなくてはならないのは、この国の鋳物師が棟梁――寄人という組織を持っていたことで、この場合も、こうした組織形態をどこまで一般化しうるか、今後さらに追究される必要があるとはいえ、やはり番頭を中心とした供御人組織にかわる新たな鋳物師自身の組織の一つのあり方を示すということはできよう(142)。

⑽　**相模・上総**　『神奈川県史』通史編Ⅰで香取忠彦は、相模の鋳物師としてさきにもあげた物部姓鋳物師に言及し、その活動が十四世紀半以後には見出されなくなるのに対

し、清原姓鋳物師がこれにかわって活発な活動を示すと指摘している。[143] そして、こうした相模の鋳物師と並んで、南関東に大きな足跡を残した上総の広階姓及び大中臣姓鋳物師についても、詳述しているが、建武五年(一三三八)六月の上総国市西郡新堀郷の給主得分注文[144]に現われる「鋳物師免二丁」は、このどちらかの鋳物師と関わりがあるとみて間違いなかろう。

鍛冶が広く諸国の荘園・公領に給免田を与えられているのに対し、鋳物師の場合、その例はきわめて少なく、この事例のほかに、前述した河内日置荘の鋳物師の雑免田、備前の草部是助への給米などを見出しうるのみであり、その点からも、これは注目されなくてはならない。

鍛冶と鋳物師との存在形態の違いの一つは、ここに求めることができるので、鋳物師にくらべ、鍛冶の遍歴の範囲は狭く、早くから国を単位とするようになっていたのではなかろうか。

(11) **上野・下野・常陸**　前述した宝徳の河内・和泉の鋳物師たちの動きのなかで、当初は一般的に関東の新業の族が問題とされていたが、宝徳三年(一四五一)になると、とくに上野・下野の鍛冶・鋳物師の「新業」が取り上げられてくる。[145] 坪井の研究によれば、のちの天命鋳物師の祖、卜部姓鋳物師は鎌倉後期から北関東で活動しており、同じころ、上野から信濃にかけては、心仏・浄円などの鋳物師が鋳鐘を行なっていた[146]。こうした人々の流れを汲みつつ、後年、関東鋳物業の一中心を形成していく動きが、この時期、この地域で現われてきたものと考えられる。

戦国期、天正六年(一五七八)ごろは武田氏と結びつき[147]、その後、後北条氏につながって、小山領の鋳物師司となった枝惣右衛門尉[148]は、恐らくその後裔であろう。

一方同じころ、天正十一年(一五八三)、常陸国真壁の鋳物師が、五郎左衛門尉という人から掟書を与えられた[149]。そこに、諸役免除とともに、鋳物を見物するため諸人が徘徊することを禁じ、鋳物師の屋敷は一人充、十五間四方たるべきことが定められている点、とくに注目すべきであろう。鋳物師の作業場は、すでにかなり大規模なものになっており、鋳造の作業自体が人々の好奇心をよびおこす見物の対象となっているのである。

以上、羅列的かつ煩雑な叙述に流れたが、いままでのべてきた南北朝・室町期の諸国鋳物師のあり方を総括すると、およそ、つぎのような諸点があげられよう。

(一)この時期を通じて、鋳物師の諸国への散在・定着は一層進行し、その根拠としての金屋(細工所)は、著しくその数をました。地域によって濃淡の差はあれ、金屋は国内の各地に存在したが、多くの場合、そのなかで最も重要な金屋は、国府・守護所・一宮などの近傍の金屋であった。その例として、前掲のほかにも遠江の一宮大工(150)、播磨の国分寺・国衙金屋(151)などを加えることができよう。ただ、この時期もまだ必ずしも固定したものではなく、若狭の例で確認できるように、戦国期にかけてさらに移動した場合も少なくない(152)。津・泊などへの鋳物師の集住も、国府周辺への定着と同じ本質をもつ動きであり、それが新たな都市の形成に寄与していることは間違いないが、鋳物師の場合、職人村落の形をとることがしばしばみられる点(153)も、見落されてはなるまい。そして鋳物師の手工業者としての定着とともに、鉄器物・鉄商人はその集団から次第に分化していったと思われる。

(二)　鎌倉末期以降、こうした一国ないし数国の金屋鋳物師を統轄する惣官職、惣大工職が補任されるようになる。当初それは惣官代職の性格をもったと思われ、年預・惣官の補任権も、室町期までは全く失われたわけではなかったろう。しかし、多くの場合、国府近傍の金屋大工が一国惣官職に補任されている点からみても、そこに最初から守護の関与があったことは間違いない。そして応仁の乱近く、十五世紀半ごろには、恐らく蔵人所の関与なしに行われた、守護大名の判物による惣官職補任の事例を見出すことができる。

(三)　平安末・鎌倉期、広い範囲にわたって遍歴生活をしていた鋳物師が、このように諸国へ散在・定着した結果、その特権の質も否応なしに変っていかざるをえなかった。鋳物師から分化した廻船鉄商人にとって、諸国の自由な往反、関渡津泊での交通税免除の要求は、依然として大きな意味を持っていたとはいえ、鋳物師自身にとってみれば、それは次第に後景に退き、かわって一国ないし一地域内での自由な通行の保証、その範囲内での商権・鋳造権の確保、金屋の在家に対する棟別役等の課役の免除が、切実なものとして表面に現われてくる。そこからおのずと守護の権力による保証が求められるようになったのであり、守護による一国惣官職補任が行われていくのも、そこに根拠がある。

しかし南北朝・室町期、そうした鋳物師の特権の源泉は、なお蔵人所牒・将軍家政所下文を保持する蔵人所燈炉供御人たることに求められていたのであり、守護の保証も、「勅裁」「武家下知」を施行する形でなされていたと思われる。一般的には南北朝末期、朝廷の権力は制度的にも室町幕府にとってかわられるといわれており、職人の場合でも、幕府をはじめ寺社によって代位される傾向がみられる。しかし鋳物師の場合は、同様の傾向が現われているとはいえ、なお十五世紀半まで、「勅裁」が実質的・制度的に意味を失っていない点に注目しておく必要があろう。中世とは全く異なる形にせよ、天皇――蔵人所と鋳物師との関係が近世を通じて保たれていく背景の一つは、この辺にも求めうるのではなかろうか。

(四)　この間、鋳物師たち自身の間にも、他国鋳物師の商圏を侵害せず、自国の商圏を保持するための自主的な慣習をはじめ、その特権――正確な記憶が次第にうすれつつある特権の由来を物語るさまざまな伝承が形をなしつつあった。[154]そして、のちに「金屋中」などといわれるようになる自治的な鋳物師の組織が、一国・一地域を単位に成立し、その内部での市の売場についても、縄張りがきまっていったものと思われる。[155]

こうして同姓鋳物師の血縁的結合を基盤に、人的な関係――「縁」で結ばれた鎌倉期までの「番」組織はくずれ、その結合は地縁的・地域的なものに変っていった。とくに畿内及びその周辺では、播磨の事例に即して、すでに明らかにされている通り、売場自体の売買を通じて、戦国期に入ると鋳物師たちのなかにもはげしい隆替がみられ、惣官職の世襲すら、必ずしも維持しがたくなってくる。こうした変動のなかで、最初にのべたこの組織のカースト的性格は、当然、稀薄になっていったと思われる。[156]しかし個々の鋳物師の家業の世襲性、「血」のつながりによる技術伝承の慣習は、擬制的な一面をもちつつも、なお根強く保たれたとみられる点を見落すわけにはいかない。のちに諸国の鋳物師はすべて河内の一〇九人の鋳物師の子孫という伝承（その根拠が前述した「宝徳の座法」である）が強調されて「座法」のなかに定着し、[157]近世を通じてそれが鋳物業独占の根拠となったことなど、このような一面を考慮しなければ到底理解できないのではあるまいか。

㈤　中世的な供御人組織崩壊の過程で、十五世紀半は一つの時期を画している。一国的な鋳物師組織と大名によるその特権の保証は、いよいよ明確にその姿を現わしてくるが、これに対して、鋳物師の「故郷」ともいうべき河内・和泉の、自ら「本座」と称する鋳物師たちと、燈炉供御人の年預職を鎌倉後期より世襲するようになった御蔵小舎人紀氏を中心に、鋳物師の全国的な統制を回復しようとする動きがはじまる。宝徳年間、それはなお既存の幕府の力をかりて進められているが、戦国期に入ると、鋳物師たち自身のなかに形成され、伝えられたさきのような慣習・伝承を生かしつつ、新たな状況に即応した形でおし進められていく。そして天文年間、御蔵小舎人真継久直は、精力的な活動を通してこの課題にとりくみ、近世鋳物師組織への道をひらいたのであるが、その経過については、また章を改めて考えてみることとしたい。

結

ここでのべてきたような鋳物師のあり方は、あるいは中世の職人のなかでは特異な例といわれるかもしれない。たしかにそれは一面の事実である。近世の真継家による諸国鋳物師の統制をそのものとしてみるならば、他の職人には類例のない形ということもできるので、このような組織を可能にした条件を考えることを通して、中世鋳物師の存在形態の鍛冶などと異なる特殊性を探る道がひらけてくるであろう。そこですぐ思いつく点として、鋳物師が当初から鍛冶の製品・原料もふくむ鉄器物及び原料鉄の商人であった事実、また廃棄された製品を原料として再利用する鋳物師の技術的な特異性、製品の耐久性からくる社会的需要の限界などがあげられるが、それは今後、他の職人との比較を通してさらに追究されなくてはならない。

しかし反面、鋳物師ときわめてよく似た組織をもつ職人として、近世の木地屋を直ちにあげることができるし、土御門家と陰陽師など、広義の職人をふくめれば、こうした例は決して少なくない。江戸末期、造酒正が酒屋に対する統制の復活を望んだとき、真継家と鋳物師の関係を準拠すべき類例としてあげている事実(158)も、鋳物師組織のもつ職人の組織としての普遍性の一端を物語るものであり、むしろこれはその一個の典型ということもできるのではあるまいか。そしてさきに一種カースト的といってきた鋳物師組織の性格は、近世、「血」による不当な差別をうけた被差別部落の場合を直ちに思いおこさせるのであり、そこにきわめて深刻な類似が存在していることは疑いない。こうした、これまであげてきた人々をはじめ、桂女・薬売・油売・獅子舞・マタギ等々、中世の「職人」の系譜をひく人々が、多くは天皇、それに源頼朝などと関連させつつ、その家業の由来を物語る由緒書や偽文書を共通して持ち伝えているのも、決して偶然のことといえないと私は考える。とすれば、鋳物師の存在形態の究明を通じて、中世の「職人」、その近世への転換の仕方を明らかにし、さらにはそこから天皇と被差別部落の問題に迫り、日本の社会の構造と体質を究明しようとすることは、あながち的はずれな道ではなかろう。

しかしそのためには、さらに戦国期の鋳物師の状況、そのなかで鋳物師たちの由緒書、その偽文書がどのようにしてつくり出されていったか、その過程で御蔵真継久直がいかなる役割を果し、近世の真継家による鋳物師統制をどのような道筋で定着させていったかを明らかにする必要がある。

(1) 中世前期、こうした商工民、狭義の芸能民など非農業的な生業に携わる人々で、公式に課役免除を保証された人々は、前述した通り「職人」といってよいと思われる。遍歴はこの「職人」の特質の一つと私は考えているが、もとより、職種によって遍歴の程度・範囲には差異があり、建築工の木工・鍛冶・銅細工・壁塗などの「遍歴」は、専らいわゆる「出職」

のための活動で、交易のための諸国往反は行わなかった。前章注(33)拙稿参照。

(2) 院・摂関家をはじめ、国家的な性格をもつ伊勢・賀茂・石清水等々の神社、延暦寺・興福寺等々の寺院をここでは考えている。建築工はこうした寺社の寄人・神人とはなっており、官司とも結びついているが、供御人の称号を得てはいない。この点建築工は、鋳物師など供御人となった商工民と一応区別しておく必要がある。

(3) 黒田俊雄「中世の身分制と卑賤観念」(第一章注74所掲)、及び前章参照。脇田晴子は一九七三年度の日本史研究会大会で「日本中世都市の構造」(『日本史研究』一三九・一四〇合併号、前掲〔第一部第一章注(55)〕『日本中世都市論』所収)と題して報告し、中世的分業と中世都市について包括的な見解を提示した。それはすでに一個の理論的な体系をなしており、部分的なとりあげ方はさけなくてはならないが、脇田はそこで「律令制下の品部・雑戸制の解体、中世の自立商工業者の共同体編成のなかに、カーストからギルドへの進化の道をさぐ」るといっている。古代において、専らカースト的手工業者を考えようとする脇田の観点と、前章及びここでのべる観点とは、多少ずれがあり、この点については、付論3でも若干ふれたが、さらに考えてみたい。

(4) 『史料』一―一四号、草部助時解写〔鎌10・七〇二六〕によると、是助、筑前権守助延、兵衛志延時と相伝された(第一章注61・97参照)。

(5) 前注文書に、「近年員外之光氏等□(非)先祖相伝、雖不帯一紙之証文、或募権威、或顧助時之尩弱、不憚代々宣旨・院宣・御牒等、不顧重代相伝之次第、動恣伺便宜、欲奪取所職」とあ

るが、この光氏は間違いなく中原光氏であろう。

(6) 前章参照。

(7) 『史料』一―一一号(鎌10・七〇二四)。

(8) 前者は建暦、後者は貞応の牒である。

(9) 『史料』参考資料四号。この守護・地頭の得替については、長門についていえば宝治合戦のさいの天野氏から二階堂氏への得替ではないかと考えられるが、なにより鋳物師の本拠、河内の守護の得替に注目しておく必要がある(文書誤読による旧稿の誤りをこのように訂正する)。

(10) 徳田釼一(豊田武増補)『中世における水運の発達』(章華社、一九三六年、巌南堂書店、一九六六年増補版)。嶋戸は、長門の国衙の管理する関である。また三尾については、『太平記』巻第四に「出雲ノ三尾ノ湊ニ十余日御逗留有テ」とある点を参照すれば、日本海側までが廻船鋳物師の舞台だったことは間違いない。

(11) 後述第三節参照。

(12) 『経俊卿記』正嘉元年五月八日条、この訴訟は蔵人雅重を通して行われている。

(13) 『史料』一―一二号(鎌12・八九一一)。

(14) 幕府――将軍家が独自に「道々細工」を従えていたことは第一章でふれた。また、過所発給、棟別銭賦課なども、おそくとも承久の乱後には、東国については幕府にその権限があったものと思われる。

(15) 十三湊から越後・佐渡・越中の放生津、加賀の大野湊、若狭の小浜、但馬の二方荘、出雲の揖屋・三崎、長門の嶋戸など、得宗及び北条氏一門の支配下におかれた港湾は多く、日本海水運が予想をはるかにこえる活発なものがあったことは、石川考古学研究会による普正寺遺跡の発掘一つとってみても明らかである。拙著『蒙古襲来』(日本の歴史10、小学館、一九七四年)〔⑤〕二九四〜三〇二頁参照。

(16) 長谷進『中居鋳物史』(第一章注7所掲)、中津川章二「川口の鋳物」(地方史研究協議会編『日本産業史大系』4関東地方篇、東京大学出版会、一九五九年)など参照。

(17) 前章参照。

(18) 注(13)の弘長の牒は、光氏の惣官たることをあらためて確認したものであり、光氏の勝訴はすでにこのときに確定したといってよかろうが、東大寺鋳物師惣官の兼帯を確認しうるのは文永三年のことなので、一応このようにしておく。

(19) 『史料』参考資料六号〔鎌13・九六一〇〕。

(20) 公式にその業を保証されることなく活動した商人を隠商人といった例が、図書寮叢刊『壬生家文書』一、八二号、永仁三年四月十六日、採銅所別当中原俊秀書状〔鎌24・一八八〇三〕の「紺青隠商人」、同上、八三号、年月日未詳、採銅所奉行大江益資書状〔鎌24・一八八〇四〕の「如基能之状者、称隠商人令封納住宅云々」などにみられるので、この「隠鋳物師」も年預の統制をはずれて営業していた鋳物師をさすものと見てよかろう。

(21) 本章第三節(7)畿内の項参照。

(22)『史料』参考資料五号〔鎌13・九六三一〕。
(23)注(19)文書。
(24)『史料』参考資料七号〔鎌13・九六三五〕。
(25)同右参考資料八号〔鎌18・一三三四五〕。この文書は案文であり、補任された人名がみえない。しかしこの時期、このような事実があったとしても、決して不自然ではない。
(26)付論1「「惣官」について」参照。
(27)前注参照。
(28)坪井良平『日本古鐘銘集成』(第一章注112所掲)一三五頁、一一一九号、山城の「大乗院鐘」は、延慶三年(一三一〇)、壱岐得実によって鋳造されているが、これは恐らく一族であろう。また「崛郷」は、のちに宝徳の座法で現われる東堀村・西堀村(現在の松原市堀町)ではなかろうか〔校注一七〕。
(29)この助時については、『史料』解説で「助」を通字とする山川姓鋳物師ではないかと考えた。その可能性は全くないとはいえないが、左近将監の官途をもつ鋳物師はいまのところ所見がないので、推定は保留したい。
(30)『史料』参考資料九号〔鎌22・一六六八〇〕・一〇号〔鎌22・一六六八一〕。
(31)新潟県教育委員会編『奥山庄史料集』図版参照。
(32)『高野山文書之三』続宝簡集六十六、六四一号、弘安十一年正月廿九日、松若田地売券〔鎌21・一六四九六〕の四至に「限北鋳師屋殿領」とみえ、『高野山文書之六』又続宝簡集七

十、一二八八号、嘉元三年二月六日、鋳師屋嫡女田地売券〔鎌29・二二〇九五〕では、この女性が官省符荘の田地壱段小を売却していることを知りうる。また同文書三、続宝簡集六十六、六六一号、元応三年二月八日、西念田地売券〔鎌36・二七七一一〕によっても、西念が「故鋳師屋殿」より買った田地一段があった事実を確認できる。第一章でのべた寛元四年（一二四六）の金剛峯寺大湯屋釜の鋳造を、河内の丹治姓鋳物師とともに行なった政所住人の守真が、この鋳師であろう。なお、この人が「鋳師屋殿」と敬称をつけてよばれている点も、あわせ注目しておく必要があろう。

(33)「東寺百合文書」ク函一五号（一―三）、正中二年二月廿二日、備中国新見荘地頭方山里畠内検取帳にみえる「イモノヤ、一所卌代、紀六郎（傍書―タクミ）」など。

(34)『史料』参考資料一二号。

(35)同右参考資料一三号。

(36)前章でもふれたように、年預は当初、惟宗氏であったが、弘長二年の牒（『史料』一―一二号）の袖に「年預主水佐記」《(佑)(ママ)》とあり、嘉禎二年の牒（同上一―一〇号）〔鎌補2・補一二一〇〕の使は「御倉小舎人紀景久」、宝治の牒（同上一―一一号）の使も「御蔵小舎人紀友秀」である。弘長の牒の使「主水佑紀友種」が一方で年預として現われる点からみて、恐らく嘉禎以後、この職は紀氏の世襲となっていたものと思われる。

(37)前章参照。

(38)弘長の牒には「番頭平為重」が現われるが、以後、番頭の所見はない。

(39) 平泉澄『中世に於ける社寺と社会との関係』(至文堂、一九二六年)二五七頁、藤井駿「額安寺領の備前国金岡荘」(『吉備地方史の研究』法蔵館、一九七一年所収)。

(40) 酒屋の場合、「一年一家別百文充」の公事に加えて、市日には「一家別酒二升充」を地頭方に出している。このような家別公事に対し、魚座が「一年三百文」のほかに「船艤別百文充」を出している点も注目すべきであろう。

(41) 大分のちの例であるが、豊田武が『中世日本商業史の研究』(第一章注22所掲)で詳述した、戦国期の播磨の鋳物師の状況を参照すれば、このような推定は十分成り立つ。

(42) 前掲、坪井『日本古鐘銘集成』一四〇号・一一七号・一六七号。

(43) 同右二〇六号、及び坪井『日本の梵鐘』(第一章注21所掲)二四八頁参照。

(44) 『史料』参考資料一一号(鎌22・一六六八二)。

(45) これが仁安・建暦・貞応などの牒、建暦の将軍家政所下文であることは、容易に推定できる。鋳物師諸家の伝える文書のうち正当なもののあることは、この点からも推定しうる。

(46) これらの関についてては『史料』解説参照。『史料』解説、及び第一部第一章参照。

(47) 「筒井寛聖氏所蔵文書」応長元年後六月日、兵庫関雑掌珍賢申状案(鎌32・二四三六〇)。

(48) 前章参照。

(49) 『経俊卿記』建長八年四月七日条に「多門寺住侶申明石泊勧進事、請状可進入之由、先日被仰下之、仍進入之、仰云、早可宣下、可限十ケ年之由申請之」とある。相田二郎は『中世

の関所』（畝傍書房、一九四三年、吉川弘文館、一九八三年再刊）で、関所料の初見は貞応元年（一二二二）とされているが、関所そのものが明瞭に判明するのはこれが早い例なのではあるまいか。

(50)　こう考えれば、関所設定が専ら寺社修造料にあてるために行われた理由も、自然に理解できる。

(51)　「勝尾寺文書」（『箕面市史』史料編一）三〇三号、弘安五年九月十日、太政官符案（鎌19・一四六九七）参照。これによって、すでに淀津の升米が東寺に寄せられていること、それにもかかわらず費用が不足するためこの措置がとられた事実を知りうる。関所設定と棟別銭徴収が切り離し難い関係にあったことは、これによっても明らかであろう。この棟別銭賦課が関東への働きかけによって実現したことは、『東宝記』第三によって明らかであり、その徴収が宣旨を施行した関東御教書によって、恐らくは守護の関与の下に行われ、弘安七年から翌年にかけて摂津の守護代、御家人などがこれを送進している事実は、「勝尾寺文書」三〇六～三〇八号・三一〇号・三一七号などによって知りうる。前掲拙著『中世東寺と東寺領荘園』〔②〕第Ⅰ部第三章第一節参照。

(52)　棟別銭が専ら寺社造営のさいに徴収されていることも、こう考えれば自然に理解しうるであろう。それは個々の在家を遍歴する勧進の転化形態だったのであり、勧進はここに一種「制度的」体制的な色彩を強くもちはじめたといえよう。

(53)　その意味でこれは天皇の支配権——統治権の発動であった。供御人の根拠が関所になることが多かった事実については第一部第一章でもふれた。また関所が国衙の管理下におかれた点については、前掲相田『中世の関所』参照。ただ東国については問題があり、日蓮によって「飯島の津まで六浦の関米を取」るといわれた忍性が、飯島で徴収した津料・関米について、宣旨・官符が発せられていたかどうかは疑問であり、むしろ幕府によって設定されたとみる方が自然であろう。「金沢文庫古文書」嘉元三年四月廿八日、瀬戸橋造営棟別銭注文案(鎌29・二二一八五)にみられる六浦・下河辺などの地域に対する棟別銭徴収は、もとより宣旨に関わりなかったであろう。ただこれは、一国的な賦課ではなかったと思われるが、「大善寺文書」(『新編甲州古文書』第一巻所収)延慶三年五月五日、関東下知状写(鎌31・二三九八四)によると、幕府は甲斐国柏尾山衆徒の申請に応じ、その造営のために信濃国棟別拾文銭の徴収を行うことを下知状によって認めている。ここには宣旨を施行した形跡はなく、この指令は信濃国守護に伝えられ、守護代を通じて徴収が行われている。とすれば、東国ではおそくとも鎌倉末期には、棟別銭賦課が関東下知状によって行われたことになり、関所についても恐らく同様に考えてよかろう。それが、佐藤進一の指摘した幕府の東国に対する統治権の発動であることは間違いないであろうが、過所発給をふくむこうした権限も、佐藤の推測するように、恐らく承久の乱後幕府が確実に掌握したとみてよかろう(佐藤「武家政権について」弘前大学国史研究会『国史研究』六四・六五、一九七六年)。

(54) 承久の乱、モンゴル襲来を契機に、西国において、とくにこうした動きが進行した点については、すでに周知のところである。前述した門司・赤間・竈戸、そして恐らくは嶋戸の諸関も、みな鎌倉後期、北条氏一門の手中に帰しているが、それは北条氏一門による諸国守護職の掌握と不可分の動きである。

(55) 文永十二年ごろ、幕府が西国の諸関を停止したことについては、第一部第一章注(229)でのべたが、これは、前注でものべたように、諸関を自らの支配下に入れる意味も持っていたことに注意しておかなくてはならない。

(56) 本章第三節(7)畿内の項参照。

(57) 『史料』一—一五号。

(58) その充所は「燈炉御作手鋳物師鉄商人」となっている。

(59) 前章参照。

(60) 鋳物師が鉄商人といわれたのは、注(34)『史料』参考資料一二号が初見である。やがて南北朝以降、鉄商人は鋳物師から、はっきりと分化してゆく。後述する肥後の鉄物の廻船、若狭の鉄船はこうして分化した廻船鉄商人とみてよかろう。

(61) ここでそれは「諸市津関渡山河海泊之津料山手率分例物」と表現されている。

(62) 第一部第一章参照。

(63) 第三部第三章第二節にあげる鋳物師の偽牒のうち、第二類に分類した系列は、みなこの牒をもとにして、それに手を加えたものであり、現存する偽牒のうち、この系列の文書が圧倒的に多いのも、偶然ではなかろう。

(64) 『史料』参考資料一二号。以前発表したさいの本章の史料の誤読をこのように訂正する。

(65) 前章参照。
(66)『史料』一—二九号、大永五年四月二日、後柏原天皇綸旨案。
(67) 前掲『日本の梵鐘』及び『日本古鐘銘集成』。
(68) 前章注(106)。
(69)「大宰府神社文書」永仁二年三月十二日、権堂達満慶注進状写(『大宰府・太宰府天満宮史料』第九、一〇六頁)(鎌24・一八五〇四)。
(70)『史料』参考資料一四号。
(71) 注(70)文書の所蔵者阿蘇品保夫は「中世鋳物師組織の推移試論」(第一章注4所掲)と題する論稿で、「阿蘇品文書」を紹介しつつ、九州に帰国している頼尚がこの文書を発給するのは自然、と指摘している。
(72) なんらかの法がそこにあったことは間違いないと思われる。鎌倉幕府追加法のなかに、人倫売買の銭を大仏に寄進すると規定したものがあり(佐藤進一・池内義資編『中世法制史料集』第一巻、追加法三〇四条)、浜に漂蕩する寄物を修理用途にあてる慣習があったこと(「宗像神社文書」(鎌6・四一二二))も知られている。雑務沙汰の対象となるもので「無主」の状態になったものを神社に寄進するという慣習は古くからあったものと思われ、恐らくこの事書もそれと関連があろう。
(73) 村内政雄が「由緒鋳物師人名録」(『東京国立博物館紀要』第七号、一九七二年)で紹介した「由緒鋳物師人名録」によれば、大宰府の東藤右衛門家には、偽文書とみられるものを一、二点含む多くの中世文書が伝来しているが、そのなかに「貞和五年六月十七日、民部大亟遠弘書」がみえる。この東藤右衛門は「真継文書」天文十八年九月四日、大宰府鋳物師年貢銭請文(『史料』一―九八号)に、九州惣官大工として現われる「東藤右衛門尉安秀」の流れをくみ、『史料』参考資料に収められた「平井文書」を所蔵する平井氏がそれをうけついでいるのではないかと思われる。紀遠弘は『尊卑分脈』に頼弘の子息とあり、この文書を発したとしても、不自然ではない。
(74)『史料』参考資料一七号。
(75)同右参考資料二〇号・二一号。これについては注(71)の阿蘇品の論稿参照。
(76)「平井文書」に、近世に入って作成された鋳物師伝来文書覚書があり、それによる。注(73)前掲「人名録」には宝徳元年となっているが、これは誤り。なお出雲守常弘は『尊卑分脈』に守弘の子息とみえる。
(77)注(71)論稿参照。なお宇佐八幡宮蔵「福本文書」によると、応永三十三年(一四二六)三月廿七日、宇佐弥勒寺鋳物師大工職を江嶋孫五郎入道徳円、右衛門入道の子孫左衛門五郎、左近三郎が安堵されており、以後、大永二年(一五二二)、永禄二年(一五五九)と、この大工職は相伝安堵されている。これは寺社の大工職の事例として注目すべきであるが、この鋳物師は恐らく大宰府鋳物師も兼ねていたのではなかろうか(この文書は竹内理三氏の御教示によって知った。厚く謝意を表する)。
(78)「森文雄氏所蔵文書」応永廿一年十月八日、鋳物師大工丹治念性寄進状(『大日本史料』第

七編之二十一）。これも丹治氏である点に注目する必要がある。
(79)『史料』一―一七号、年未詳十月十四日、讃井隆喜書状によると、「鉄政所座」が「古鉄公事銭」を知行している。大分時代は降るが、この事実も参照してよかろう。
(80) 第一部第一章。
(81) 注(73)『史料』一―九八号。
(82)『史料』参考資料一五号。
(83) 同右参考資料一八号。
(84) 同右参考資料一五号。
(85) 同右参考資料一六号。
(86)『史料』解説、五の「安尾文書」の部分にあげた。なおこの点、二四七頁参照。
(87) 同右参考資料一七号に「金屋〻〻の年貢をハ惣官相共、年〻の未進云、当年分と□(云カ)、可致其沙汰者也」とある。
(88)「正閏史料」(『大日本史料』第六編之七)康永二年五月一日、長門国留守所裁許下知状は、国衙館内の住人の鍛冶宗直跡屋敷田畠をめぐる相論を裁許しているが、これもこうした職人と国府との関係をよく物語っているといえよう。
(89)『史料』参考資料一九号、某供御役催促状追而書は、形は崩れているが内容は生かしうると思う。
(90) 同右参考資料一八号。

(91) 同右参考資料一七号・一八号。注(89)文書もこのころのものと思われる。

(92) 同右参考資料一七号。

(93) 同右参考資料三〇号。

(94) 野田只夫編『丹波国山国荘史料』(史籍刊行会刊)、「鳥居家文書」にはつぎのような文書がある。

中務亟采部貞国

兵部省十二人

饗料・腰差・酒肴一具

右任先例、所請取如件

文和五年三月　日

光弘(花押)

元貞(花押)

同様の文書は、野田只夫編『丹波国黒田村史料』(黒田自治会村誌編纂委員会刊、一九六六年)、「菅河仁家文書」二九四・二九五・二九六号、「西八家文書」六七三号にも見出しうる。このような請取に示された納物は、鎌倉末・南北朝期の供御人の中央への負担の一部を、具体的に示しているのではなかろうか。

(95) 「小田文書」貞和六年正月廿二日、地頭親重・親房連署下知状にみえる「右馬入道」は、恐らくこの「右馬允」であろう。

(96)『史料』一―一三四号、年未詳三月廿八日、江良賢宣書状。
(97)同右一―一〇六号、天文十八年十一月廿三日、弘中隆兼書状。
(98)『芸備両国鋳物師の研究』(第一章注3所掲)。
(99)『史料』一―二〇号・二一号。
(100)同右一―二七号。
(101)同右一―二八号。
(102)「吉備津神社の釜鳴神事と鋳物師の座」(注39所掲『吉備地方史の研究』所収)。
(103)前注藤井の論稿及び豊田武編『産業史』Ⅰ(体系日本史叢書10、山川出版社、一九六四年)参照。
(104)「東寺百合文書」シ函四号、文永八年七月日、備中国新見荘惣検作田目録(鎌14・一〇八五七)。
(105)「真継文書」覚書帳に、井村・井倉の鋳物師に伝わる暦応の牒が写されている。
(106)『史料』参考資料二二号。
(107)『中世日本商業史の研究』(第一章注22所掲)第一章第二節。
(108)『日本中世商業発達史の研究』(第一章注49所掲)付論Ⅰ参照。
(109)至徳二年(一三八五)土佐の金剛福寺の鰐口を鋳造した山川助頼は、堺北荘の住人であった。山川姓鋳物師はもともと河内の住人だったが、このころには移住したものと思われる。坪井『日本の梵鐘』(第一章注21所掲)二四八頁参照。古く廻船鋳物師の拠点が堺津であったことを想起すべきで、廻船鉄商人はここを根拠にしていたであろう。堺は原料鉄の集散地でもあったのである(第一章注33拙稿参照)。
(110)坪井は前注の書で、丹治姓鋳物師の一部が兵庫に移住したことを指摘している。
(111)豊田「大和の諸座続編」下(『歴史地理』六六―三)、注(108)脇田著書四三七頁。
(112)『公衡公記』正和四年四月廿五日条。
(113)注(111)豊田論稿。
(114)大日本古文書家わけ第一『高野山文書之八』又続宝簡集百九、一七七二号・一七七三号。
(115)注(108)著書四四四頁。拙著『中世東寺と東寺領荘園』でも言及したが、前述した願行上人憲静の東寺塔婆造営は、弘安八年(一二八五)にその功を終えるが、その工事に携わった鋳物師は、大工物部国光、引頭同吉光・国友など、みな物部姓鋳物師であった(『東宝記』第二)。物部姓鋳物師は第一章でものべたように、幕府、とくに北条氏一門と深い関係をもつ鋳物師であり、憲静の東寺造営と北条氏一門との密接な関わりを推測することができるが、同時に、関東に移住した鋳物師が、再びこのような形で上京し、京都の寺社造営に加わっていることも、同じような意味で注目すべきことであろう。
(116)「座について」(『古代中世社会経済史研究』平楽寺書店、一九七二年)で紹介された永仁四年十一月二日、修理職官等申状〔鎌25・一九一八二〕によれば、賀茂・鴨社・法成寺の大工に対する修理職・木工寮の支配力が南北朝期までは及んでいたことが明らかである。
(117)第一部第一章参照。なお例えば石清水八幡宮に属する大山崎神人として著名な油神人は、すでに豊田が「大山崎油神人の活動」(『歴史地理』六二―五)で指摘しているように穀倉院と古くから関係をもっており、酒麹売や酒屋の場合にも造酒司との関係はおそくとも鎌倉初期、恐らくは平安期にまで遡りうるのである。

(118) 前注参照。ふつう法成寺大工とか八幡宮神人として現われる人々は、やがて官司からの公役を免除され、事実上、特定寺社の神人・寄人となっていく。ただその場合でも官司からの発言権はたやすくはなくならない。

(119) この過程は十一世紀～十二世紀に進行したと思われるが、その点を解明することは今後の課題であろう。

(120) 注(108)著書。

(121) 『史料』参考資料二七号。

(122) 同右参考資料二八号・二九号。このとき和泉・河内の鋳物師は自らを「鍬鉄鋳物師」といい、「鍛冶・鋳物師等新業の輩」まで、その制禁を及ぼしている。鋳物師が鍛冶の製品を売買していたことと、これは関わりがあると思われる。

(123) 『史料』二―三号。

(124) 「東寺百合文書」ヌ函二九二号(一三―一二)、(嘉吉二年)十月廿六日、正覚院宝栄書状。

(125) 同右ヌ函二九五号(一―一二)、(嘉吉二年)十一月六日、正覚院宝栄書状。

(126) 同右ヌ函三一二号(二三―二七)、(嘉吉三年)、某(正覚院宝栄)書状。

(127) 同右ヌ函二五九号(一―一二)、(嘉吉三年)五月廿六日、鋳物師大工六郎権守行信書状。

(128) 同右ヌ函二六〇号(一三一二二)、(嘉吉三年)六月七日、正覚院宝栄書状。
(129) 同右レ函三三七号(七)、(嘉吉三年)四月廿七日、太良荘百姓等申状、ツ函二七七号(三三五一三八)、(嘉吉三年)十一月日、太良荘百姓等申状。
(130) 拙著『中世荘園の様相』(塙書房刊、第二刷、一九七一年〔岩波文庫、二〇二三年〕)〔①〕補注(16)参照。
(131) 豊田は注(107)著書で、注(125)の文書を備中国新見荘の細工所と解し、戦後の『産業史』Ⅰ(注103所掲)の四〇九頁でも同じようにのべているが、これは若狭国の誤解と私には思われる。赤松俊秀は「若狭太良荘に於ける鋳鐘に就いて」(『史林』一三―四、一九二八年)で、この鐘の鋳造に関する史料を紹介しつつ、すでにこの豊田の誤解を正している。ただ、赤松はこの史料を文安二年から三年のものと考えており、これは前注拙著に指摘したように、嘉吉二〜三年の文書とすべきではないかと思う。またこの鋳物師が、太良荘の尻高《しったか》名と関わりがあった点について前掲拙著『中世東寺と東寺領荘園』第Ⅱ部第四章第四節で言及した。
(132) 「若狭国税所今富名領主代々次第」(『群書類従』補任部)。応永十六年(一四〇九)内裏からの使として二人の番匠を含む三人が下向したが三人とも召捕られ、番匠一人は誅されている。これは恐らく鉄船公事徴収のための使だったと思われる。その四年後にこのような形で内裏への直納がきまったのである。番匠が使となっているのは建築工としての鍛冶との結びつきを考えると、自然のことといえよう。こうした天皇による鉄船公事徴収の背景に、廻船鋳物師に対する長年の蔵人所の支配があったことは確実であるが、戦国期、官務小槻氏が鉄公事役を徴収している点からみて、恐らくはこのとき、鉄船公事徴収権は蔵人所から官務にうつったのではなかろうか。第一章注(33)拙稿参照。

(133)『史料』一―四三号。

(134)同右一―一六号。

(135)同右一―一七号・一八号。

(136)同右一―一九号。

(137)同右参考資料二六号。

(138)中央の惣官に関する史料は、南北朝後期以後、見出しえない。

(139)「東寺百合文書」ヌ函一〇七号、応永廿年五月十八日、蔵人所燈炉供御人年預紀定弘書状(『史料』参考資料二三号)。

(140)同右ヤ函二一二号、(応永二十年)五月十九日、同右(同右参考資料二五号)。

(141)「真継文書」覚書帳。注(73)村内論稿参照。

(142)棟梁という言葉は、東国の職人にのちに広く使われるので、あるいはこれは、多少とも東国的な職人組織のあり方を示しているのかもしれない。この点、なお後考を期したい。

(143)『神奈川県史』通史編I、原始・古代・中世、第三編第二章第四節二「相模の梵鐘鋳物師」、三「鎌倉大仏鋳造に関係した鋳物師」。

(144)「金沢文庫古文書」。加徴米三石、大豆加徴分四斗が鋳物師に給付されたものと思われる。

(145)『史料』参考資料二九号。

(146)『日本の梵鐘』二六八〜二七一号。卜部姓鋳物師が当初から佐野天命に住していたとは、必ずしもいいがたい。
(147)『史料』参考資料五二号「小島文書」天正六年正月、武田氏伝馬手形。
(148)同右参考資料五八〜六三号。天正十六年十一月廿八日、大石信濃守書下(五八号)や、西七月十日、近藤綱秀書下(五九号)などを伝える小島家は、天明鋳物師諸家の一つである。
(149)「真壁文書」三(『史料』参考資料五六号)(この文書については、新田英治氏の御教示によって知った。厚く謝意を表する)。
(150)遠江の府中蓮光寺の鐘を貞治三年(一三六四)卯月八日に鋳造した鋳物師大工は、赤佐住道阿、一宮住西願・崇一であった。この一宮の大工がのちに森の大工といわれ、駿遠二箇国の鋳物師惣大工職になっていく過程については、注(146)坪井著書一三七頁に指摘されている。
(151)「芥田文書」によって、豊田が注(107)著書で詳述している。
(152)前述した越後の奥山荘の場合も、鋳物師は必ずしもそこに永住しなかったようである。現在、各地に鋳物師・鋳物師屋などの地名が分布しているが、意外に近世以降、そこに鋳物師が定住していない場合が多い(尾張・甲斐など)。これに対し、金屋の場合は、比較的最近まで鋳物師が居住していた事例が少なくないのである。例えば、若狭・但馬・丹波・越中・越前・上総・武蔵・伊勢・播磨など、「真継文書」覚書帳の鋳物師名簿を見ただけでも、金屋が鋳物師の居住地となっていたことを知りうる。これは、金屋が鋳物師の定着の拠点となったことをよく物語っているといえよう。

(153)　若狭の金屋はその一例であり、近世も農業を兼ねている。
(154)　近世の鋳物師が所持した真継家発給の偽牒には、そうした慣習がもりこまれている。
(155)　播磨の事例について、注(107)豊田の著書に詳しい。
(156)　坪井『日本の梵鐘』が鎌倉・南北朝期までは「姓」によって鋳物師の集団をあらわし、室町期以降は、地域別・国別にそれを示しているのも、決して偶然のことではなかろう。
(157)　『史料』一―一八二号、天正四年八月十三日、鋳物師職座法案(注107豊田著書所載)。
(158)　拙稿「造酒司酒麹役の成立について――室町幕府酒屋役の前提」(『続荘園制と武家社会』吉川弘文館、一九七八年)[⑬]。

第三章　偽文書の成立と効用

序

文書の偽造は、古代以来「律」や「庁例」などによって、重い罪とされてきた[1]。中世になると「御成敗式目」では「謀書」の罪科を規定し、侍の場合は所領没収ないし遠流《おんる》、凡下《ぼんげ》は火印を面におすこととしており[2]、江戸時代にも主謀者は引き廻しのうえで獄門、共犯者も死罪と定められていた[3]。それにもかかわらず、偽文書の作成はやまず、とくに鎌倉時代以降、所領をめぐる訴訟の激増とともに、みずからの主張を正当化するための文書偽作はさかんに行われ、おのずと文書の真偽鑑定が訴訟裁決のために必要な手続となってきた。周知のように、西欧の古文書学はまさしくこうした文書の真偽を究明しようとする努力のなかから発達してきたのであるが[4]、しかし日本の場合、鎌倉時代に真偽判定法の一定の進歩がみられた[5]とはいえ、それが一個の学問にまで結晶するにいたらなかったのである。それどころか、戦国期を中心に文書の偽作はいよいよさかんになり、そこに作成された明らかな偽文書が、江戸時代を通じて権威あるものとみなされ、公式の制度がそれに基づいて運用された事例すら現われてくる。この辺に日本と西欧の社会の類似と相違を考えていくうえでの一つの手がかりがあると思われるが、それはさておき、ここではこうした事例のなかで最も著名な鋳物師の場合を中心に、職人の偽文書について、その成立の意義を考えてみたい。

このような偽文書の特異な性格は、すでに江戸時代に随筆家などによっても注目されていた[6]が、明治以後、三浦周行[7]・牧野信之助[8]・中村直勝[9]などの研究によって、それが職人たちの生業に関わる特権、独占権を裏づけるものとして、おもに戦国期に作成されたこと、その権威の源泉は天皇に求められる場合が多いこと、などが明らかにされてきた。とくに中村はこうした偽文書の存在を根拠にして、天皇家と結びついた職人である供御人の成立を南北朝期以降に求めつつ、その偽作の背景に、神から人へ、米から貨幣へという社会の転換を見出そうとしている。偽文書を、それが偽作であるという理由でただちにすて去るのではなく、その作成の動機、背景にまで遡って追究しようとするこの方法は、古文書学の当然とるべき道であり、継承されなくてはならないが、ただ中村の場合、供御人文書＝偽文書という定式に固執した結果、真正の文書までが偽文書のなかに加えられることとなり、そのため供御人の起源についても誤りが生じ、真の問題の所在はなお不鮮明のままになっているように思われる。この点については第一部第一章ですでにのべた(10)ので、一応それを前提におき、偽文書であることが明らかであるものについてのべてみたいと思う。

一　職人の偽文書

広義の職人の保持する偽文書のなかで最も有名なのは、前述した鋳物師の偽文書であろう。仁安・建暦・天福・暦応などの年号をもち、ときに菊花の紋章や「天皇御璽」の印を画いたこれらの偽蔵人所牒は、近世を通じて諸国鋳物師の営業特権の証とされた。この偽牒を鋳物師たちに写し与えていたのが、蔵人所小舎人(御蔵)の地位を世襲した真《ま》継《つぎ》家であったことは、すでに豊田武が明らかにしたとおりである(11)が、現在名古屋大学文学部が所蔵する「真継文書」のなかには、この偽牒の「原本」が数種伝来している。意識的に古びをつけた宿紙《しゅくし》様の紙を使用したこれらの偽牒には、「天皇御璽」の朱印が何箇所かすえられており、真継家がこの牒写および営業免許状・座法等を諸国鋳物師に与えたさいの控えの帳簿も、江戸中期以降のものが十数冊保存されている(12)。このほかにも、北条時政の奉ずる源頼朝下文の形式をもち、九州の鋳物師に伝来したとみられる文治五年(一一八九)の偽文書があり、真継家ではそれを下敷にして、同じ年号の頼朝袖判時政奉書を偽作したものと思われる(後述)。

しかし、こうした偽文書を保持していたのは鋳物師だけではない。木地屋もまた、承平五年(九三五)の年紀をもつ綸旨《りんじ》様の偽文書を、その特権の証として持ち伝えていた。この場合、鋳物師に対する真継家の役割を果したのが、近江君ケ畑の太皇器地祖神社の高松御所と、蛭谷《ひるだに》筒井八幡宮の筒井公文所《くもんじょ》だったことは周知の事実であろう。そして鋳物師が年頭と八朔に真継家に参じ、また代替りごとに免許状を与えられたのに対し、木地屋の場合、高松御所・筒井公文所が、いわゆる「氏子狩」によって、諸国散在の木地屋との関係を保ったこともよく知られている(13)。

これらの場合のように、偽文書そのものの果した役割はなお明らかとはいえないが、薬売に伝来する元慶二年(八七八)の綸旨様の偽文書も、また同じ性質のものと考えてよかろう。注目すべきは、これとほぼ同内容の嘉吉元年(一四四一)の偽綸旨が、元亀二年(一五七一)朝倉義景によって「御綸旨」と認められ、それに基づく判物が発給されている事実で(「橘文書」)、近世においてこれがさきの偽牒などと同様、特権の証とされたで

あろうことは以上の点からも十分推測しうる。(14)

このほか、近江の粟津橋本供御人(粟津座)に関わる正和五年(一三一六)の蔵人所置文をはじめとする数点の官宣旨・蔵人所下文、最近、仲村研によってその成立と効用が詳細に追求された近江国得珍保の保元二年(一一五七)の偽宣旨や、修理職領丹波国山国杣に伝わる応永六年(一三九九)の偽綸旨など、(15)みな同じ事例に数え上げてよかろう。

さらに視野をひろげてみれば、筑後の高良社《こうら》につながる美麗田楽の一族に伝来した、文治五年(一一八九)の頼朝袖判下文をあげることができる。(16)これは前述した九州鋳物師に伝わる偽文書と酷似しており、おそらくその作成過程になんらかの関連があったものと思われる。

このように権威の源泉を頼朝に求めたものは、他にも少なからず見出しうるが、狩猟者(マタギ)に伝わる「山立根元巻」もその一つである。一種の由緒書に頼朝袖判時政奉書、高階俊行の過所様文書を加え、建久四年(一一九三)の年号をつけたこの文書は、東北の狩猟者に伝来しており、全国的にも狩猟者たちの間では、この年に行われた富士の巻狩が狩の作法や特権賦与のはじまりと考えられていた。(17)

また相模の平塚の舞々の家に伝わる文書のなかに、平塚の大夫を八郡の大夫の司とすることを認めた建久二年の頼朝袖判の証文、時政および梶原景時連署の証文があるが、これも同種の偽文書と考えてよかろう(18)。

さらに『改訂新編相州古文書』には、頼朝が藤原弾左衛門頼□に与えた治承四年(一一八〇)の偽文書が収められている(19)。ここには多くの職人が書き上げられ、これらの「道の者」が長吏の統轄下におかれていたと記されているが、この文書こそ近世に弾左衛門がその「特権」の根拠とした文書であった。このほか被差別部落に伝わる偽文書のなかには、由緒書とともに長吏の系図をも含むさまざまなものがあり、なかには延喜御門＝醍醐天皇(八九七〜九三〇)にその源流を求めつつ、末尾に正治元年(一一九九)の年紀と頼朝の印をすえたものもみられる(20)。これらの一連の文書も、前述した鋳物師をはじめとする諸種の職人に伝来した偽文書と、本質的にはなんの変わりもないといえるであろう。

こうした多くの偽文書のなかには、鋳物師の「座法」(後述)のように、近世を通じて一個の法として認められたものも存在している。狩猟者における「狩の作法」もまた同様であるが、この種の偽文書でとくに注目すべきは、各地の湊町に伝来している「廻船式目」であろう。三十一箇条を原型とし、四十八箇条にも及ぶものなど、この「式目」には多くの異本があるが(21)、貞応二年(一二二三)の年紀をもつ点は共通しており、多くは摂津国兵庫辻村新兵衛・土佐国浦戸湊篠原孫左衛門・薩摩国房(坊)野津飯田備前守が、

「天下」に召し出されて答申した「船法」とされ、三名の連署をもつが、なかには後堀河天皇綸旨の形を模したものもある。この「式目」のうち、寄船の規定はすでに鎌倉時代に存在し、運賃に関する条は文明九年(一四七七)の訴訟に当って、「廻船の御法」として適用されており、おそくとも平安末期以来活発に活動していた廻船に携わる人々のなかに、長い年月をかけて形成されてきた慣習が体系化されたものと考えられるが、現在みられる形が成立したのは戦国期とみて間違いない。そして形としてはまぎれもない偽文書でありながら、この「式目」は近世を通じ、海商法としての有効性を保ちつづけたのである。

こうした例は、広く検索をつづければ、なお多くをあげることができようが、当面ここにあげた類の偽文書群について、その特徴をまとめてみれば、およそ以下のようになろう。

(1) 中世前期では「職人」の身分は、商工民、狭義の芸能民等々、広く非農業民を含んでいるが、まさしくこの「職人」の系譜をひく人々にこうした偽文書は保持・伝来されている。

(2) これらの偽文書は、彼ら「職人」の特権の由来、根拠を示すものとして、おもに戦国期から近世初頭にかけて作成された。その特権の源泉は、多くの場合、天皇に求められているが、東国・九州においては頼朝の権威が大きかった点にも注目しておかなくてはならない(22)。

(3) それだけでなく、諸種の「職人」たちの生活そのもののなかから形成されてきた慣習や伝承が、これらの偽文書のなかにもりこまれており、なかには一個の法の形をとり、近世では公式に有効とされた場合もしばしば見出しうる。

こうした諸特徴はなぜ生まれてきたのか。どうして戦国から近世初頭にかくも多くの偽文書が「職人」の世界に生まれてきたのか。このような点を、多少とも史料の豊富な鋳物師の場合に即して、以下に追究してみたい。

二　鋳物師の偽文書と真継久直

すでに前述した通り、鋳物師は、おそくとも十一世紀半までには蔵人所に属していたが、十二世紀中葉以降は蔵人所燈炉供御人といわれるようになり、蔵人所小舎人を年預とし、惣官・番頭に統轄される組織を形成していた。鎌倉前期にそれが左方(廻船鋳物師)、右方(土鋳物師)に分かれ、左方と深い関わりをもつ東大寺鋳物師をも加えており、供御人たちはおもに河内・和泉を根拠地としつつ、課役免除、五畿七道諸国往反の自由を保証する蔵人所牒を得て、各地を遍歴してその生業を営んでいたのである。しかし鎌倉後期から南北朝期にかけて、鋳物師の諸国への散在・定着が進行するとともに、この組織は動揺、変質しはじめる。彼らはしだいに諸国の守護の支配下に入り、一国ないし数国単位に惣官・惣大工職に統轄されるようになっていくので、それとともに蔵人所との関係、年預による統制も、ともあれ保たれているとはいえ、弱化していかざるをえなかった。

こうした状況に対応して、宝徳元年(一四四九)から同三年にかけて、河内・和泉の鋳物師たちのなかに、とくにこのころ顕著な動きをみせていたと思われる関東の鋳物師に対し、「本座」の統制を回復しようとする動きがでてくる。燈炉供御人年預＝御蔵小舎人ないし河内・和泉の鋳物師たちの間に、偽文書作成の動機が本格的に動きはじめるのは、おそらくこのころからのことであろう。

その過程を考えるために、さしあたり前述したものを含め、現在真継家をはじめ諸国の鋳物師に伝来している偽文書を列挙し、若干の解説を加えておきたい。

(1)　宝徳三年正月十一日、河内国鋳物師座法、(23)および同年二月廿一日、後花園天皇綸旨(24)いずれも「真継文書」に伝わる。前者は河内国の一〇九人の鋳物師を代表する八人の長が連署して御蔵に充てた三箇条の座法で、書風、紙質及び内容——即位のときの礼銭、御蔵代替りのときの礼銭が規定されていることなどからみて、ほぼ戦国末〜近世初頭の作成と推定される。しかしあたかも宝徳のころ、さきのような河内・和泉の鋳物師たちの動きがあったことを考えると、なんらかの真実の座法が下敷に存在した可能性があり、少なくともこのときの記憶がこの文書作成に決定的な作用を及ぼしていることは、推測して誤りないと思われる。後者の綸旨は、座法に関わるものとして偽作されたとみられるが、その文言、差出、充所が天文十二年(一五四三)三月十六日、真継久直に御蔵新見有弘の跡職を安堵した後奈良天皇綸旨(25)に酷似している点は、見逃すことのできぬ事実であろう。

(2) 養老・仁安・建暦・建保・天福・暦応などの年号をもつ蔵人所牒

各種のこれらの偽牒は、第一類—「東寺百合文書」に伝わる建暦三(建保元)年(一二一三)十一月日の牒案に若干の文言を加えたもの(26)、第二類—「能登中井鋳物師伝書」などにみられる暦応五(康永元)年(一三四二)四月日の牒案を下敷にしつつ、鋳物師の偽牒特有な文言を挿入したもの(27)、第三類—一種の請文様の文言をもつもの(28)(左掲写真)に分類できる。内容からみて第一類が最も早く、第三類は最もおくれて真継家で作られたように思えるが、それは推測にとどまる(29)。ただここで、第一類・第二類において原牒に挿入された文言を抽出、総合してみると、およそつぎのようにまとめられよう。

(a) 各国郡の鋳物師たちは、相互にその境をおかすことなく、交易・営業すべきこと。

(b) これに違犯したものは、「所帯を没収し、一門は死罪」というきびしい罰をうける。

(c) 「海道辺鞭打三尺二寸」は、「馬吻料」たるべきであり、もし悪路のために馬の荷物が落ちた場合は、「地頭政所に負い送」らるべきこと。

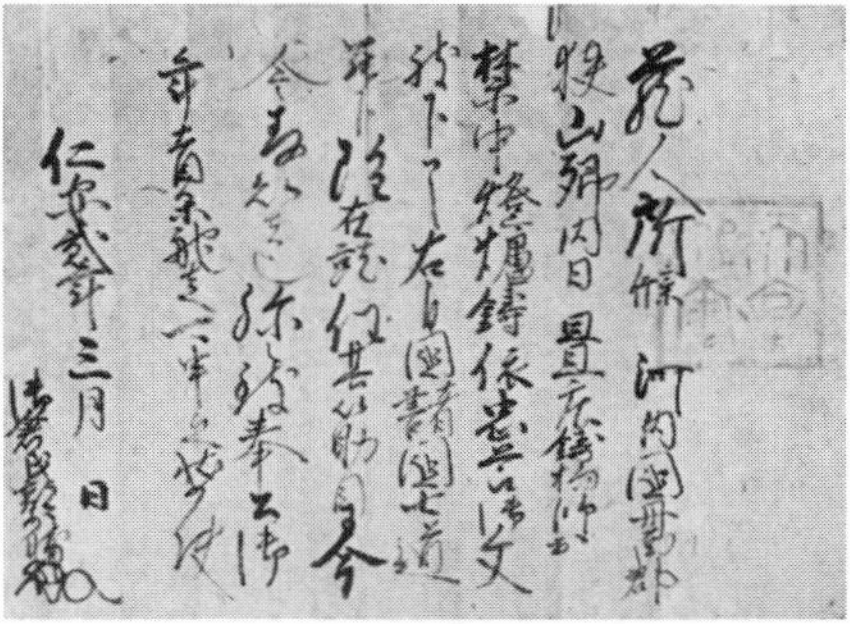
仁安二年三月日(偽)蔵人所牒(真継文書,名古屋大学人文学研究科・文学部所蔵)

そして充所は必ず河内国丹南郡日置荘鋳物師であり、御蔵紀元弘、同遠弘の姓名が「使」として記入されている。

このうち、(c)は鋳物師たちの長年の交通上の慣習を表現したと思われるが、(a)・(b)の文言も、鋳物師が諸国に散在・定着し、一国ないし数国単位に統轄・組織されるようになった、室町・戦国期の慣習を示したものとみて間違いなかろう。[30] しかし、鋳物師の諸国往反の自由を保証した原牒本来の趣旨と全く異なり、ある意味では相反するともいえるこうした文言をあえて挿入したこと、しかもなお原牒の形をのこしつつ、河内国日置荘の地名と御蔵紀氏にとくに固執している点[31]に、偽牒の作成者とその意図が鮮明に姿を現わしている、といってよいのではなかろうか。この文言は各国郡に定着し、商圏を争うようになっていた鋳物師の動向[32]に対し、恐らくは戦国期、それに即応しつつ新たに統制を回復すべく、鋳物師自身の間に形成されつつあった慣習・伝承を、誇張した形で表現したものではなかったか。そしてすでに伝説化しつつあった鋳物師の故郷河内国と、かつての燈炉供御人年預御蔵紀氏を強調している点は、(1)の作成動機ともつながるものであり、紀氏のあとを継承した真継氏こそ、まさしくこの偽牒第一類・第二類の原型の作成者として、最もふさわしいといいうるのではなかろうか。この推定はつぎに示す「由緒書」の存在によって、さらに確実なものとなるように思われる。

(3)　天文二十二年三月日付、鋳物師由緒書[33]

内閣文庫所蔵の「鋳物師文書」にその写がおさめられており、「抑《そもそも》　鋳物師ノ濫觴ハ……」と書き出し、「右旧書改新書之」と結んで、年月日の下に「御蔵真継兵庫助久直」と署し、さらにそのあとに慶長三年(一五九八)、同九年、同十二年の朝廷への鋳物調進のことを書きつぎ、「寛永元年甲子十二月日　御蔵真継美濃守康綱判」と記している。

さきの書き出しにつづいて、由緒書はまず天児屋根命《あめのこやねのみこと》のとき、はじめて鋳物の器を用いたこと、四十三代元命(明)天皇の和銅年中に鋳物の鍋釜を使用したことをのべる。そしてとくに仁平年中、毎夜吹く悪風のために禁中の燈火が消え、近衛天皇が重病に陥ったとき、河内国丹南郡に所領をもっていた御蔵紀元弘が、天命某という鋳物師に鉄燈炉を献上させたところ、この燈炉の火はいかなる悪風にも消えることなく、天皇の病は平癒した、という話を詳しく書いている。その賞として、天児屋根命の二字をとった天命は、勅によって天明と改号、藤原姓を与えられて朝廷に在番するようになるとともに、この天明の「筋目」のほかの鋳物師は、末代まで営業を停止されたというのである。さらに由緒書は、これ以後この鋳物師は、仁安・建暦・貞応・天福・暦応にも天皇の病に当って鋳物を調進し、その賞として交通税免除の特権を示す蔵人所牒を与えられたと語る。そして、やがて諸国に散在するようになった鋳物師たちは、順番に河内に立ち帰り、勅役を勤める旨、一〇九人の連署によって証文を認め、宝徳年中に御蔵紀忠弘を通じて後花園天皇に願い出て、諸国居住を認められたと記して、この由緒書は終わっている。

源頼政と鵺の物語に似せつつ、燈炉供御人の起源を語るこの由緒書は、もとより事実を伝えているのではない。しかし丹南の鋳物師、御蔵紀氏などを強調している点からみて、これが(2)と内容的に密接な関係をもち、また(1)の座法・綸旨を前提として書かれたものであることは間違いない。ただ仁安以下の牒については、一応諸国往反の自由を保証したものと正しく解されているので、これをすぐに完成された偽牒そのものと断ずるわけにはいかない。とはいえ、いまのところ原牒の存在が知られていない天福の牒があげられている点、また由緒書の末尾に「新規ヲ停止シ、相論ノ輩ニハ成敗ヲ成シ玉フ」という偽牒の文言に類似する一節がみられることなどから考え、この由緒書が偽牒の作成と深くからんでいると推定することはできよう。あるいは偽牒作成過程の途上に、これをおいてみることも不可能ではない。

さらにこの由緒書に、天明を号とする鋳物師が現われてくる点にも、注目しておかなくてはならない。これは関東の鋳物師に伝わる伝承がそこにとりいれられているという推測を可能にするので、関東とくに上野・下野の鋳物師に対する統制回復が問題となった宝徳年間に、座法の制定がかけられていることと、このこととはおそらく無関係ではないと思われる。とすればこの由緒書は、鋳物師たちに伝わる諸伝承、過去の事実のぼんやりとした記憶、それに現に伝来している原牒などをもとにしつつ、鋳物師のふるさととしての河内丹南、その組織の創設者としての御蔵紀氏の役割、天皇と鋳物師との深い結びつきを強調し、それらと関東鋳物師との関わりを明らかにするという明確な意図をもって書かれたもの、ということができよう。(34) いまのところこれは写しか伝来していない。しかしいままでのべてきたところからみて、それは(1)(2)の作成意図と全く符合するので、その成立を天文二十二年(一五五三)とし、作成者を真継久直にかけて考えることに大きな不自然はないといえるであろう[35]。

この由緒書、およびそれに若干手を加えたものは、諸国の鋳物師に流布している。たとえば「中居鋳物師由緒書」[36]は、この由緒書に能登中居への鋳物師の移住をめぐる事情を加えたものであり、真継家でも後年さらにこれに手を入れている。これらの諸本については、なお綿密に検討しなくてはならないが、やはりさきの偽牒と同じく、近世鋳物師の組織を固めるために、真継家によって諸国の鋳物師に伝えられたものとみてよかろう。

(4)　天正四年八月十三日、鋳物師職座法[37]

七箇条からなり、御蔵宗弘が日下に署判を加えた形になっている。第一条は遅滞なく公用を勤めること、第二条は即位のときの祝儀を勤仕すること、第三条は牒の文言によって諸役・交通税免除、自国他国の鋳物師の相論に対しては所帯没収・一門死罪と規定する。第四条は鋳鐘について、一国一郡に牒や「旧書」をもつ鋳物師がいる場合、他の鋳物師はそこに入り乱れて鑪をたててはならぬと定め、第五条では宝徳の一〇九人の鋳物師の外に新鋳物師を禁ずるとしている。また第六条は仕事上の必要による廻国のときや、なにか変化があったときは届け出ること、第七条は御蔵の代替りのときの祝儀を馳走すべきことを規定し、奏聞を経て座法とすると結んでいる。

一見して、この座法が⑴⑵⑶の内容を前提として作成されたことは明らかであり、第六条・第七条などを通して、すでに一応の形をなした近世鋳物師組織の存在を推定することができる。宗弘は久直の早世した子息といわれるが、この座法は宗弘に仮託して、おそらく江戸初期に真継家で作成され、偽牒などとともに諸国鋳物師にくばられたものとみた方がよいと思われる。そしてこのように、伝承と偽文書に基づいて作られた座法が、近世を通じて真継氏による鋳物師統制をささえ、鋳物師たちを規制しつづけた事実に、ここではとくに注目しておきたいと思う(38)。

⑸ ㈠ 文治五年三月十日、源頼朝袖判下文(39)、およびこれを施行した同年六月廿日、大宰大監惟宗某施行状(40)

㈡ 文治五年卯月十九日、源頼朝袖判北条時政奉書(41)

前述したとおり、㈠は九州鋳物師に伝わった偽文書であり、九州の独自な事情から作られたものであるが、㈡はそれによりつつ真継家で偽作されたものである(42)。この㈡が、それ自体研究の余地があるとみられる天文五年二月二十一日付、御蔵新見有弘譲状(43)と文言の上に共通点をもっていることは、その偽作をやはり久直にかけて考える道を可能にするものといえよう。

以上によって、ここにあげた偽文書のうち、⑸㈠をのぞく他のすべての基本型が真継家で作成されたものと推定され、とくに久直がそこに決定的な役割を果したことを、おおよそ明らかにすることができたと思う。では真継久直とは、いかなる人物であったのか。

久直は松木(真継)新九郎を父として生れた。新九郎の出自は明らかでないが、幼少のころ柳原家に奉公し、その後一旦は甘露寺一位家に召し使われ、のちにまた柳原家に帰参したといわれる一方、ときには京の町衆と公家との間に立って現われるような人物でもあった(44)。そして新九郎自身も、かなりの富をつんでいたのではないかと思われる。戦国の京、その富裕な町衆と深い関わりをもつ公家の下級の奉公人。それが弥五郎といわれた久直の育った世界であり、久直も父のあとをうけて、やがて柳原家に祗候するようになった(45)。

そのころ、燈炉供御人年預御蔵紀氏の家には不幸がつづいていた。その正統をひく新見山城守有弘は、新九郎からかなりの借財をしていたのではないかと思われるが、それに加えて有弘の子息孫三郎は、大永七年(一五二七)に盗人の山脇という人物と与同して悪事を働いたため首をはねられ、有弘自身も一旦はその身をかくさなくてはならなかったのである(46)。

多分そうした事情からであろう。天文五年(一五三六)、有弘はその跡職(御蔵鉄公役諸国金屋銭)をもう一人の子息弥三郎忠弘に譲ったが(47)、同八年にはあらためて久直(新九郎ともいう)と父子の契約をし、これを譲り直している(48)。そのとき新九郎父子は、忠弘が有弘からうけついだものとみられる借財をたてかえたといわれており、のちに忠弘の甥富弘のいうところによれば、久直は忠弘を「下京の無縁所」に捨て置き、ついに餓死せしめるにいたったという(49)。これに対して久直は、忠弘には三百疋(三貫文)の銭をつけてやり、死んだときに百疋も残っていたと反論しているが(50)、いずれにせよ、新九郎・久直父子が御蔵紀氏の家の不幸と困窮につけこみ、富の力をかり、無慈悲な手段で御蔵の職をのっとったことは間違いないことといえよう。戦国の朝廷における下剋上の一端を、われわれはここに見出すことができる。天文十二年(一五四三)三月十六日、久直は後奈良天皇の綸旨を得て、有弘の跡職を保証され(51)、同十四年には兵庫助に任官した(52)。

しかしこの久直の所行に対し、さきの孫三郎の子富弘は、天文十五年、その不当を朝廷に訴えた。父が処刑されたためか、富弘は幼くして出家し、六条の長講堂にいたが、このころ還俗して御蔵職の相続を要求したのである。相論は新九郎・久直父子の忠弘に対する処遇を中心に、新九郎が同朋入道だったとか、出家した富弘が朝廷に出仕するのは不当であるとか、はげしく争われたが(53)、結局この年五月五日付の後奈良天皇の女房奉書(54)によって、久直勝訴の裁定が下った。これで久直は紀氏の正統を完全に退けることに成功し、御蔵の地位をゆるぎないものとしたのである。

もとより久直は、ただその地位のみを求めて御蔵職をのっとったのではない。諸国鋳物師に対する御蔵の支配とその再興こそが久直のめざすものであり、すでに彼はそのための行動をおこしていた。天文十二年、今川義元から鋳物師に対する「諸役門次棟別弁諸関渡駒口諸商売役」の免除を認めるという書状(55)を得たのもその成果の一つであったが、富弘との相論に勝った久直は、さらに天文十七年以降、中国・九州地方に広大な版図をもつ戦国大名大内氏に対し、その領内の鋳物師からの公事役徴収権を確認させるべく、猛然たる働きかけを開始している。久直の主家柳原家及び官務大宮家は、大内義隆と深い関係をもっており(56)、久直も主に従ってしばしば周防に下向することがあったので、そうした機会をとらえて久直の工作は行われたものと思われる。

大内氏はこの久直の申し出に対して、鋳物師支配の根拠を示す証文の提出を求めた。天文十七年、久直はこれに応じて大内氏の家臣沼間隆清に書状を送り、路次が物騒なので、持ち下る証文は写でもよいかと問い合わせ(57)、隆清から広橋殿(兼秀)の裏封があれば案文でも結構という返事(58)を得ている。しかしこの応答に、久直はあるからくりをひそませていたようである。

翌年、久直はさきの天文十二年(一五四三)三月十六日付の後奈良天皇綸旨案に、みずからの書状をそえ、これを大内氏に提出したが(59)、じつはこの綸旨案は正文とその文言を若干異にするものだった。いま「京都御所東山御文庫記録」に伝わる綸旨案には(60)、有弘の譲状に任せて「朝恩以下、弥全二知行一、可レ専二奉公一」とあるが、久直の提出した案文(61)では、その部分が「諸国釜屋公事物以下、致二再興之沙汰一、弥全二知行一、可レ専二奉公一」となっている。おそらく前者こそ正文の内容を伝えるものであり、この変改が、みずからの企図の実現を容易にするために、久直の手で行われた改竄であったことは、推定してまず間違いなかろう。では大内氏の求めた広橋殿の裏封はどうなったのか。「平井文書」にはこの綸旨案が伝来しているが(62)、その裏に封をしているのは久直自身である。とすれば、久直はさきの約束をこのような形にすりかえてしまったとも考えられる。

しかしいずれにせよ、この改竄された綸旨案を大内氏の奉行人たちは信用した。相良武任・杉重矩・陶隆満などの奉行人は、天文十八年三月十六日(63)、安芸・周防・長門・石見・豊前(64)・筑前の諸国守護代にあてて連署奉書を発するとともに、それぞれに裏封をした綸旨案と久直書状案を送付(65)、これを施行する手続をとった。久直による文書偽造は、こうして見事に最初の成功をおさめたのである。

これらの文書を得た久直は、その被官図師吉次を伴って、周防(66)を手はじめに、四月には長門(67)・豊前(68)、八月には筑前(69)に入り、十月に石見(70)、十一月に安芸(71)と、大内氏の領国を順を追って遍歴し、各国の守護代の施行状を示して小守護代・国人に、あらためて「鋳物師公事役」の納入を要求、着々と成果をあげていった。

もとよりこの工作のすべてが順調であったわけではない。久直を強く支持し、大内氏の行政機構のすべてを動かして協力させたのは、大内義隆の寵臣相良武任だったと思われるが、武任と陶隆房(晴賢)との対立はすでにそこに微妙な影を落しており[72]、翌年の武任の出奔[73]、天文二十年(一五五一)の隆房の叛乱、大内氏の滅亡という混乱の中で、久直のあげた成果も瓦壊する危機にさらされた。しかし久直は、しぶとく大友晴英・陶晴賢に働きかけて、「分国中鋳物師公事役并博多津鉄上司等」の安堵を得ることに成功し[74]、鋳物師組織再興の手がかりをしっかりと確保したのである。

それだけではない。この間に久直は越後の上杉氏にも働きかけ[75]、陶氏滅亡後の毛利氏[76]、さらに伊勢の北畠氏[77]や山陰地方[78]に対しても工作を進め、摂津平野[79]や河内枚方[80]、それに近江の鋳物師[81]との連絡も密にしている。そして織田信長の覇権が確立するや綸旨[82]を得て、その家臣の大名の分国における鋳物師に対しても組織化を進め[83]、豊臣秀吉の関東征服と前後して、前述したように関東の鋳物師にもその手を伸ばし[84]、着々と全国的な鋳物師の組織をつくり上げていった。

しかし、こうした諸国の鋳物師に対する働きかけの過程で、久直は鋳物師たちがその国内における自らの立場を確立するために、なんらかの「証跡」を強く求めていることを知った。例えば、石見の小笠原長雄の被官として、銀山を管理していた山根常安は、訪れてきた久直に対し、「石見国鋳物師頭領」たるべき「先例の筋目」を明らかにする「証跡」の下付をのぞんだのである。(85)これに対し、帰洛した久直はなんらかの「証跡」を調えて送り、「白銀」の礼物を常安から得ている。(86)

また、同じように、九州惣官大工東氏(平井氏)に対しても、久直は「名字并紋」を「前々の筋目の旨に任せて」下し遣した。(87)この紋が、菊の紋章であったことは、天文二十三年(一五五四)、近江の鋳物師に真継家の遣わした書下と、紋章によって明証することができるが、(88)ここで「証跡」といわれたものこそ、前述した偽牒ではなかったか、と私は推測する。

他国からの鋳物師の乱入を防ぎ、自国内の商圏を確保しようとする諸国鋳物師の痛切な要求や、その交通上の慣習などを諸国の遍歴を通じて知った久直は、手許にあった正当な牒に、さきにのべたような手を加えたうえで、それを鋳物師に送ったのではなかろうか。もとよりこれは一挙に行われたことではなく、恐らくは孫康綱の代にまでかけて、次第に偽牒としての形が整えられ、さらに鋳物師に伝わるさまざまな伝承などもとりいれて、座法や由緒書等をふくむ、一連の文書群が偽作されていったものと思われるが、真継家による文書偽造は、それだけにとどまらなかった。

紀氏の正統からの反撃を封ずるべく、久直（あるいはその子孫）は有弘から久直への御蔵職譲与を正当づける何通かの文書[89]を作成するとともに、みずからをその正統とする紀氏の偽系図をつくっている。現在『地下家伝』[90]に収められている系譜はそれをもとにしたものであり、『尊卑分脈』[91]の紀氏系図と比べてみると、有弘の前代まではほぼ同一であるが、偽牒にみえる元弘・遠弘などの伝承がとりこまれ、有弘の子とされた久直以後は、全く「真継系図」ともいうべきものになっているのである。

近世の鋳物師組織と、それを支配する御蔵真継家の立場はこのようにして固められ、崩壊に瀕していた中世の燈炉供御人の組織は、ここに時代に即した生命の息吹をふきこまれ、新たな転生の道を歩みはじめた。それ故、この組織は中世の供御人組織の単純な延長ではない。いまのべてきたように、無慈悲な他家ののっとり、下剋上、臆面もない文書偽造、厚顔かつ執拗な大名・鋳物師への働きかけを通して得られた新たな達成であった。そしてその主役真継久直に、われわれは油売から大名になったという斎藤道三などにも似る、戦国の動乱期に生きた強烈な個性を見出すことができる。

だが、いったいなぜこのような偽作文書が公然とまかり通ることができたのか。どうして偽文書と伝承にささえられた鋳物師組織が成立し、長い生命を保ちえたのであろうか。ここにはおそらく、中世から近世への変革期の本質にもかかわる重大な問題[92]がひそんでおり、とうていたやすく解決しがたいのであるが、ただこの時期の支配層が文書の真贋について、驚くべく無神経であったことは間違いない。

すでに中村直勝も指摘しているように、天文十四年(一五四五)、粟津供御人の魚棚をめぐる鷹司家と内蔵頭山科家との相論に当って、山科言継は粟津座に伝わる明瞭な偽文書を証文として朝廷に提出、朝廷もそれを認めて言継に勝訴の裁定を下しているのである。とすれば、久直の文書偽造に周辺の公家の協力があったのではないかと臆測してみることも、あながち荒唐無稽とはいえまい[93]。いま真継家に伝来している偽牒には、前述したように「天皇御璽」の角朱印がすえられている。これまで人はこの朱印の存在をもって、文書の偽りである理由としてきた。しかし御蔵の地位にある久直がこの牒を作り、その子孫が大切に持ち伝え、しかも公然と諸国にくばっていることを考えると、この朱印をもってただちに偽物と断じがたくなってくる[94]。実際それは真正の「天皇御璽」とみてほぼ間違いないと思われ、この真継家の行為に天皇が了解を与えていたことは確実といわなくてはならぬ。この「天皇御璽」がいかなる手続を経て、偽牒に捺されたのか、さまざまな問題がここから派生してくるが、それはともかく、天皇自身がこの文書偽造の共犯者であったことはまず疑いない、ということになろう。

もとより戦国大名も例外ではない。下剋上を通じて成り上がったみずからの出自を考えたとき、彼らが文書の真贋に厳密であったとはとうていいいがたい(95)。久直の偽作が成功を収めえたのは、このような状況があったからであった。

しかしそれだけではない。偽作された文書は決して架空なものではなく、鋳物師の場合についていえば、中世の燈炉供御人としての伝統のなかに、当時の鋳物師に伝わる伝承と慣習を生かしたものであった。その背景には新たにひらかれようとしている近世の社会のなかで、特権をも含む慣習と生業とが保証されることを望む鋳物師たちの願いがあったのであり、それを組織し、彼らの技術を必要とする戦国大名に承認させえたがゆえに、久直の企図は成功したのである。こうした事情は、他の「職人」たちの場合も同様だったと思われるが、彼らに伝わる伝承と慣習は、偽文書よりもそれと結びついた由緒書に、むしろより直接的・具体的に表現されている。

三　偽文書と由緒書

鋳物師の偽文書が久直の作った由緒書と切り離しがたい関係にあったように、職人の偽文書には多くの場合、その背景をなした由緒書が結びついていた。木地屋の偽文書が、非運の皇子惟喬《これたか》親王と、それを輔佐する藤原実忠の近江小椋《おぐら》谷への隠棲と轆轤《ろくろ》の考案にまつわる伝説と関連して作成されたことは、よく知られている(96)。また、マタギの伝える偽文書が、頼朝の富士の巻狩にかかわる伝承と結びついていること、被差別部落に伝来する偽文書が「河原巻物」などともよばれる、頼朝や醍醐天皇に関する由緒書をもとにしていたことについては前述した。さらに九州の美麗田楽の場合、その文書を伝える梅津家の由緒書に、さきの偽文書が現われることについても、森末義彰によってすでに指摘されている(97)。とすれば薬売の場合のように、いまは由来が明らかになっていない偽文書にも、必ずやその背景をなす由緒書があったと考えられるし、逆にこうした由緒書自体の成立過程と効用とが、偽文書のそれとともに問題にされなくてはならない。

実際、偽文書と同様、室町末・戦国期から江戸初期にかけて、広義の職人に伝わる伝承に形を与えた多種多様な由緒書が成立している。鵜飼の流れをくむ桂女の由緒書もその一つであろう。神功皇后が朝鮮に兵を出したとき、その臣にして桂女の祖伊波多姫が白布を捧げ、皇后はそれを腹帯としたこと、皇子生誕後、姫はそれを兜のかわりに頭を結び、関ガ原の戦、大坂の陣のときも、この吉例により桂女は徳川家康に帽子を捧げたことなどを記すこの由緒書は、江戸初期に桂女に伝わる伝承と最近の事実をもとに作られ、近世における桂女の地位を保つための根拠とされたと考えられる(98)。

また甲州丹波山の守岡家に所蔵される「日本獅子舞之来由」も同じ性質のものであろう。それは、「後嵯峨院御諱邦仁の御宇寛元三乙巳より、獅子舞と申事初発したり」と書きはじめ、元祖角兵衛が「天子の叡覧」に入ったことや、北条経時・時頼などとの関係にもふれており、寛文元年（一六六一）のものとされているが、この伝承の成立はおそらくこれよりかなり遡るものと思われる[99]。

そして少し視野を広げてみれば、こうした性質の由緒書のなかに、説経節やお伽草子の世界に通ずるものを見出すこともできるのではなかろうか。盛田嘉徳は説経節「しのだづま」をまとめあげ、語り歩いた人々が安倍晴明を深く尊崇する陰陽師であったとし、近世を通じて陰陽師を支配した土御門家との関係に注目しているが[100]、これはさきの鋳物師と真継家との関係と全く同質のあり方といわなくてはならない。

これらの由緒書や物語のなかには、中世から近世への激しい転換期に当って、みずからの生業とかつての特権を保持しようとする、各種の職人たちの切なる願いがこめられていた。なかでも、しだいに固定化しつつある「賤視」と「差別」に直面した人々にとって、それはとくに強烈なものであったに相違ない。近世の芸能をその基底においてささえたものが、豊かにそこに生み出されてきたことは事実であろう。

ただしかし、そのある意味では荒唐無稽ともいえる伝承の世界に、天皇、皇后、皇子が、またときに頼朝が、権威の源泉としてよみがえっている事実をみのがすわけにはいかない(101)。もとよりそこには久直のような人物も介在していたであろう。しかしそれ以上に、こうした伝承の底には、少なくとも中世前期まではこれらの「道々」の「職人」が、その芸能を通じて天皇、将軍と現実につながりをもち、特権を保証されていたという、重い歴史的事実が存在していたと私は思う。

そしてそれが公認された偽文書を生み出し、慣習法をささえ、職人の組織を成り立たせているだけでなく、諸種の芸能を通して近世の社会に根深く浸透していることを、われわれは考えておかなくてはならない。近世における天皇の位置づけを明らかにするために見落されてはならぬ事実が、ここに存在しているのではなかろうか。

結

偽文書はこれまで、歴史学にとっても古文書学にとっても、日陰の存在であり、実際にほとんど捨ててかえりみられなかったと思う。たしかに真正な文書をみなれた人の目には、それはまさしく「気持のよくない」「気味のわるい」存在に違いない。

しかし、もしもここでのべたようなことが多少とも認められるならば、偽文書は文献を基礎とする歴史学の世界と、民俗学あるいは文学の世界とをつなぐ、大切なかけ橋になりうるのではなかろうか。そしてそこに、万一、日本の社会の体質にもふれる問題がひそんでいるとすれば、これを日陰に放置することは許されないことであろう。本章がそれを少しでも明るみに出すために、若干なりとも役立つならば幸いである。

(1)「律逸文」詐偽律、詐為官私文書条など。
(2)「御成敗式目」十五条。
(3)「御定書百箇条」。
(4) 勝峯月渓『古文書学概論』(目黒書店、一九三〇年刊、国書刊行会、一九七〇年復刊)序論第二章など。
(5) 笠松宏至『日本中世法史論』(東京大学出版会、一九七九年)第七章で指摘されている鎌倉幕府の訴訟制度の高度な発達、「理非の淵底を究める」ための「入理非」の裁判の発達と、このこととは、もとより切り離し難い関係がある。そしてそれが「鬼子」でしかなかったことと、この真偽判定法が発達せずに終ったことも、やはり深い関係があろう。
(6) 大田南畝『一話一言』巻十四(『日本随筆大成』別巻、吉川弘文館、一九二八年)に「暦応五年綸旨写」として、暦応の偽牒があげられていることなど。
(7)『法制史の研究』(岩波書店、一九一九年)第二十「座の研究」(其二)。

（8）「所謂木地屋根元地の史料」（第二部第一章注169所掲『土地及び聚落史上の諸問題』所収）。
（9）中村の関連論稿については第一部第一章参照。
（10）同右。
（11）前掲「中世の鋳物業」（第三部第一章注2所掲）。
（12）この帳簿・許状については、笹本正治「近世真継家配下鋳物師人名録」（1）・（2）（『名古屋大学文学部研究論集』史学二八・二九、一九八二・八三年）で詳述されている。
（13）木地屋については、その歴史と民俗とを綿密に研究した、橋本鉄男『ろくろ』（第一部第一章注169所掲）、『木地屋の民俗』（岩崎美術社、一九八二年）参照。
（14）第一部第一章参照。
（15）前掲「中世における偽文書の効用」（第一部第二章注52所掲）。
（16）「梅津文書」。森末義彰『中世の社寺と芸術』（畝傍書房、一九四一年）第一部第三篇「美麗田楽」参照。
（17）千葉徳爾『狩猟伝承研究』（風間書房、一九六九年）。この富士の巻狩が、東国の首長として、頼朝が「国家統治の実質的責任者として」「今後の運勢とその資格とを神に問う」ために行なった狩猟であったとする千葉の見解は、きわめて注目すべき的確な指摘と思われる。
（18）『改訂新編相州古文書』第一巻（神奈川県教育委員会、一九六五年）「旧平塚宿、舞舞鶴若孫次所蔵」五〇号、建久二年十一月日、源頼朝証文（鎌1・五六二）、同五一号、建久二年十一月日、北条時正・景時連署証文（鎌1・五六三）。

(19) 第五巻「旧極楽寺村　長吏九郎左衛門蔵」一八二九号、治承四年九月日、源頼朝下文。
(20) 第一部第二章参照。
(21) 同右ですでに言及した。
(22) この点についても前にふれたが、拙著『日本中世の民衆像』(岩波新書、一九八〇年)〔⑧〕参照。
(23) 『中世鋳物師史料』二—三号(第一章注10所掲。以下『史料』と略す)。
(24) 同右一—二四号。
(25) 同右一—五一号。
(26) 同右三—七号。
(27) 同右三—一号・九号・一〇号。
(28) 同右三—二号。
(29) この点については、『史料』解説で詳述してある。
(30) 前章参照。
(31) とくにそれがはっきりとわかるのは、注(26)の建暦の偽牒で、正当な建暦の蔵人所牒の充所に「河内国丹南郡狭山郷内日置庄鋳物師散在等所」、使の行に「御蔵民部大亟紀元弘」を書き加え、事実書については、書き出しに「右如斯諸国七道在」という文言を加え、「五畿七道諸国散在従他国不入鋳物国郡相限令売買……」と傍点部分を挿入している。この文言は、本来の牒の趣旨と全く相反するといってよかろう。興味深いのは、「何嫌其色哉所詮於鋳物師等之所持物等者不嫌其色可令停止……」と傍点の箇所が一行脱落している点で、これは「嫌其色」という文字にひきずられて、書写のさい一行脱落させたことを明らかに示しているが、この誤りは訂正されることなく偽牒は諸国の鋳物師に配付されつづけたのである。

(32) 第二章でも若干言及したが、これは戦国期に入り、一層、著しくなっていたと思われる。

(33) 『史料』参考資料六八号。

(34) 関東に対する真継家の働きかけがはっきり確認できるのは天正十七年(一五八九)のことであり、このとき真継久直の孫康綱が常陸にまで下向している(『史料』一―二五四～二五六号)。しかし天明の鋳物師は、天正十年(一五八二)に正親町天皇に「ふろ火はち」を進めており(同上一―一九八号)、これより以前から真継家と関係があったとみてよかろう。

(35) 前注のような推定から、一応このようにしておく。

(36) 「能登中井鋳物師伝書」(金沢市立図書館蔵『松雲公採集遺編類纂』)。

(37) 『史料』一―一八二号。

(38) 「富田仙助氏所蔵文書」中にも、これと全く同じ座法があり、宗弘の花押を居え、「天皇御璽」の朱印三顆が捺されている。しかし花押はやはり江戸期のものとみるべきであろう(この点、後藤紀彦氏の御教示による)。後注(94)参照。

(39) 『史料』三―四号。

(40) 同右三―六号。

(41) 同右三―五号。

(42) 御蔵紀高弘が、鋳物師・鍋釜鉄打鉄鋤鍬等の上司以下役銭の知行を安堵された、という内容である。上司という言葉は、「博多津鉄上司」(『史料』一―一三一号)、「御分国中鋳物師上司公役」(同上一―一三三号)、「鉄之上司等之儀」(同上一―一五四号)のように、天文以降の諸国鋳物師に対する真継家の立場をさす語として使われている。
(43) 『史料』二―七号。「諸国鋳物師役銭幷鉄打鉄鋤鍬等上司」とある。
(44) 管見の限り、真継という名字を持つ人の初見は、「賦引付」(「蜷川文書」)大永六年(一五二六)十二月十八日条で、前左大臣三条実香家の借銭十五貫文余の銭主として、真継弥兵衛尉が現われる。真継新九郎は『言継卿記』天文三年四月廿九日条に、厳蔵主・清水式部などとともに、「六町」の住人を代表して動いている。甘露寺一位家・柳原家との関係は『史料』参考資料三七号参照。また「六町」については、高橋康夫『京都中世都市史研究』(思文閣出版、一九八三年)第五章で、詳述されている。
(45) 久直については、『史料』解説参照。なお、図書寮叢刊『壬生家文書』二、四八三号、永禄九年八月十七日、真継久直奉書案は、銅公事役の免除を内海与三郎に通達しているが、端裏書に「大宮ヨリ」とあるように官務小槻氏の発した文書で、久直は官務家の大宮流とも関わりを持っていたと思われる。
(46) 『言継卿記』大永七年五月廿九日条・同六月一日条。
(47) 『史料』一―三七号。
(48) 同右参考資料三八号。

(49) 同右一―五七号。「下京無縁所」については拙著『無縁・公界・楽――日本中世の自由と平和』(平凡社、一九七八年)〔⑫〕参照。
(50) 同右参考資料三八号。
(51) 同右一―五一号。
(52) 同右一―五六号。
(53) 同右一―五七号・五八号、参考資料三六号・三七号・三八号。
(54) 同右二―一七号。
(55) 同右二―一四号。
(56) 大宮伊治が、大内義隆の滅亡したときに殺害されたことは周知の通りであるが、伊治は鉄公事を知行していた。『壬生家文書』一、一三七号、年未詳十二月十一日、大宮伊治書状は、在国のさいに「鉄并絵具公事代官職事」を壬生家に一任している。この鉄公事は前章でのべた、鉄商人よりの公事の流れをくむものとも考えられる。また久直と大宮家との関係(注45)もこの辺から探ってゆけるかもしれない。なお後考を期す。
(57) 『史料』一―六一号。
(58) 同右一―六二号。
(59) 同右一―六四号。
(60) 同右一―五一号。
(61) 同右一―四四号。

(62)同右参考資料三五号。
(63)同右一―七三〜七八号。
(64)同右一―四四〜五〇号。
(65)同右一―六四〜七二号。
(66)同右一―八〇号。
(67)同右一―八二号。
(68)同右一―八三〜九一号。
(69)同右一―九三〜九八号。
(70)同右一―九九〜一〇一号。
(71)同右一―一〇二〜一〇六号。
(72)同右解説参照。各国の久直に対する対応の仕方、熱心さの度合に、多少の違いがあるように思われる。
(73)同右一―一一七号。大宰府の鉄政所座については「真継方押務」といわれている。
(74)同右一―一三〇〜一三四号。
(75)同右一―一二六号。
(76)同右一―一六三号など。
(77)同右一―一六六号・二―一八号など。
(78)同右一―一七八号・一七九号の武田高信書状、一―二一一号・二一六号の南条国清書状など。

(79) 同右一―二二八号。

(80) 同右一―二七三号。

(81) 同右参考資料四三号。

(82) 同右二―九号。

(83) 同右、越前の柴田氏は一―一八八号。能登の前田氏については一―一九三号、若狭の丹羽氏は一―一九四号、伊勢の滝川氏については一―一九五号、京都の釜座に関しては一―二〇三号等参照。

(84) 同右一―二五四号の徳川氏伝馬手形を得た康綱は常陸の佐竹氏(一―二五五号)、江戸氏(一―二五六号)を訪れている。

(85) 同右一―二二一号・二二四号。

(86) 同右一―二二二号。

(87) 同右参考資料四二号。

(88) 同右参考資料四三号。『滋賀県史』第三巻に、「裏菊」といわれた菊の紋章が写真版で収載されている。

(89) 同右二―七号・一―三九号など。

(90) 『地下家伝』八、御蔵小舎人真継の項。

(91) 『尊卑分脈』第四編。

(92) 注(5)でもふれたように、それは日本の社会全体の特質とも関係する。

(93) 柳原淳光が、この久直の動きに全面的な支持を与えていることはいうまでもないが、恐らくそれだけではなかろう。

(94) 「真継文書」に残る偽牒のみならず、枚方の鋳物師田中家に伝わる偽牒、さらに注(38)「富田仙助氏所蔵文書」の偽牒にも、「天皇御璽」が捺されている。いまのところなお断定はできないが、二九九頁の写真の「天皇御璽」は江戸時代、位記などに捺された真正な「天皇御璽」と形状・印文とも寸法が一致し、酷似している。例えば、山陽新聞社編『ねねと木下家文書』(一九八三年)所収の「木下家文書」天正十三年七月十一日、位記(藤原秀吉を従一位に叙す)の三箇所に捺された「天皇御璽」と同一といって、誤りないと思われるが、その捺し方はやや鮮明を欠いている。また、同上文書、天正十三年三月十日、位記(平秀吉を従二位に叙す)の内印は、「真継文書」の他の偽牒(『史料』三—九号)や、田中家の「御璽」とも共通しているようにみえるが、この違いは、捺印のさい使用された朱の違いによるのではなかろうか。

(95) 戦国大名が偽文書を公認した事例については、第一部第二章参照。

(96) この場合、真継氏の役割を果したのが大岩氏であったことは、注(13)前掲橋本鉄男『ろくろ』に詳しい。

(97) 注(16)参照。

(98) 第二部第六章参照。

(99) この由緒書は守岡家の御好意で閲覧することができた。
(100) 盛田嘉徳『中世賤民と雑芸能の研究』(雄山閣出版、一九七四年)。
(101) 第一部第二章参照。

付論4　豊田武の「鋳物師の有する偽文書について」

最近の鋳物師研究の進展はめざましいものがある。前にあげた中川弘泰・笹本正治の諸論稿のほかに、小原昭二「近世における真継家の鋳物師統制について」(『地方史研究』一七四号、一九八一年)、藤田定興「東北南部における近世の鋳物師」(福島県歴史資料館『研究紀要』〔一号〕一九七九年三月)、倉吉市教育委員会『倉吉の鋳物師』(一)・(二)(一九八六年)、林宏一「武蔵鋳物師拾遺——藤原守道とその系譜」(『埼玉県史研究』九号、一九八二年)等々、各地の鋳物師についての歴史的、民俗・民具学的な研究がつぎつぎに発表され、中世・近世の鋳物師の実態が全国的に解明されつつあり、また一方では、枚方市によって、鋳物師田中家の旧金屋の建物保存、鋳物資料館の計画が石野亨を中心に進行中で、鋳物師の歴史・技術・生産用具等を一般に広く紹介するための努力も進められているのである。

こうした研究の開花のために広い土台を築いたのが、先年物故した豊田武であったことは、ここにあらためていうまでもない。『歴史地理』(六七―一・二、一九三六年)誌上に発表され、『中世日本商業史の研究』(1)に、第一章第二節「2鋳物業」として収められた論稿「中世の鋳物業」がそれで、史料の博捜の上に立って、広く各地の鋳物師の実態を追究したこの論稿は、いまも十分な生命を持っており、鋳物師を研究しようとする人が、まず最初に精読すべき文献といわなくてはならない。

私自身も、名古屋大学に在任中、同大学文学部所蔵の「真継文書」に接する幸運に恵まれて、鋳物師に関心を抱きはじめたとき、あらためて豊田のこの論稿を何度も熟読、多くの示唆を得ることができたのであるが、しかしその過程で私は、豊田が『歴史地理』所載の論文を著書に収めるに当って、第五節「鋳物師の有する偽文書について」をすべて省いているのに、はじめて気付いたのである。もとより著書に収録された第四節までが、平安期から中世後期にいたる鋳物師の活動に詳しくふれた労作であることはいうまでもないが、削除されたこの節は、各地の鋳物師の所持する偽文書が真継家によって配付されたものであることをはじめて明らかにし、その上で、中村直勝などによって偽文書と断定された鋳物師をはじめとする供御人の文書の中に、間違いのない真正な文書も含まれていることを、確実な文書・記録の記事などを通して立証した、きわめて重大な意味を持つ節であった。実際、当時「真継文書」の中に、様式上、真正な蔵人所牒の写と見てよいと思われる文書を何点か見出し、中村の説にかなりの独断に基づく誤りのあることを感じつつあった私にとって、この豊田の主張は、六角供御人の文書に関する中村説を批判した小野晃嗣の論稿(2)とともに、非常に力強い支えだったのであり、近年の『民経記』『勘仲記』等の紙背文書の紹介によって、第一部第一章でものべた通り、この豊田・小野の主張の正当さが立証されたことは、すでに周知のことといってよかろう。

しかし私には、豊田がなぜこの節を省いたのかが、不思議でならなかった。もしもこの節が豊田の著書に収められ、広く世に知られていたならば、その主張の正しさはもっと以前に明らかになっていたであろうし、鋳物師などの所持する真正な文書による研究も、より速かに進み、偽文書そのものの意義についても、いち早く解明されていたに違いないからである。

また、豊田のこの説は、「真継文書」の発見以前に組み立てられており、まさしくそこに豊田の卓見があったというべきであるが、戦後、名古屋大学に移管される以前、愛知県半田市の楠喬氏の手許に保管されていた「真継文書」を、豊田はかなり早い時期に調査している(3)。これによって、恐らく豊田の確信はさらに強まったのではないか、と私は推測するが、にも拘らず、「中世の天皇制」(『日本歴史』四九号、一九五二年)などの論稿において、一応、鋳物師に関する蔵人所牒等に言及しつつも、豊田は戦前の自説をほとんど展開していないのである。

『豊田武著作集』第一巻の「あとがき」(4)によると、未完成に終った著書『座の研究』の構想の中で、豊田は前篇第三章の三に「座の有する偽文書の意義」をあげており、恐らくさきの第五節は、一段と発展させられた形で、ここに収められる予定だったのであろう。とはいえ、戦後に増訂の上で再刊されたさきの『中世日本商業史の研究』に、なぜこれを収録されなかったのかなど、やはり疑問は残らざるを得ないのである。すでにその間の事情を著者自身から聞く機会は永遠に失われ、この謎を完全に解くことが困難になったいまとなっては、根拠不十分な臆測によるほかないが、私にはここにかなり大きな問題が潜んでいるように思われてならない。

たしかに供御人文書偽文書説が、当時、世を風靡していたことは確かであるが、それによって豊田が自説をあえて主張するのをひかえたなどと見るのは、豊田に対して、失礼というべきであろう。そうではなく、私はそこに、天皇、あるいは天皇制の問題が作用していたのではないかと考えるのである。

鋳物師の偽文書発給に蔵人所小舎人＝御蔵真継氏が直接関わっていたことは、自ずと天皇自身の関与を予想させる。豊田は当然そのことに気付いたであろうし、事実「真継文書」の中には、第三章でのべたように真正の「天皇御璽」と見られる朱印を捺した偽牒の「原本」が存在しているのである。こうしたことを、戦前の暗黒時代に公然と解明しようとすれば、著書そのものの発行が不可能となったであろう。豊田はそのことを予感し、さきのような処理をしたのではあるまいか。

中村が供御人文書のすべてを偽文書とし、それが供御人自身の天皇に対する憧憬と期待とを背景にして、出納などの窮迫した公家によって作成されたとしたところにも、偽文書に対する天皇の関与を認めまいとする意向が動いていなかったとはいい難い。事実、最晩年の著書『日本古文書学』下において、中村が拙論に言及し、天皇の眼にふれず「御璽」が捺されたとすれば、それは「国家最大の犯罪」であるといい、「天皇御暗黙の御諒承があったのではないか。──併し、そのようなことがあってよいか」とし、ついに「古文書学から離れて、法官の研究を仰ぎたい」とまでいって、学問の立場を抛棄するにいたっている点からみても、それは明白といってよかろう。

では、すでに天皇制に対する批判が公然と行われるようになった戦後、なぜ豊田はさきの一節を表に押し出さなかったのか。それは豊田の前掲論稿「中世の天皇制」に対する当時の歴史学主流の反応が、永原慶二の論稿(『日本封建社会論』所収)に代表されるように、厳しく批判的だったことと無関係ではあるまい。鋳物師の偽文書が天皇に対する庶民感情の一端の現われで、天皇制を存続させた理由の一つはそこにもあるとする豊田の説に対し、永原は「商工業者の綸旨尊重は、彼等が新儀商人に圧倒されてゆく寺社本所の保護下にある座商人」であった以上、問題にならぬと批判を加えたのであるが、(8)以後二十年以上、この永原の見方は何等の検討も加えられることのないままに支配的見解となり、豊田もそれに敢て反論しようとはしなかったのである。豊田がさきの一節をさらに深化発展させる意欲を失った理由の一つはそこに求められるのではなかろうか。

この論文は『著作集』第二巻の第二編にその一節として収録されている。私のこの臆測の当否は大方の判断に委ねるほかないが、万一、これが当っているならばわれわれは戦前・戦後の豊田が示した躊躇を直ちに捨てなくてはならない。天皇の死を「没」あるいは「なくなる」に変えさせるような教科書検定の横行しはじめた今日、天皇の文書偽造への関与を含め、天皇制の実態を事実に即して明らかにすることが、豊田の研究を真に現代に生かす道、と私は考える。本書でのべてきたことも、そのためのほんの一つの試みにほかならない。

(1) 岩波書店、一九四四年(豊田武著作集第二巻、吉川弘文館、一九八二年に収む)。

（2）「内蔵寮経済と供御人」（『史学雑誌』四九―八・九、一九三八年）。
（3）『史料』解説参照。
（4）吉川弘文館、一九八二年。
（5）角川書店、一九七七年。
（6）第三章参照。
（7）注（5）著書一一二頁。
（8）序章Ⅱ〔本文庫上巻三四―三六頁〕参照。

終章

I 「職人」について

1

中世において、芸能・道と「職人」とが不可分の関係にあることは、すでに別の機会にふれたが[1]、ここでは、ふつう「道々の者」などといわれた人々の中で、公的に課役免除を保証された人を、本論で「職人」身分と規定したことについて、若干の補足を加えるとともに、私にとってなお未解決の問題を提示し、大方の批判を仰いでおきたい。

「道々輩」「道々工」などの語が、方法、技術などを意味する「道」の畳語であることはいうまでもなく、その用例は「天文地理之道」[2]「鋳銭之道」[3]などのように、古代に遡る。「道々」「諸道」の場合も同様であるが、古代においては和歌・管絃の道とか、天文・陰陽の諸道とか、宮廷の世界に即して用いられるのがふつうであった[4]。

それが細工、工匠などについて用いられたのは、「九条家本延喜式紙背文書」寛弘七年(一〇一〇)二月、衛門府粮料下用注文に「依宣旨有道〻細工許神宝運衛士四人料」とあるのが早い例で、(5)以後、院政期に入ると急速にこうした用例が増え、鎌倉期になれば、「道々」といえば「道々工」「道々細工」「諸道細工人」をさすといってもよいほどになる。(6)

もとよりこれは一方で、螺鈿《らでん》道工・木工道・漆工道などのような工匠の「道」が広く成立してきたことによるのであり、(7)単に言葉の問題だけでなく、さきに鋳物師に即してのべたような、工人集団の組織そのものの成立を背景としている。その意味で、この言葉はすぐれて中世的な語といってよかろう。

しかし鎌倉期において、すでに「道々輩」の中には、鍛冶・番匠・壁塗・絵師等の工人だけでなく、車借・獅子舞なども含まれており、(8)鎌倉末・南北朝初期の成立とされる曼殊院本「東北院歌合」の「みち〳〵のものども」の中に、医師・陰陽師、巫・博打、海人・賈人などが鍛冶・番匠、刀磨・鋳物師、経師とともにあげられていることは、周知の通りである。呪術者や勝負師、商人なども「道々者」だったので、室町中期の「鶴ケ岡放生会《ほうじょうえ》職人歌合」になれば、その範囲はさらに遊君・白拍子・猿楽・田楽・持経者・念仏者等々にまで拡がっていく。

こうした用例は、「極楽寺殿御消息」に「けいせいをとめ、又は白拍子などあらんに、道の者なればとて、法にすぎてなれ〳〵しき言葉をいふべからず」とあるのに遡り、『諏訪大明神絵詞』では、白拍子・御子・田楽・呪師・猿楽・乞食非人のように、むしろ工人を除く人々が「道々の輩」といわれている。

ただ、このような使い方から「道々輩」を直ちに卑賤視と結びつけることはできない。別の機会にものべたが、「博奕之道」はかなり古くからあり、(9)山臥についても「当道之衆中」(10)といわれ、「商買道之古実」(11)もあったように、これらの用例は、むしろさきの工人たちと同様、芸能民、呪術者、商人たちが、それぞれに職能に即した独自な集団、組織を持つようになっていた現実を物語るといわなければならない。その意味で、これらの人々を工人たちと身分的に異なっていたとはいい難いのである。

これとは逆に、注目しておく必要のあるのは、武士の「兵の道」「弓箭の道」である。それが職能集団としての武士の成立と結びついていることは、すでに指摘されているが、しかし武士がそのままの形で「道々輩」の中に数えられた事例は、いまのところ見出し難い。これは上横手雅敬の指摘するように、武士がすでに古代以来、明法《みょうぼう》・文章《もんじょう》・舞人等々と並ぶ「諸道」の中に加えられてきたことと関わりがあろう(12)。「兵の道」はその意味で、これら工人や芸能民の「道」と、一面で通ずるところを持ちつつも、社会的には一つ上位に位置づけられていたとみなくてはならない。

室町期以降、近世に入るとともに「道々輩」という表現は、さきの『諏訪大明神絵詞』のように、むしろ次第に手工業者からはなれた言葉になっていく。中世末、三昧聖《さんまいひじり》が「当道之職」といい[13]、「当道」という語自体が、近世には盲目の人々の集団に即して専ら使われ、「諸道」にも多少とも賤視の意味が入ってくるのであるが、この変化の背後には、社会的分業の進展に伴う、社会的身分そのもののあり方の変化を想定しなくてはなるまい。これはそれ自体大きな問題につながっているが、当面、中世前期の非農業民に関わる身分呼称に「道々者」をあげることは、そうした点でためらわれるのである。

2

一方、「道」は「諸道細工人、就身之芸能、令売買交易色々私物者、是定例也[14]」といわれたように「芸能」と分ち難く結びついている。

これについては、すでに身分の問題と関連して、黒田俊雄[15]・黒田日出男[16]が『普通唱導集』の「世間出世芸能二種」を中心に論じ、またそれが『新猿楽記』の「所能」に淵源を持つことにもふれているので、ここでは余り立ち入らないが、「所能[17]」「所芸[18]」とともに「芸能」も、「道」とほぼ同じ範囲の人々のすべてに通じて使われた言葉といってよい[19]。

武士の武術は「武芸」「弓馬の芸能」[20]であり、工人の技術の働きもまた「芸能」であった。また雅楽・舞などから、獅子舞等にいたる現在の狭義の芸能も、もとよりその中に含まれる。『禁秘鈔』の「諸芸能事」の項には、学問・和琴・琵琶などをあげたのち「好色之道、幽玄之儀、不可弃置事歟」とあり、「好色」にも「道」があり「芸能」であったことは、『普通唱導集』にも見える通りである。

そしてこの言葉の場合も、室町期以降になると、工人の技術、商人・海人などは含まれなくなってくるが、江戸時代でも、今の芸能だけでなく、天文職・囲碁打・儒者・歌学者・医師・馬術などに通じている人を「芸者」といっており[21]、「道」の変化とは多少異なる道筋をとっているように思われる。

3

この「芸能」が「職」と深い関連のあることは、鋳物師に関する二通の蔵人所牒[22]の一方に、「何乍営其芸能、任自由不勤仕彼役哉」とあるところが、他方には「乍居其職、何不勤彼役哉」とある点から、明らかであろう。このほか「所職之業能」「或付所職、或触縁[23]」「停廃其職[24]」などの「職」、大歌所十生《としょう》に関する仁安三年(一一六八)九月八日の官宣旨[25]に、「大歌所十生今良無止厳重之職也」「依之人数有限職、既及[　　]」といわれている「職」、さらに南北朝末、永和二年(一三七六)、鋳物師が自らのことについて「彼職者[26]」といっている「職」など、みな同様の用例である。

この「職」が「ヌツシ《（塗師）》・ニヌリ《（丹塗）》両職[27]」、番匠・塗師・鋳物師等々の手工業者を「諸職」と総称する室町期の用例[28]につながっていくことも間違いない。そして南北朝中期、貞治三年(一三六四)に東寺執行が「当寺番匠・鍛冶・大仏師・畳差以下職人等」といい[29]、同六年、東寺学衆が銅細工・白粉焼・紺屋などについて「如此職人」とのべたように[30]、手工業者を「職人」と呼ぶ例が現われる。恐らくこれは鎌倉後期までは遡りうるであろう。これが、さきの「職」による語であることはいうまでもないが、周知のように、さきの「道々者」の「歌合」も、中世末・近世初期には「職人歌合」といわれるようになった[31]。それ故、芸能民、呪術師等々を含めて「職人」と総称するとらえ方もあったと思われるが、戦国期のころの実際の用例は、手工業者をさしており、やがてそれが江戸時代に定着していくのである。

しかし逆に中世前期の「職人」という語は、禅宗寺院で東西両班のメンバーである役僧を「職人」といった例[32]をのぞくと、専ら在庁官人、下級荘官をさす言葉として用いられており、その例外はほとんどないといってよい[33]。

例えば、嘉禄三年(一二二七)二月の周防国多仁荘百姓解[34]に「請被裁無先例内検使・偏子非分饗膳事……雖然全無傀儡子［　］有限職人之外、先例更無非分饗」とあり、内検使・傀儡子《くぐつ》と区別された「職人」のいたことを示しており、また和泉国日根荘《ひねのしょう》の文書目録に「職人請文二通」[35]とあるのは、応長二年(一三一二)の「日根野・入山田二箇郷下司以下諸職等御請文」[36]「日根庄内井原村両職下司・公文幷上津村郷公文職御請文」[37]に当る。さらに正和元年(一三一二)十二月廿七日、鎮西探題下知状[38]に「社領図師・田所以下職人」といわれており、税所職も「職人」とみられていた。『吾妻鏡』宝治二年(一二四八)閏十二月十八日条に「西国地頭等寄事於左右、追放譜代書生・田所・職人之由、所々訴出来」といわれ、『沙汰未練書』に「名主・庄官・下司・公文・田所・惣追捕使(中略)以下職人等事、件所職等者、地頭・領家進止職也」とあるのも、みな同じ用例である。

この用法は南北朝期にもつづき、『師守記』康永四年(一三四五)四月廿七日条に、豊島北条公文を「職人」とよび、「広橋家旧蔵文書」観応元年(一三五〇)六月日の某陳状に「本所恩補職人跡雖為闕所、被付本所者御沙汰法也」「本所領下職人等跡」などとあり、「山科家古文書」延文三年(一三五八)十一月日、内蔵頭《くらのかみ》雑掌申状に「諸国本所領職人等跡、猶以可為　聖断之由被定法」といわれているのは、全く同様の例といわなくてはならない。それはさらに、室町期を通じて、さきの手工業者を意味する「職人」の語と並行して使用されつづけているのである。[39]

とすると、「職人」の語の主流は、むしろこちらの方にあるといってよいので、「道々者」は少なくとも鎌倉期には、この言葉には含まれないとみるべきであろう。ただ、この「職人」がさきの諸例によっても明らかなように、領家・地頭などに補任される下級の荘官、在庁をさしており[40]、この言葉自体、公文職・下司職などの「職」からくる語であることは間違いない。それは「道々者」の「職」「所職」とも明らかに通ずる一面を持っており、「寄人職」[41]「神人職」[42]「御家人之職」[43]にも結びつくとともに「武職」[44]などの語ともつながるので、この言葉は、従来からさまざまな議論の対象となってきた「職」の問題そのもの、その本質と深く関連してくるといわなくてはならない。

4

それはまた、「職掌」あるいは「職掌人」とも無関係ではない。『兵範記』仁安三年(一一六八)十月五日条に「諸国召物多以弁済、道々細工就職掌勤仕」とあるように、「職掌」という語は、直ちにさきの「芸能」あるいは「所職」に置きかえうる言葉であった。

それは七、八世紀のころ、大納言・中納言等々、すべての官職について用いられており、官職にあるものの「専ら掌る」ことという一般的な意味であったと思われる。しかし十世紀以降になると「職掌」の語は、神社の宮司・宮主・禰宜、あるいは国衙の追捕使・押領使・検非違使、それに国栖笛工・石灰長上・琴師などに即して用いられる、かなり限定された言葉になってくる。

「職掌人」の場合もほぼ同様で、『小右記』長和三年(一〇一四)四月十六日条にみえる「職掌人」が斎院御禊のときの職掌人であり、延久四年(一〇七二)九月五日の太政官牒(45)が放生会のさいの「供奉職掌之人」の臨時雑役を免除しているように、祭会、行事のときに特定の職掌をもって奉仕する人を「職掌人」とよんでいる。また、正暦二年(九九一)十一月廿八日の太政官符(46)は、粉河寺の「三綱住僧弟子童子職掌人」の臨時雑役を免除しているが、長保二年(一〇〇〇)の造東寺年終帳(47)に「上下職掌十六人衣服料」「同職掌人歳末料」とあるのは、庁頭・蔵人・将領・鎰取・厨女・堂仕などをさしており、寺院の中で、一般の僧侶とは別に、特定の職掌を持って奉仕した人々を「職掌人」といったことを知りうるのである。

このような限定された用法は、十二世紀以降も同様であった。伊勢神宮に職掌神人・職掌人のいたことは周知の通りであり、文永二年(一二六五)の若狭国惣田数帳案(48)で給田を与えられた職掌人は、一宮に属した舞人・陪従であった。

注目すべきはこのころから「職掌人」を「色掌人」と表現するようになっている点で、治承七年(一一八三)の源頼朝下文[49]にみえる「三島宮色掌人」をはじめ、南北朝期の祇園社に関しても「師子・田楽以下色掌人[50]」などといわれており、その実態が「道々者」と重なっていることを知りうる[51]。

しかし一方、さきにもふれたように[52]、モンゴル襲来のさい、非御家人まで動員しようとした幕府が、諸社の警固を「職掌人」によって行わせるとしていること、また西山克が、伊勢神宮の職掌人は鎌倉末・南北朝期に検断の武力となったと指摘している点[53]からみて、これらの人々が武士と同様の武力を身につけていたことも明らかである。このように、舞人・陪従・獅子舞・田楽などが、そうした一面を持っていたことは、「道々者」と下級荘官・在庁としての「職人」との関連を考える上でも、見逃し難い点といえよう。

5

以上、「道」と「芸能」、「職」「職人」と「職掌」「職掌人」について、きわめて粗い調査の結果をまとめてきたのであるが、本論でのべた「職人」身分の規定に関連して最も問題となるのは、「道々輩」には武士――下級在庁・荘官は含まれず、中世前期の「職人」の語には「道々者」が入らないという点である。このことは事実として、はっきり確認しておかなくてはならないが、しかしその上でなお、すでに本論でのべたこの両者の著しい類似点に注目する必要がある、と私は考える。

たしかに、荘官・在庁に比べて田積は小さいとはいえ、「道々者」も先述した通り、かなり広い範囲で給免田を保証されており、より一般的には、両者とも平民百姓に賦課される課役を免除されていた。この点が「平民」とはっきり区別される本質的な特徴であり、両者の重要な共通点といわなくてはならない。

もとよりそのかわりに課役免除を保証された「道々者」は、それぞれの芸能、「所職」に即した負担を、「職務」として権門寺社、国衙に対して負い、在庁・荘官も下司・田所・公文・惣追捕使等々の職名に表わされた職務を、国衙・荘園支配者に対して負っている。また「道々者」が供御人《くごにん》・供祭人《くさいにん》・神人《じにん》・寄人《よりうど》などの地位を権門・寺社から与えられているときは、芸能に即した奉仕だけではなく、行事に関わる課役が賦課される場合もあった(54)。同じように、荘園・公領の下司・公文などが御家人となった場合には、大番役をはじめとする御家人役、武芸による奉仕——軍役が課されたのである。

さらに供御人・神人・寄人などの地位を与えられた人々は、国別・権門別の交名《きょうみょう》によってそれを公的に確認されたが、西国御家人が全く同じ方式で掌握された点については、すでにのべた通りである(55)。また、供御人・神人の統轄者が惣官・兄部《このこうべ》・沙汰者といわれたのと同様、西国の在庁の統轄者も惣官・兄部とよばれた(56)。諸方兼帯についても、供御人・神人の場合は詳述したが、御家人もまた将軍家だけでなく、摂関家や寺院などと関わりを持つことがあったのである。

とすると、「道々者」が「諸地頭・公文・在庁以下、道之細〻外才輩」などと並んで記されたのも決して偶然とはいえないので(57)、「道々者」と、在庁・荘官を意味する「職人」の類似は、やはり顕著なものがあるといわなくてはなるまい。

もちろん、「道々者」の中で、その芸能に即して、売買交易をするために諸国を遍歴し、その中には供御人・供祭人・神人などの地位を与えられて、往反自由の特権を公的に保証される人々も多いが、このようなことは、在庁・荘官の場合には考えられない。両者の相違はそこにも求められる。とはいえ、「道々者」の中で、建築工——鍛冶・番匠・銅細工・壁塗等は、給免田を与えられる場合が広く見出されるとともに、交易のための遍歴はしなかったと思われるので(58)、この人々は在庁・荘官と非常に近いといってよかろう。

しかも、よく知られている傀儡子の目代(59)や、もと浪人で越前国牛原荘公文に召仕われ、自らも荘官となった重円(60)、さらに鎌倉末・南北朝期の悪党の動向などを考えれば、西国の在庁・荘官を「一所懸命」の在地領主とだけ考えようとすることには、大きな無理がある。

実際、前にものべたように、摂津国吹田荘下司、御家人で御厨子所預の紀宗季、春日神人、興福寺西金堂寄人で御家人と号したといわれた紀高綱(61)、戸田芳実の明らかにした院召次勾当《いんのめしつぎこうとう》で愛智郡司、日吉新宮神事勤仕人にして「借上《かしあげ》」の中原成行等々(62)、西国の「領主」たちの実態は、「道々輩」と「職人」との距離が意外に近いことをよく物語っているといえよう。

さきのような相違にも拘らず、私は両者――課役免除を保証された「道々者」と在庁・荘官等をあわせて一つの身分ととらえる根拠はあると考える。そしてその総称は、前述したように変化していく「道々者」よりも、中世後期には「道々者」を含むようになる「職人」が適当であろう。このような理由から、私は種々の批判もあり(63)、また決してこれが最善のとらえ方とも思わないが、いまも両者をあわせて「職人」身分ととらえ、その差異を示すために、在庁・荘官を職人的武士とよび、さらに今後、考えを煮つめていきたいと思う。

もとより問題はこれですむわけではない。その一つは東国と西国の相違に関わることで、東国御家人は職人的武士とはいい難く、地頭職を保持し、職人的武士――西国御家人を荘官職に補任する立場に立つこともある支配者である。その意味で、平民百姓に対しては支配者の立場に立つ職人的武士は、被支配者の側面を持つといわなくてはならない。この矛盾は鎌倉期を通じてつづき、鎌倉末期にいたって爆発、南北朝の内乱をよびおこすのであるが、では東国において、職人的武士を含む「職人」身分が、いかなるあり方を示すか、という問題は、なお明らかとはいい難い(64)。

さらに、この問題とも関連するもう一つの重要な問題は、「職」そのものの特質である。佐藤進一は「公家法の特質とその背景」という示唆に満ちた論稿(65)の中で、九、十世紀以後、個々の官庁の特定氏族による請負、独占世襲の動きが進み、「官庁業務の家産化」が進行するが、そこから「生れた日本独自の家産概念が、外ならぬ〝職〟であり〝務〟であった」とし、「勤務と営利とが表裏一体となったのが、新しい形の官職であって、これこそが〝職〟の原型であった」とのべている。

このような「職」の展開した形が、さきの在庁・荘官の「職」であることはいうまでもないが、「道々者」の「職」もまた、決してこれと無関係とはいい難い(66)。そこには、本論で鋳物師について明らかにしたような「芸能」――職能そのものの同姓集団の世襲の意味が含まれているとみてよかろう(67)。

この点はさらに一層の追究を必要とするが、上は官庁から、下は「道々者」にいたる、家業・職能の氏族あるいは同姓集団による請負・世襲という中世社会のあり方の中に、私は律令以前の氏姓制度にまで遡り、中世以後もなお長く維持された西国社会の構造的特質を見出すことができるのではないかと思う。それはこれまでの概念でいえば、「カースト的」と規定することもできるであろうが、さらに視野を広く世界の諸民族に向けて、この特質を見究める必要がある。いうまでもなく、被差別部落の問題も、天皇の問題も、この特質と切り離しては考えられないからである。

では東国社会ではどうだったのか。もちろんそこにも、西国の「職」的な秩序の影響は及んでいるが、それとは異なる主従関係を発達させた東国社会において、この秩序はいかに変形し、またいかなる形で定着したのか、これはやはりさきの東国における「職人」身分の問題につながる未解決な問題といわなくてはならない。逆に、東国の主従制が、西国の「職」的秩序にいかなる影響を与えたかも、まだ決して解決ずみのことではない。この分野にも、残された問題は非常に多いのである。(68)

(1) 前掲拙著『蒙古襲来』〔⑤〕、『日本中世の民衆像』〔⑧〕など。
(2) 「上宮聖徳法王帝説」。
(3) 『類聚三代格』巻四、昌泰二年五月廿八日、太政官符。
(4) 『日本国語大辞典』(小学館)は『源氏物語』桐壺、『無名抄』などを引くが、いずれもこの意味である。

(5)『平安遺文』二―四五五。

(6)その例は多いが、例えば「円覚寺文書」(元亨三年)北条貞時十三年忌供養記に「道々禄」として、絵師・檜皮師・鍛冶・塗師・畳指・壁塗・丹塗・石切・車借をあげ、『春日社記録』一、嘉禎二年六月十一日条に「木工・銅工等諸道」などとある。

(7)「大間成文抄」(第三部第一章注11所掲)。

(8)注(6)及び『公衡公記』二(史料纂集)正和四年四月廿五日条に「道々輩交名」として、番匠・漆工・蒔絵師等きわめて多様な工匠を列挙するが、その中に師子舞も見出しうる。

(9)「三条家本北山抄紙背文書」長徳四年十二月廿六日、大春日淑孝解(『平安遺文』二―三七六)に「博奕之道、縦雖有其弁□　□」とあり、『筑後鷹尾文書』正応三年卯月日、宮別当多米季永陳状案(鎌22・一七三〇八)に「季永博奕之事」とあり、「季永本自不知其道」「季永芸能」などといわれている。

(10)『大原観音寺文書』応安二年卯月廿一日、観音護国寺山臥衆中請文に「当道之衆中」とあり、年月日未詳、熊野山山臥行者講条々置文案にも「当道之輩」とある。

(11)仲村研編『今堀日吉神社文書集成』(雄山閣、一九八一年)一一二号、五箇商人申状案。

(12)上横手雅敬「平安中期の警察制度」(竹内理三博士還暦記念会編『律令国家と貴族社会』吉川弘文館、一九六九年)。

(13)『政基公旅引付』文亀元年七月十一日条。

(14)『中世鋳物師史料』一―五号、建暦三年十一月日、蔵人所牒案。
(15)前掲「中世の身分制と卑賤観念」(第三部第一章注74所掲『日本中世の国家と宗教』所収)。
(16)「中世身分制についての覚書」(一)(『人民の歴史学』七一号、一九八二年)。
(17)「古老口実伝」に「或鍛冶、或檜物、或商人等、依所能色々仁所進之」とあり、「中院一品記」暦応三年九月八日条には「盲目」について「終日各施所能了」とある。
(18)「中院一品記」同右条に、「終夜施所芸」とみえる。
(19)これらと関係の深い言葉に「道の才」「才芸」「芸才」などの「才」がある。
(20)『諏訪大明神絵詞』に「下宮祝金刺盛澄弓馬の芸能古今に比類なし」とある。
(21)『史籍雑纂』第三「家伝史料巻之八」に、徳川綱吉・家宣・家継の時代に召出され、新たに切米を下された「芸者」の書付がある。
(22)注(14)『史料』一―一一号(鎌10・七〇二四)・一二号(鎌12・八九一一)。
(23)同右一―一二号。
(24)同右一―一一号。
(25)「弁官補任紙背文書」(平11・補三五〇)。
(26)『史料』一―一六号。
(27)『高野山文書之三』続宝簡集五十七、四九九号、応永十八年九月廿日、天野社造営料足結解状。「職人共中へ酒始院主下向ヨテ祝」とある「職人」も、もとよりこれらをさす。
(28)『八坂神社文書』上、七五三号、文安四年四月日、祇園社神輿修理諸職注文案。番匠・漆

師・鋳物師・打物師・銹師・鍛冶などがあげられている。

(29)「東寺執行日記」貞治三年四月十四日、東寺執行申状。『東宝記』第二裏書に弘安の塔修造に携わった工人が列記されているが、そこに「南方西間職人」として丹塗・塗師があげられていることも参照されてよかろう。

(30)「東寺百合文書」ム函、貞治六年自正月至六月、学衆方評定引付、四月廿四日条。

(31)森暢「伊勢新名所絵歌合と職人歌合絵」、石田尚豊「職人絵の展開」(『新修日本絵巻物全集』28、角川書店、一九七九年)は、こうした歌合が「職人歌合」といわれるようになったのを、中世末、桃山期と考えている。また町田和也「所能、芸能、諸道」(『日本庶民生活史料集成』第三十巻別冊、三一書房、一九八二年)は、いわゆる「職人歌合」に「職人」の語の現われない点に注目し、「諸道歌合」とよぶべきであるとしている。

(32)『中世法制史料集』第二巻、室町幕府法、第二部、追加法七三条等。

(33)「台明寺文書」貞応二年八月日、僧安慶解(『鎌倉遺文』五―三一五一)に「如此職人之習」といわれているのは、「御宝前御勤行五箇日仁王講一口幷法花経一口」をさしており、例外の一つである。

(34)「九条家冊子本中右記元永元年七月十一日巻紙背文書」(『鎌倉遺文』六―三五八〇)。

(35)『九条家文書』一、一〇三号。

(36)同右六一号(鎌32・二四五三四)。

(37)同右六二号(鎌32・二四五三七)。

(38)「到津文書」(鎌32・二四七五七)。
(39) 例えば「寺門事条〻聞書」応永廿一年八月廿二日条に「河口庄職人上洛」とあるが、『大乗院寺社雑事記』にも同じ用例は見出される。土井忠生・森田武・長南実編訳『邦訳日葡辞書』(岩波書店、一九八〇年)によると「ショク(職)」は、「国家あるいは諸国の役職」と「工作をもってする仕事」となっており、「ショクニン(職人)」は「工作を職とする人(工匠)」と釈されている。一方「ミチノモノ(道の者)」は「演劇(能)とか笑劇(狂言)とかを演ずる人」とされ、「ゲイシャ(芸者)」が、「芸能の心得のある者、または能力のある者」とあり、「芸能」は、礼楽射御書数に琴棋書画など限定された語となっている点も参照される必要があろう。
(40) 例えば、図師などもみられるので、田所・公文・惣追捕使は、よく「三職」といわれ、それぞれに職務を分担していた。
(41)「貫達人氏所蔵文書」貞永二年三月十三日、延暦寺政所下文案(鎌7・四四五七)に「悉解却他社神人寄人職之上」とある。
(42)『玉葉』承安四年六月廿七日条に「解神人職、両方共給使庁」とみえるほか、その例は多い。
(43) 多田院御家人の場合であるが、「多田院文書」嘉禎三年三月廿八日、得宗執事平盛綱奉書(鎌7・五一二一)に「御家人之職」とみえる。
(44)「大間成文抄」第八、建久七年正月廿九日、藤原高久申文に「雖須申馬允於武職者、忽難達其望」とある。
(45)『石清水文書之二』(平3・一〇八三)。
(46)「粉河寺文書」(『平安遺文』二—三五三)。
(47)「東寺文書」甲(『平安遺文』二—四〇五)。
(48)同右ユ函一二号(三五)(鎌13・九四二二)。
(49)「三島神社文書」治承七年三月十七日、源頼朝下文(『平安遺文』八—三九七六)。
(50)『八坂神社記録』三、祇園社記第十、応安元年八月廿五日、延暦寺政所集会事書。祇園社の「職掌人」は同記録二、社家条々記録、保元元年十月の条にもみられる。『八坂神社文書』上、一二四六号、文和二年五月日、犬神人等申状によれば、犬神人も「職掌人」であった。
(51)「職掌」を「シキサウ」と読んだことは、『東寺文書之二』に二号、文永三年十二月十四日、丹波国大山荘地頭中沢基定請文案(鎌13・九六一三)に、「しきさう給米」とあることによって知られる。それ故「色掌人」と表現されたのであろうし、『経俊卿記』正嘉元年九月二日条に、法勝寺に関連して「識唱人」とあるのも、「職掌人」のことと思われる。しかし、「職」が「色」の字で代えられたことは、全く意味がないとはいえないと思うが、なお後考を期す。
(52)第一部第三章注(129)。
(53)「伊勢神三郡政所と検断」(上)(下)(『日本史研究』一八二・一八三号、一九七七年)。
(54)第三部第二章注(94)参照。供御人の課された課役の一例をここに見ることができるのではなかろうか。供祭人・神人などは祭礼に当っての課役があったと思われる。

(55) 第一部第三章注(66)、前掲拙著『日本中世の民衆像』。

(56) 付論1参照。

(57) 後述付論5参照。

(58) 拙稿「中世の鉄器生産と流通」(第三部第一章注33所掲)〔⑨〕。

(59) 『今昔物語集』巻第二十八第二十七。

(60) 「報恩院文書」寛元元年七月十九日、関東下知状(鎌9・六二〇四)。

(61) 『福智院文書』寛喜二年八月日、左兵衛尉紀高綱陳状案(鎌6・四〇一六)。

(62) 戸田「王朝都市と荘園体制」(岩波講座『日本歴史』古代4、一九七六年)。

(63) 黒田日出男は、中世の社会的身分について、その身分標識を中心として興味深い論稿(注16所掲)を発表しつつあるが、その中で拙論を批判、「三十二番職人歌合」に「農人」が入っていること、『新猿楽記』に「貪飯愛酒女」「不調白物」なども含まれていたことなどの点から、あらゆる人がなんらかの芸能を持っていたともいいうるし、農業を芸能に含める見方があったとしている。たしかに一般論としてはそのようにもいえるであろうが、しかし、『新猿楽記』はやはり、一般人――平民とは異質な「所能」を持つ人々をとり上げていることは間違いないので、あらゆる人がなにかの「所能」を持つという見方からこの書が生れえないことは明白であろう。それは大江匡房が『続本朝往生伝』や『傀儡子記』で、「天下の一物」をさまざまな「芸能」についてあげているのと同じような見方が背景になっている。また、農業という「芸能」によって権門に奉仕する集団も、前述した御稲田供御人・精進御薗供御人などのように、一見あるようにみえるが、この人々も、売買交易の面で供御人の地位を与えられていた点は、まえにのべた通りである。黒田のいうような意味で、農業を「芸能」として権門に奉仕した供御人・神人・寄人は、十一世紀後半以降形成期に入る荘園公領制が確立した段階ではありえないのではなかろうか。ただ『新猿楽記』の田堵の、田畠の開発・勧農・収納などの「所能」、受領郎等の請負・経営の「所能」は、別稿(前掲「中世都市論」⑬)でのべたように、在庁、荘官などの職務の中に吸収され、秩序だてられたと考えるが、それも農業を職能としたとはいい難いのではなかろうか。また、岩崎佳枝『職人歌合絵の研究』(歌合絵研究会、一九八一年)は「三十二番歌合」の成立についてすぐれた考証を行なっているが、この歌合のみに農民が登場しているのは、文明～明応期に「彼等が異常な活動力を示したことに因る」とし、この歌合の歌に戦乱と土一揆の模様が巧みに織り込まれたという注目すべき指摘をしている。

そして黒田のもう一つの批判点、「名主」も非農業民か、という点も、もとより私自身も、百姓名の名主職についてそのように考えたことはなく、『沙汰未練書』にみられる名主は領主名の名主を意味すると理解しており、それ故、いまの在庁・荘官の場合と同様に考えてよいと思っている。もっとも百姓名の名主職に補任状が与えられ、免田を保証されるようになる鎌倉後期以降になれば、事態は変化してくるが、それは中世社会の本来のあり方の変化・発展と考えるべきであろう。ただ、これまでの拙論に不明確な点のあったことは事実で、黒田の批判もそこを突いたものであり、その点は本章によって、多少は解決しえたのではないかと思う。

また、黒田は、神人・寄人・供御人を称号とする拙論を批判し、これらの人々を「権門寺社に自らの職能・「芸能」をもって奉仕する奉仕者集団の身分」と規定し、「寄人身分」とすることを提案している。たしかにこの問題は「身分」そのもののとらえ方とも関わりがあると思われるが、ただ、寄人という言葉は、十一世紀後半前後、荘園公領制とともに形成されつつあるこれらの集団の一般的呼称として、広く用いられたが、その確立とともに、天皇の供御人、賀茂社の供祭人、諸社の神人、寺院の寄人のように、権門ごとにその呼称がはっきりと分化、確定していく。私は、そのことに大きな意味があると考えているので、黒田の提案は、私自身の見方とそれほど遠く隔っているわけではないと思うが、やはり賛成し難い。黒田のこの定義によると、西国御家人も「寄人身分」となる一方、国衙に奉仕する「道々外才人」が視野から落ちていくことになるのではなかろうか。

(64)　拙著『東と西の語る日本の歴史』(そしえて、一九八二年)〔⑮〕、及び「中世の「職人」をめぐって」(第三部第一章注33所掲)〔⑧〕参照。

(65)『中世政治社会思想』下(日本思想大系22、岩波書店、一九八一年)。この論旨は前掲(序章Ⅱ注(36))『日本の中世国家』の中でさらに展開されている。

(66)注(64)拙稿参照。国衙の諸機能を分担する役所・公文所・田所等々が請負・世襲される過程で、在庁・荘官の「職」が形成されるが、国衙に所属していた工人にそれが及んだとみることは全く自然である。大田文に在庁給、職掌人給と並んで道々細工給が人給田としてまとめられたことがそれを証明している。

(67) 第三部第三章第一節。

(68) 黒田俊雄は前掲(第一部第三章注(133))『歴史学の再生』(校倉書房、一九八三年)一〇三〜一〇五頁で拙論を「非農業民＝職人」説として、批判を加えている。たしかにそのように誤解される表現が、拙論に全くなかったとはいわないが、当初から私は、非農業民がすべて「職人」身分とは考えていないので、職人的鵜飼と平民的鵜飼、供御人的海民と百姓的海民は当然ありうるのである。また、現実には鋳物師でありながら「職人」と認められていない「隠鋳物師」もありえた。こうした誤解は、本書によって氷解することと思う。なおこれは、非人を「職人」とみた拙論に対する黒田の批判にも関係してくるが、この点は別稿にゆずり、再論することとしたい。

付論5　「外財」について

序

津田左右吉が、一九四六年三月、雑誌『世界』の誌上に「日本歴史の研究に於ける科学的態度」と題する論説を発表し(1)、戦後の新しい歴史学の動向に理解を示すとともに、戦争中の「軍国主義の跳梁」「思想界に於ける反動的勢力」によって鼓吹された「気ちがひじみた言論」「虚偽迷妄な説」、その根底にある皇室の由来やその本質に関する「固陋な思想」に対し、専らはげしい批判を展開したことは、序章ですでにのべた。しかしそれだけでなく、津田はこの論説の中で、歴史研究における学問的方法について、いくつかの点に言及している。

その「第一の用意」として津田が指摘したのは、「古典の用語文字の意義をこまかに考へ、その意義のまゝに、それを解釈すべきで」、決して「後世の思想でそれを見てはならぬ」という点であった。

そして津田はさらに、「文献だけでは知ることのできない学問上の知識、例へば日本及びその周囲の民族に関する考古学・民俗学・言語学などの研究の結果が重要なるやくわりをもつてゐること、またシナ及び半島の歴史の研究によつて知られたことが大なるはたらきをするものであること」に注意しなくてはならぬとし、ついで、史料そのものの成立過程、伝来過程の研究、厳密な史料批判の必要を強調しているのである。

こうした発言は、「学徒が真理を愛し真理を求め真理のために虚偽と戦はうとする意気と情熱とを欠いてゐた」と、戦前の学者をきびしく批判するとともに、「日本歴史の学問的研究といふことが急に叫ばれても、それがすぐに大なる効果を生ずるには限らない」とみる津田の見方とともに、いまもなお生き生きとした意味を持っている、と私には思われるが、当面、ここでとり上げるのは、津田が「古典の用語文字の意義」を「その意義のまゝ」に解釈すべきことを強調している点である。この論説で津田が言及したのは「掩八紘而為宇」「惟神」などの、「上代史」に関わる語についての、戦時中における誤った解釈についてであるが、単に古代史の分野だけでなく、「思想・文芸・日本語」に収められた論稿「自由といふ語の用例」(2)のように、津田は広く日本語について、こうした研究を試みている。

「極めて不備なもの」と断わりつつ、津田は、日本における「自由」の語について、「我欲を逞しくして慣例に背き不法を行ひ禁令を犯し専恣横暴なふるまひをすること」を意味する場合が多いが、鎌倉末期ごろから「他からの拘束をうけないといふ意義」に使われる例がみえ、江戸時代になって生じた「新しい気分」を背景に、「拘束をうけない」だけでなく「積極的な何等かのはたらきの要求」をその根底に持つようになってくる、と指摘する。そして前者の語義が唐令からとられたのではないかと推測するとともに、後者については、禅家・唐詩などの影響を考えているが、結局「自由といふことばには……何ほどか非難せられるやうな意義の含まれてゐるもの」が多く、「フリイダム」の「適切な訳語ではないやうである」という結論を導びき出した。

この淡々たる津田の文章の中には、しかし、きわめて重要な問題が含まれている。その一つは明治期における翻訳語に関わる問題であり、これについて、津田は別に「訳語から起る誤解」と題する論稿の中で、[3]「封建」「奴隷」「神」などを事例としてとりあげ、こうした訳語を通じてもとの日本語を解し、また日本の社会を西欧の社会に関する知識にあてはめて考えようとすることからおこる誤りに対し、批判を加えたのである。[4]

この当然の指摘は、その後、必ずしも正当にとりあげられてきたとはいい難く、近年、ようやく本格的に考察の対象になりつつあるといってよかろう。そして、例えば「領主」「地主」「地代」等々、これに類する語で、あらためて検討されなくてはならない言葉は、なおきわめて多く存在すると思われる。

また、津田のさきの論稿は、同じ語が時代の推移とともに、意義を異にするようになるという、これもまた当然の、しかもきわめて重要な問題を指摘している。実際、「自由」についてみれば、津田も江戸時代の用例として多く引いている「不自由」という語が現われるのは、ほぼ戦国期からのことと思われるが、これは「自由」がマイナス評価の語ではなく、多少とも積極的なプラスの評価を含む語義を持つようになってきたことを証明するものといえよう。

このように変化した後代の語義を、古い時代の語におし及ぼすことによって誤りのおこるのは当然で、津田のいうように「古典の用語文字の意義」を厳密に研究することが、史料の正確な解釈、史実の誤りない確定のために不可欠な作業であることはいうまでもない。にも拘らず、さきの翻訳語の問題と同様、戦後の中世史学は、この分野をほとんど空白のままに残してきたといわなくてはならない。

ただこの間にあって、「中世の文書や記録に出てくる用語の研究」[6]の必要を、早くから強調したのは佐藤進一であった[5]。そしてその著『古文書学入門』には、こうした語義の変化に関わる長年の研究成果が、簡潔ながら豊富にもりこまれているが、この発言を継承し、具体化したすぐれた研究が現われてきたのは、最近のことといってよかろう。「地発」についての勝俣鎮夫、(7)「中央」についての笠松宏至、(8)「供給」に関する早川庄八の論稿などがそれで、(9)これらはいずれも説得的かつ興味深い内容を持っているだけでなく、語義、あるいはその変化を厳密に考えることが、じつは社会史上の重大な問題につながることを、それぞれ鮮やかに示したのである。

事実、被差別部落形成史に関連し、「散所《さんじょ》」をめぐって行われた近年の論争についてみても、その根源には、この言葉の語義の変化に関わる問題が伏在している、と私は考えるが、(10)ここではこれらの人々の驥尾に付し、(11)「散所」の問題とも多少の関わりを持つ「外財《げざい》」という語について、佐藤進一の示唆を得て行なった調査の結果をまとめ、大方の批判を仰いでおきたいと思う。

一　中世後期以降の「ゲザイ」

中世後期から江戸時代にかけて、「ゲザイ」の語には、「下在」「下財」「下才」「下細」「外在」などのさまざまな字が当てられていた。

いま、最も豊富に用例をあげている『日本国語大辞典』（小学館刊〈初版〉）によりつつ、その語義をみると、この言葉はおよそ三種の意義に解されている。

①鉱山の金掘り坑夫。特に江戸時代、佐渡の金鉱などで、穴にはいって働く金掘師をいった。

この語義は、上田万年・松井簡治共著『大日本国語辞典』、大槻文彦著『大言海』も、ともにあげるところであり、いずれも『嬉遊笑覧』或問付録の「古く金ほる者をケサイといへり。庭訓に芸才と書けるは仮字なるべし」を根拠にしている。『日本国語大辞典』も、これに関連して『庭訓往来』四月状の「芸才七座之店、諸国商人、旅客宿所、運送商売之津、悉以令遵行候」を引くほか、『人倫訓蒙図彙』六の「銀掘、金銀銅等、石中より出る、此穴を真吹と号す、掘手を下在といふ」、及び歌舞伎「韓人漢文手管始」の「金山の下財なら何とする」などを用例としてあげている。

②鍛冶屋など身分の低い職人。

これは『日本国語大辞典』のみがあげる語意で、幸若「烏帽子折」の「此年月かかる下細を仕り。身命を助くるを。仏神三宝も不憫と思召さるるによって此刀を給はる」と、『史記抄』一九「貨殖列伝」の「工は工巧とて鍛冶匠人以下のゲザイと云ものぞ」を用例として引く。

③きこりのために山中に作った小屋。また、そこに住むきこり。

これも『日本国語大辞典』だけにみえ、浮世草子「諸士興廃記」の「信州木曾の山中に外在をかまへ、人数あまたかかえて杣木をわらせ」をあげている。

そして『日本国語大辞典』は、『大言海』が「げざい」に「下財、芸才」の字をあて、「当字ナルベシ、詳カナラズ、地下ノ財宝ノ意トセムハ、イカガ」としているのを、「語源説」の(1)にあげ、(2)に久門正雄『国語拾遺語原考』(12)の「一種の技術があり、才があるところから、ゲイザイ(芸才)の略」という説を記しているのである。

最近、橋本鉄男は長年にわたる近江の民俗・歴史の研究の成果の一つを、木地屋を中心に、その歴史、及び日本の前近代の技術体系の中に重要な位置を占める「ろくろ」についての民具学的な研究を、著書『ろくろ』(13)にまとめているが、その中で村の一古老から「在所にいるときは、なんぼ奥へ行っても日帰りができたが、外在へ行ったものはそこへ小屋掛けをして、先山もし、木地挽きもしたものだ」という話を聞いたことを記している(14)。これがさきの③の語義に当る用例であるのはいうまでもなく、この語は現在も生きており、しかも「在所」と「外在」とが対称させられている点、まことに興味深いといわなくてはならない。

一方、橋本は別の論稿「木地屋のなかの諸職」(15)の中で「「ろくろ」工人の全国的な座的組織を巧みに画策」した、小椋谷蛭谷の大岩助左衛門重綱の日記「大岩日記」の正保二年(一六四五)〔校注一八〕の記事に、「銀山の外財当所に在居して、今日村人の衆入しける」「銀山の外財三十郎といふ者、当村介太夫姉娘に今日入烟に取」とある点に注目、「君ケ畑銀山の下財」という節を立て、「外財は下財、下在とも記し、江戸時代鉱山の山留(大工頭)、大工、掘子(手子、負夫)などをいったもので、いわば現代の鉱夫同様に使用された例の多い言葉であった」とのべている。そして、さきの著書で、「「ろくろ」師の生活生業の周辺をよくみると」「鉱山の外財といった金屋党、黒鍬、修験、薬売り、マタギ、塩焼きの竈方衆、面師、仏師など」が深く結びついて現われることに目を向けているのである。(16)

また、石塚尊俊も「たたら師と鍛冶屋」(17)という論稿で、「山師の下で働く金掘師には、下財・手子・柄山負い・入れ手などの階層があった。下財とは一人前の採鉱夫のことで、ところによっては掘子とも銀掘りともいった」とのべているが、もとよりこれらは、すべてさきの①の語義の用例としてよかろう。しかし橋本が、恐らくは「ゲザイ」の音通を媒介として、①と③とを関連させて、鉱夫と木地屋とを結びつけて考えようとしているのは、まことに鋭い着眼といわなくてはならない。

そして、これら①と③の場合には、そこに当てられた「下財」「下在」「下才」「外在」

などの字が物語っているように、多少とも賤しめられ、あるいは疎外されたものの意味がこめられていることは、否定できないと思われる。それは②の用例にみえる、幸若の「下細」についても同様であるが、『史記抄』の場合、さらりと鍛冶・匠人以下の「ゲザイ」といっている点からみて、唯一の例外といってよかろう。また、さきの「大岩日記」が、「外財」の字を当てていることも注意しておかなくてはならない(18)。

こうした賤視・疎外の意をこめた語義と、『史記抄』の用例とはどのような関係にあるのか、多くの用字のうち、どの字が本義に即しているのか。この問題を考えるためには、この言葉の用例を、さらに遡って中世前期に探ってみる必要がある。

二　中世前期における用例

これまで余り注意されてこなかったが、中世前期——鎌倉時代の文書・記録の中に「ゲザイ」の用例を、いくつか見出すことができる。以下にそれを掲げてみる。

㋑『玉葉』文治二年十二月二十九日条

追儺、此次内舎人数人被解却、是或死亡之者、或又郎等外材細工等之類、凡言語不及之輩等(類)、数十人載補任之面、為朝有恥無益、依大外記頼業殊傷申行也

(ロ)「民経記寛喜三年十月巻紙背文書」(承久二年ヵ)某書状(19)

大内造宮米之間、当国周西郡地頭駿河入道にて候、於国相催候之処、代官申云、正地頭在京之間、可京済之由申候、(中略)兼又眼代申状乍恐令進上候、御覧後、可被返下候、如申状者、諸地頭公文在庁以下、道之細々外才之輩まて不可済之由令申候条、凡無其謂候(下略)

(ハ)「真継文書」宝治二年十二月日、蔵人所牒写(20)

(前略)彼供御人役者、付外才課役也、乍居其職何不勤彼役哉(下略)

(ニ)「真継文書」弘長二年十二月日、蔵人所牒写(21)

(前略)彼供御人役者、付外才之課役也、何乍営其芸能、任由(自脱)不勤仕被(彼)役哉(下略)

(ホ)「勘仲記正応元年七月・九月巻紙背文書」年月日未詳、鋳物師伊岐得久重申状(22)

(前略)仍□□糺淵底之後、任道理□□(蒙御)成敗、令安堵、遂外財之□(処)(下略)

(ヘ)「勘仲記正応元年十月巻紙背文書」年月日未詳、鋳物師伊岐得久重申状(23)

(ホと同文なので省略する)

(ト)「初例抄」上(24)

木仏師僧綱例

定朝、大仏師康成子、治安二七月十六日叙法橋、法成寺金堂造仏賞供養日也、永承三

年三月二日転法眼、山階寺造仏賞、天喜五年八月一日入滅、凡外才者任僧綱之為初

以上によって、鎌倉時代において「ゲザイ」は、外材・外才・外財という字で表記されていたこと、それが「外材細工等之類」(イ)、「道之細々外才之輩」(ロ)といわれ、また燈炉供御人＝鋳物師・仏師に関して使われている点からみて、細工、「道々の輩」と深い関わりのある語であることは明らかであろう。

また、供御人役は「外才」に付する課役であるといわれ、供御人はその生業を全うすることを、「外財を遂げる」といっているので、「外財」が「道々の輩」——「職人」[25]の生業そのものを意味する言葉であったことも間違いないと思われる。

そして、(イ)と(ロ)あるいは(ト)には、多少とも地位の低いものを示そうとする意味がこめられていることは確かであるが、(イ)は「郎等」と並べられ、(ロ)にいたっては、地頭・公文・在庁と並んで、その末端のものを示す形で現われてくる点に注目すべきであり、(ハ)～(ヘ)の用例の場合については、供御人自身の発言の中にでてくることからみても明らかなように、賤視・卑下の意味は入っていないとしてよかろう。さらに(ト)は、「外才者」が僧綱に任ぜられたことを記しているのであり、(イ)に通ずる意味を持っていると思われる。

しかしそれはともかくとして、鎌倉時代に「外財」の語がこのように使用されていたことを確認すると、なおつぎの二つの場合も「ゲザイ」の用例と考えても差支えないのではないか、と私は考える。

その一つは、「三島文書」建長七年十月日、伊予国田所木工允紀某免田注文[26]である。この文書はその末尾の部分に「道々外半人等五十二町七反」とまとめて、経師・紙工・傀儡子・銅細工・轆轤師・紺搔・白革造・木工・国細工・塗師・鞍打・笠張・土器工・造府・温免などの免田を列挙しており、手工業者・芸能民等――「職人」の給免田の状況を示す好史料として、しばしば引用されるのであるが、この「外半人」は、まず間違いなく「外才人」の誤写、と私は考える。「才」の草体は「半」と読み誤られる可能性が十分にありうるからである。

橋本はさきの著書で、これを「外生人」と読み、「下姓人」の当て字で「氏素姓のいやしいもののこと」と解している[27]。この文字に注目されたのは、さきの「外在」「下財」に対する着眼と同様、的をついているといえるが、そこには「散所賤民説」の内包していた問題と同性質の誤り[28]が入りこんでいるように思われるのである。「外生人」という言葉の他の用例を、私は知らないが、もしもこれをさきのように「外才人」と解すれば、橋本の「ゲザイ」への的確な注目は、かえってより一層生きてくることになろう。しかし、中世前期、たしかに地頭・公文・在庁よりは地位の低いものであり、郎等と並べられる存在であったとはいえ、「外才人」は決して橋本の強調するほど「いやしいもの」とみられてはいなかった、と私は考える。そして逆に、この推測が誤りないとすれば、さきの免田注文は、轆轤師はもとより、傀儡師も革造も、国衙から公的に免田を保証された、公文・下司などの荘官や在庁と同じ身分――「職人」身分に属する人々であったことを、これまで以上によく物語るようになる、[29] といわなくてはならない。

他の一つの場合は、つぎの鎌倉幕府法の追加法[30]である。

一　不可召仕町人幷道々輩事

号権門之所従、諸人訴訟之時、或不従奉公人之催促、或語取権門之書状、好非分之沙汰、自今以後、一向可止之、如此被定下後有犯者、可被行科断也、縦雖不召仕、沙汰之時、称知音人口入之条、甚不可然、但付能解才　誂作要事、不及制止之

この「解才」も恐らくは「外才」の誤写ではあるまいか。「外」の草体は「解」の草体と類似しており、誤読の可能性が大きいからである。この推定に誤りがないならば、これもまた「道々輩」と深い結びつきを持つ「外才」の用例とすることができよう。そしてこの場合もまた、賤視・卑下の意味は全くないといわなくてはならない。

こうした推定に基づく二例をさきにあげた七例に加えて通観すると、中世前期、「ゲザイ」は「外財」「外才」「外材」と表記されたこと、それは「道々の輩」の「芸能」の働き、生業そのものを意味していること、そして中世後期以降と異なり、「下」の用字がみられない点からも知られるように、それ自体には賤視・卑下の意はこめられていないことなどを、確認することができる。とすれば、さきの②に引かれた『史記抄』の用例が、最もよく中世前期の語義を伝えていることになる。

三　「外財」の語義

では「外財」「外才」「外材」は、本来いかなる意味だったのであろうか。またこの三種の用字のうち、どの字が原義を現わしているのだろうか。

中村元著『仏教語大辞典』[31]がその解決を示してくれる。そこには「外財　げざい　人間の身体の外の財産」とあり、一方「内財　ないざい　自分の身体の肉。外財に対する」という解釈があげられているのである。

この「外財」に対するとされた「内財」という語は、かなり古くからの用例を記録・文書に見出すことができる。

例えば『小右記』寛弘二年（一〇〇五）五月十三日条に「内財・雑物・馬」とあり、長和三年（一〇一四）正月二十七日条に「件女宅、捜取内財物」と記されているのをはじめとして、「法隆寺文書」永承元年（一〇四六）十月二十八日、僧長仁公験紛失状案「延重宅仁俄強盗入来天、内財雑物等之中ニ、被加件畠文書等、所被盗取也」[32]、「神宮文庫文書」正嘉三年（一二五九）正月二十三日、二所大神宮禰宜等陳状「押入検校則光住宅、追捕内財雑物等」[33]、『光明寺古文書』嘉暦二年（一三二七）七月十九日、祭主使新家定興・在真連署告状「追捕内財、壊取在宅」[34]、同上、嘉暦二年十一月二十五日、僧真隆紛失状案「其中、於内財物等者、不遑毛挙」[35]など、多数の用例をあげることができるが、これらを通じてみて、「内財」は「自分の身体の肉」というより、「家宅の中の財物」の意味を持つ語として、広く使われたといってよかろう。

とすれば、鎌倉期に使われた「外財」は、まさしくこの「内財」に対する語であり、「ゲザイ」の本来の字は「外財」であったとみて間違いない。この二つの仏教語は、相対する語として、平安時代から鎌倉時代にかけて、日本の日常社会に広く用いられていたのである。

しかし「内財」が、「身体の肉」から「家宅内の財物」の意味に変化したように、「外財」の場合も、「身体の外の財産」の意味から「身体の外の働き」の意がこめられるようになり、おのずと「財」にかえて「才」「材」の字が並用されるようになったのであろう。

とすると、家内の財物は「身体の肉」の延長とされ、「道々の輩」の「芸能」の働き——手工業者や芸能民の職能的な活動が「身体の外の財産」ととらえられていたことになる。ここに、人間の身体を軸として、その延長上に物事をとらえようとする、この時代の人々の、いわば感性的・具体的なものの把握の仕方が、よく現われているのではあるまいか。

そして、このように本来の表記である「外財」が、音通と意味の多少の変化によって「外才」「外材」に変ってきたとすれば、「外財」が「芸才」から転じたとする、さきの語源説は明らかに誤りであろう。むしろ逆に、「外財」が「外才」ととらえられるようになったとき、そこに「外財」と不可分の関係にある「道々の輩」の「芸能」、もともとからある「道ノ才」「才芸」などの語が結びつき、「外才」にかわる語として「芸才」という言葉が広く使われはじめた、とみるべきで、この語はさきの『庭訓往来』をはじめとして、南北朝期以後さかんに使われ、『節用集』『日ポ辞書』等にも採られていくようになったのである。

これに対し「内財」の語は室町期にはほとんど消えたようで、これらの辞書にも、また現代の『日本国語大辞典』などにも全く現われなくなる。そして「外財」の場合も、その意味の一部を「芸才」に吸収される一方、さきにみたように「外在」「下財」「下在」「下細」など、多少とも賤視・卑下の意味をこめた語として、一部の「職人」に関わる用語に転化し、その本来の意義は室町期以降、忘れられていった。もしも前述した推定が認められるならば、さきの誤写の事実こそ、そのことを最もよく証明しているといわなくてはならない(36)。

以上の如く「外財」はその本来の意義から、著しく大きな変化をとげた。その転換の時期は、「散所」「職人」「諸道」「芸能」などの言葉と同様、ほぼ南北朝期を境としているものと思われる。

それはもとより決して語義のみの単なる変化ではない。この時期の「職人」身分の人々のあり方の大きな変化、ひいては日本の社会の構造的な変化がその根底にあることは間違いない、と私は考える。

「外財」の語の変化は、「外才」――「下才」「下財」「下在」を経て、ついに「下罪人」という理解にまで立ちいたる(37)。このような驚くべき語義の変化を無視して、中世後期、近世、さらには近代の語義・語感をもって、中世前期以前の社会におし及ぼすならば、重大な誤りを犯す可能性があり、事実、そうした誤りがすでにおこっていることを見逃してはならぬ、と私は思うのである。

結

最近「社会史」についての論議が活発であり、その方法が語られ、西欧における動向がさかんに紹介されている。これによって、戦後の歴史学の盲点に光が当てられ、切り捨てられてきた分野があらためて見直されるようになってきたことは、まことに歓迎すべきことである。

とはいえ、現状をみるならば、解明すべき無限といってもよいほどの巨大な課題を解決するための具体的な仕事は、なお少なく、専らその周辺の論議の活発さが目立つ、といわなくてはならない。

その意味でも、戦後、新しい歴史学が出発しようとした、まさしくそのときに、「日本歴史の学問的研究といふことが急に叫ばれても、それがすぐに大なる効果を生ずるには限らない」といううきびしい現実認識の上に立って、研究の科学的態度を説き、追究すべき具体的な課題を提起しつつ、七十歳をこえてなお自らも地味な仕事を精力的に進めた、さきの津田左右吉の姿勢をわれわれは思いおこす必要があろう。三十年以上も前のこの発言が、いまもなおきわめて切実なひびきを持ってわれわれに迫ってくるところに、われわれの直面する問題の深刻さがあるのではなかろうか。

(1)『津田左右吉全集』(岩波書店、一九六六年)第二十八巻「日本・シナ思想の研究」第一篇、日本思想の研究九。

(2)『全集』第二十一巻、第一、日本語雑感八。これは一九五五年七月『心』に掲載された論稿である。なお、自由の語義の変化については村岡(新城)美恵子「「自由」の語義の変遷にみる思想史的意義」(『法政史学』二五号、一九七三年)が、丹念に用例を蒐集した上で、自由の語義の変化を追究している。

(3)同右、日本語雑感七。一九五六年二月『心』に掲載されたもの。

(4)この「自由」などの翻訳語の問題については、柳父章『翻訳語成立事情』(岩波新書、一九八二年)でも論じられている。なお、阿部謹也・石井進・樺山紘一・網野『中世の風景』下(中公新書、一九八一年)の9「自由」及びあとがき参照。

(5)「歴史認識の方法についての覚え書」(『思想』四〇四号、一九五八年)。ここで佐藤は「支配」「与奪」「地頭」などの語に言及し、「このような言語史的考察は、たしかに歴史家にとっては退屈な仕事である。しかしこれは決して退屈といってすまさるべき性質のものではなく、訓詁的といって退けらるべきものではあるまい。過去の言語文章が現代のそれと同じでない以上、そのような言語文章によって書かれた史料から、より正しいより豊富な事実をくみとるためには、言語文章そのものの研究が不可欠である」とのべている。その成果の一つは、佐藤進一・池内義資・百瀬今朝雄『中世法制史料集』第三巻、武家家法I（岩波書店、一九六五年）の補注として結実している。

(6) 法政大学出版局、一九七一年。とくに文例のあとに付された注解には、きわめて豊かな内容がもりこまれている。

(7) 『戦国法成立史論』（東京大学出版会、一九七九年）第一部第四章「地発と徳政一揆」、「生きている土地――日本中世土地所有観念の一側面」（『月刊百科』一九七九年五月、二〇〇号）。

(8) 「中央の儀」（『月刊百科』一九七九年七月、二〇二号）。

(9) 「「供給」をタテマツリモノとよむこと」（『月刊百科』一九八〇年三月、二一〇号）。

(10) 拙稿「中世身分制の一考察」（『歴史と地理』二八九号、一九七九年）[⑪]で、この点に若干言及した。第一部第三章参照。

(11) 「真継文書」を『名古屋大学文学部研究論集』に紹介すべく準備をしていたところ、当時、本学に在職した佐藤から「外財」と「外才」とが一致すること、この語が供御人の活動の本質につながることを指摘され、興味を抱いて調査しはじめたのが、契機であった（私の非力、不勉強のため、このように貧しいものしかまとめられなかったが、佐藤氏から賜った学恩に対し、心から謝意を表する）。

(12) 新紀元社、一九六〇年。愛媛県新居の方言を細かく集めたこの書では「げざいば」という語があげられ、「坑夫の集り住ふ場所」「鉱山の附属地で、その鉱山関係の人の集り居住する処」「新開地の各地の人の寄集つて居住し、繁昌してをる処」と説明している(この書については、田島毓堂氏の御教示を得た)。

(13) 法政大学出版局、一九七九年。

(14) 同右書二七二頁。

(15) 『日本民俗学講座1』(朝倉書店、一九七六年)Ⅲ「移動する職能集団」。

(16) 注(13)前掲書一七五頁。

(17) 注(15)前掲書所収。

(18) 前田勇編『江戸語の辞典』(講談社学術文庫、一九七九年)に「毛才六」(けさいろく)を、「青少年を罵っていう語。青二才。小僧っ子」と説明しているが、あるいはこれも「ゲザイ」から転じたのではあるまいか。また、『続燕石十種』第二巻に収められた、初代並木五瓶著「戯財録」は、作劇と演劇に関する故実・作法を説いた書であるが、これも「外財」から転じたものとみてよかろう(以上、佐藤進一氏の御教示による)。

(19) 『鎌倉遺文』四―二七〇八。ただ、「諸地頭公文在庁以下進納之外、オミ輩まで……」と誤読されている。

(20) 前掲『中世鋳物師史料』一―一二号(鎌10・七〇二四)。

(21) 同右一―一二号(鎌12・八九一一)。

(22) 同右参考資料九号(鎌22・一六六八〇)。

(23) 同右参考資料一〇号(鎌22・一六六八一)。
(24) 『群書類従』第二十四輯(この点、水野柳太郎氏の御教示による)。
(25) 終章I参照。
(26) 『鎌倉遺文』一一―七九一二。これは「伊予国分寺文書」から採録されたもので、「伊予国神社仏閣等免田注記」という題箋が付され、奥書に「交正了、応永十五年二月九日、記良員」とある。「三島文書」にも「伊予国免田記」という包紙に包まれた同一の文書が、建治二年九月日、田所注進状、貞和三年十月日、税所藤原某・目代某注進状とともに伝来しており、いずれも同筆の写である。
(27) 注(13)前掲書一〇五頁以下。一〇九頁に引かれたのは「伊予国分寺文書」である。
(28) この点については注(10)前掲拙稿、及び第一部第三章参照。
(29) 終章I参照。
(30) 佐藤進一・池内義資編『中世法制史料集』第一巻、鎌倉幕府法、追加法一三一条(以下の点も佐藤進一氏の御教示による)。
(31) 東京書籍、一九七五年。
(32) 『平安遺文』三―六三七。
(33) 『鎌倉遺文』一一―八三四〇。
(34) 『日本塩業大系』史料編、古代中世(二)「光明寺古文書」三―二一号(鎌38・二九九〇一)。
(35) 同右一六―一九号。

(36)「三島文書」「国分寺文書」の免田注文も、室町期の写本であり、さきの追加法をのせる「近衛家本追加」は、成立したのは室町期のころと思われるが、現存する写本は江戸中期を遡るものではあるまい、とされている。

(37) 中村政則『労働者と農民』(日本の歴史29、小学館、一九七六年)一〇七頁に、「唐津ゲザイ人の、スラ曳く姿、江戸の絵かきも、かきゃきらぬ」という炭坑歌をあげ、「ゲザイ」に「下罪」と傍注している。中村はこれを明治期の坑山における囚人労働と関連させて理解しているのである。ただこの字が原史料の中に現われるのか、中村の理解なのかは明らかでないが、いずれにせよ、注目すべき変化といわなくてはならない。なおこの「スラ」は修羅であろう(この点は山口啓二氏の御教示による)。

Ⅱ　「社会構成史的次元」と「民族史的次元」について

1

上横手雅敬は、最近の力作「封建制概念の形成(1)」において、このごろ必ずしも正面から議論されることのない封建制の問題と、久々に本格的に取り組み、これまでの日本史学における封建制概念について、再検討を試みている。いま、封建制そのものについて、この論稿に即して論議することは私の力に余るが、当面、上横手がこの稿で、ヨーロッパの時代三分法をうけつぎ、戦前・戦後を通じて強く支持されつづけてきた日本史の時代区分における三分法——原始社会をのぞき、古代・封建・近代とする三分法はもはや破綻した、と言い切っていることに、ここでは注目したいと思う。

そして、私自身も、古代・中世・近世・近代という四区分が最も自然という上横手の主張を支持する。このそれぞれの時代をいかに規定するかについては、奴隷制・農奴制・首長制・封建制等々について、なお考える余地が多く残されているので、いまは困難というほかないが、社会構成史的な次元における時代区分としては、これが最も事実に即していると私は考える。

その生産諸関係についての議論はしばらくおくとして、なによりもこの四つの時代、社会は、それぞれに形成、発展、停滞、崩壊の時期(2)をはっきりと持っていることが、重要な根拠となろう。上横手が焦点を合わせている中世と近世についてみても、安良城盛昭のいう通り、下人・所従身分――奴隷か農奴かは別として――が、社会的にかなりの比重を持ち、「職人」身分とともに、法律的・制度的に確定されている中世社会と、下人の比重がすでに身分としての意味を持たないほど小さくなり、農・工・商、さらに「穢多・非人」の身分を分化させた近世社会との間には、根本的な構成上の違いがあるとみるべきであろう(3)。それはまた、良・賤の身分を持ち、良――公民を基礎とする古代との基本的相違でもある。さらに中世社会の場合、当初から東国・西国の二つの国家が存在し、さらに琉球はもとより、「夷千島」にも独自な国家が形成されつつあったことも見逃すべきではなかろう。

また四つの時代の区分は、班田制を基礎とした律令制、公田制を根底に持つ荘園公領制、石高制を前提とする幕藩制など法律的・政治的な制度に即しても明らかであり、例えばそうした制度の運営のために作成される文書とその授受の体系をとってみても、その違いは明瞭といってよい。三区分よりも四区分の方が妥当とする上横手の見解は、自然な、事実に即した見方といわなくてはならない。

しかしこのことを認めた上でなお、私は南北朝動乱期を境にして、社会が大きく転換することを、主張しつづける。上横手が指摘する通り、それは、応仁の乱以後が「われわれの真の身体・骨肉に直接触れた歴史」であり、「それ以前の事は外国の歴史と同じ」といった内藤湖南の周知の発言(4)と同じ問題が、この内乱期以前と以後とに存在する事実を否定し難いと思うからであり、私はそれを、さきの社会構成史的次元の時代区分と異なる次元――民族史的次元に関わる転換と考えるのである。

では、この二つの次元はどこに違いがあり、また歴史の過程で、相互にどのように関わり合うのか。つねに疑問を投げかけられ、批判の対象となってきたこの点について、私はいまも明快に答えることはできないが、さし当り、現在までに考えたことを以下に述べて、さらに今後の問題として残しておきたいと思う。

2

三区分、四区分のいずれをとるにせよ、社会構成史的な区分において、鎌倉幕府の成立、江戸幕府の成立が、その画期となっていることは間違いない。これに対し、南北朝内乱期を境とする区分は、むしろ現象的には天皇の政治的実権の喪失に着目するとともに、庶民のあり方の大きな変化に目を向けるのである。

こうした二つの時代区分の仕方は、遡れば新井白石にまで至るであろう。江戸幕府の公的歴史観と、南北朝期に注目しはじめた水戸学との間に立って、白石は『読史余論』において、この二つの区分方式をはっきりと並列させているといってよい(5)。それは事実に即した白石のものの見方をよく示していると思うが、江戸時代の史学史の中に、この区分方式の対立を辿ることは、今後の問題とし、近代歴史学に目を移してみたとき、この対立が角度の違いはあれ、二大潮流といってもよいほどに根強く続いているのを確認することができる。

上横手が主として取り上げた、福田徳三・中田薫・三浦周行・内田銀蔵・原勝郎等々、近代歴史学の主流は、基本的に社会構成史的といった前者の立場に立つといってよかろうが、内藤湖南のさきの発言は、明らかにそこからずれるものがある。内藤はこの転換期を「皇室の式微の時代」ととらえる一方、吉田神道などによって「天子の宗廟に対する信仰が朝廷の保護から離れて人民の信仰となったがために、かえって一種の神秘的尊王心を養った」とし、「応仁時代は乱世」であるが「国民の思想統一の上には非常に効果があった」とのべ、さらにこの時代は「単に足軽が跋扈して暴力を揮うというばかりでなく、思想のうえにおいても、その他すべての智識、趣味において、一般にいままで貴族階級の占有であったものが、一般に民衆に拡がるという傾きを持って来た」ことを強調しているのである。それは鎌倉幕府・江戸幕府の成立という観点とは異なる、庶民生活、文化の視点から見た時代区分といってよかろう。(6)

この内藤の見方をうけついだのは中村直勝であり、中村は前述したように、神から人へ、米から銭へという転換を、南北朝動乱の中に見出した。(7)室町戦国期、供御人が天皇に仮託して偽文書をさかんに作成したとする中村の説も、さきの内藤の発言に通ずるものを持っているといわなくてはならない。そしてもとより内藤にも見られた「皇室」への崇敬、大覚寺統——南朝の評価(8)は、中村においては熱烈な傾倒にまで達しているのである。

こうした文化史的・社会史的な観点からの南北朝期に対する見方に対し、冷静に計算された権力的な立場から、天皇そのものに光をあて、南北朝期を大きく前面に押し出したのが、平泉澄を中心とする皇国史観であった。それは周知の通り戦前の一時期、まさしく世を風靡しただけでなく、いまもなお、政治に対して根強い影響力を行使しつづけている。

もとよりこれに対する批判は、戦後第一期の歴史学の中で精力的に展開され、それなりの成果をあげているとはいえ、その根底に至る批判は、序章でも若干ふれたように、なお達成されたとはいい難い(9)。実際、天皇中心主義を鼓吹しはじめるより前の平泉が、アジールに着目し、座論争に加わっていることを見逃してはならないので(10)、そこにはさきの内藤・中村にどこか通ずるものがある。庶民とはおよそ程遠い本質を持つこの史観が根強い力を持ちつづけている理由は、この辺からも考えてみる必要があろう。

そして、戦後歴史学の中で、南北朝内乱の意義に着目したのは、いうまでもなく松本新八郎であった(11)。もとより松本は、それを社会構成史的な問題として押し出したのであり、鎌倉期までを古代社会とし、南北朝内乱期、天皇の政治的実権が全く失われていくところに、封建社会の誕生を見出した。とはいえ、中村と同様に悪党の動きを積極的に評価し、狂言や、『閑吟集』をとりあげ、さらに「歴史における民族の問題」「民族文化について」を歴史学研究会のテーマとして推進、民話にいまも関心を持ちつづける松本の立場は、やはり庶民の生活と文化に目を向けた、内藤・中村以来の視点と共通したものがあるといえよう。そして南北朝内乱期を社会構成史的な時代区分の重大な画期としたのは、平泉と全く逆の立場から、天皇のあり方の大きな変化に着目したからにほかならない。

この松本の見方の一面は、永原慶二によってうけつがれている。ただ序章Ⅱでものべたように、永原は当初、古代的といってきた鎌倉期の天皇、公家を、戦後第二期に入ると修正し、「職の体系」と結びつけてとらえるようになっており、現在の永原はさきの正統的な社会構成史的区分の立場に立っているとみるべきであろう。民衆の生活、文化への着目も、決して失われているわけではないが、在地領主制に一貫して焦点を合わせる永原の場合、その面の研究が実質的に後景に退いていることは否めない事実である。しかし天皇について、永原が依然として、南北朝期を重要な画期とみなしていることは、前にふれた通りである。

一方、南北朝期をめぐる時代区分の議論にとくに立入ったわけではないが、松本の提言と並行して、南北朝・室町期における庶民の生活・文化について、内藤・中村などの伝統をうけついで、深く解明したのは林屋辰三郎(12)であり、それは横井清(13)などによってうけつがれ、大きな成果をあげていることにも注目しておかなくてはならない。

また、大隅和雄は生活史・地方史の観点からみて南北朝期が一つの出発点となるという注目すべき指摘をする一方、王朝文化と近世文化の谷間の時期として、この内乱期を考えるのである(14)。そして、宗教・芸能・政治思想等々、文化の諸分野が分化・分立するとともに、生活文化が大きく発展してくる点に注目、さらに前述した平泉の皇国史観は、アカデミックな歴史学に切り捨てられた地方史・郷土史、南北朝を起点とするような歴史認識を持つ地方知識人を組織した一面があるという、きわめて大切な問題を指摘しているのである。

このように、南北朝内乱期に、社会、文化、庶民生活の上での大きな転換のあった事実を根拠として、そこに時代区分上の重要な画期を見出そうとする見方は、史学史の中に深い根を持っている。しかもそれが、天皇のあり方の変化ともからんでくるところに、見逃し難い大問題がひそんでいるといわなくてはならないが、南北朝内乱期を境として見出される変化は、これまであげてきたことだけにとどまらないのである。

3

当面、思いつくままに列挙してみるならば、まず言語の上で、室町時代以降を「近代語」ととらえるのが、国語学の常識であることをあげておかなくてはならぬ。それは前述した語義の変化についても確認しうると思われる。(15)

また、民俗的な事象のなかで、この時期を転機とする事例も少なからず認めうる。

例えば、別の機会にふれたことのある飛礫《つぶて》(16)の習俗はその一例である。鎌倉期までの飛礫は、神意の表現ともとられるような、ある種の呪術性を持ち、必ずしも時と所とを問わず、突然「発起」し、とくに祭や嗷訴などのときにさかんに行われた。しかし南北朝期をこえて室町期に入ると、それは一方で正月十五日、五月五日などの年中行事の中に次第に固定化し、子供の遊びになり、他方では一つの武器・武術となっていくので、中世前期まで見られた神意性、呪術性は後景に退いてしまうのである(17)。

さらに最近、勝俣鎮夫が詳しく明らかにしたように(18)、中世後期以降、近世に至る庶民の一揆のさい、柿色の帷《かたびら》、あるいは蓑笠など、当時、非人の服装とみられていた衣裳を全員が身につけて行動をおこすことが行われていた。勝俣はそれが、人ならぬ存在――神の姿であったことを指摘し、こうした姿をすることによってその行動が神の意志であることを表明しようとした点に、一揆の思想を見出しているが、柿色の帷、蓑笠・俵を背負う服装が、非人のそれとして固定化しはじめるのは、中世後期以降で、鎌倉期までは、非人だけでなく、山伏・悪党などが、柿帷を着けており、蓑笠をつけるのも神の姿と考えられていたと思われる(19)。そして逆に、室町期以降、一般の百姓が自ら非人の姿をすることによって、その行動の自由を保持し、不退転の決意を表明したところに、鎌倉期以前と比べて、大きな変化が現われているので、その境もまた南北朝期であったと考えなくてはならぬ。

こうした差別の問題に即しても、この時期は大きな転換期であった。前にも述べた通り、鎌倉・南北朝期、「重役の清目」「重色人」と自らを位置づけていた非人たちが、「一道の人非人」といい出すのも、室町・戦国期のことであり、「散所」の語義の変化を含め、そこに差別の固定化の進行を、明らかにうかがうことができる。(20)

遊女にしても同様で、前述した高位の貴族たちがその母として一向に憚るところのなかったのは、せいぜい南北朝期までであり、室町期になると、その事実を諸系図に見出すことはできなくなる。(21) 遊女に対する「賤視」の意識の一端をそこに見ることができると思われるが、さきに詳述した鵜飼と桂女についても同様のことがいえよう。(22)

総じて、女性の社会的地位の上で、南北朝期はやはり一つの転機だったといわなくてはならない。鎌倉・南北朝期に作成された古系図に、母、妻の記載が多く、なかには女系系図を広く包含するものも見出されるのに対し、(23) 室町・戦国期以降の系図は、男系のみの系図が原則的形態になっていく。(24) それは、相続の面で、女性の一期分が鎌倉末期から現われはじめ、室町期以降、全体としてみれば、その権利も失われること、(25) 家父長制の浸透、婚姻形態の変化などとも深い関係があろう。(26)

こうした差別の固定化の進行は、「穢」の観念の庶民の中への浸透と切り離し難く結びついているが、一方それは、農民・非農業民それぞれの形態での、定着性・定住性の安定、強化とも関連している。

勝俣は中世後期、百姓の逃散に当ってみられる「篠を引く」「柴を引く」という行為に着目、それが篠・柴によって村や家の入口をふさぎ、その呪術的な力によって、荘や村を「山林不入の地」——アジールにすることであると明快に説明した(27)。これは従来の自然的なアジール、聖地としての山林を意識的に現出させる行為で、さきの非人の衣裳をつける百姓たちの一揆と共通したものを持っているが、さらに勝俣は、この時期の逃散は、荘や村にもどってくることを予定した行動であることを指摘し、そこに惣村の成立、農民の定住化の安定を見出している。

これはかつて松本新八郎によって、社会構成史的な次元の問題としてとりあげられたところであるが、むしろそれと異なる次元、庶民生活の次元としてとらえる必要のある動きであろう。鎌倉期までの荘園・公領の管理者にとって、浪人を招き寄せて居住させることは、それを維持するための必須の条件であった。もとより農民がつねに流動していたわけではないが、古代以来、個別的な逃亡・浮浪はたえまなくおこっていたのである。もとよりそれが全くなくなったわけではないとしても、室町期以降、そうした状況が大きく変化したことは、勝俣の指摘したこの事実によっても明らかであろう。柳田国男が「全国十八万内外の旧村には、足利時代の中頃から此方に始まつたものが、三分の二も四分の三も有るやうに思はれる」といっているのは(28)、なお精密に検討する余地があるであろうが、決して根拠のないことではないのである。

非農業民の場合、鋳物師についてみると、広域的な遍歴の範囲がほぼ国単位の程度に縮小され、作業場――金屋への集住が顕著になってくるのは、やはり南北朝期以降であった。(29)とくに鋳物師は、その作業が周囲に影響を与えることによるのであろうか、同業集落を形成することが多かったのに対し、海民の場合、その根拠地は室町期になると、堅田や船木のように都市として成長していく場合のある一方、漁村としての性格を明らかにしていく若狭の浦々のような場合もありうる。(30)こうしたことを、それぞれの「職人」に即して明らかにすることも今後の課題であるが、いずれにせよ、室町期以降、農村・漁村・山村等と都市の分化が鮮明になるのは間違いないといえよう。これはもとより社会構成史の上からみても大きな発展であるが、同時にそれが、被差別集落の形成、遍歴・漂泊民に対する賤視など、生活史の重大な問題の背景にあることも見逃してはなるまい。

同様に、鎌倉末・南北朝期から庶民の世界のかなりの深さまで浸透するようになった、金属貨幣の流通も、単に経済史的な視点からのみでなく、庶民の意識、生活の側面からとらえてみる必要がある。貨幣そのものが、一般的な交換手段として純化されたものだったかどうかについても検討の余地は十分あるが、(31)ともあれそれは従来とは異質な富と欲望の世界に道をひらいたのである。

それとともに貨幣の使用は、計数能力を庶民の中に育てたに相違ない。読み書きについても同様で、室町期以降になれば、庶民の上層、例えば荘園の百姓名の名主クラスの人々までは、確実に文字の世界に入っているのであり[32]、これは鎌倉期以前との、顕著な相違といわなければなるまい。さきの民俗事象における、神意性・呪術性の稀薄化、あるいは潜在等の現象は、このことと確実につながっている。

こうした点を根拠として、別の機会に、南北朝内乱を境として、日本の社会になお生き生きとした生命を保っていた「未開性」が表面から姿を消し、「文明」が深く浸透するといったが[33]、以上述べたような事実に基づいて、いまも同じことを主張したいと思う。そして同じく、こうした「読み書き算盤」の普及、感性に代る理性の優位、私有の本格的な浸透、それらを支えたさまざまな内容の交通の発達が、依然として東国と西国との対立はつづいているとはいえ、日本列島に生活する人々をより緊密に結びつけ、その民族としての体質を規定していったとみられる点から、これを民族史的次元の転換と考えたのであるが[34]、この表現の当否は別としても、南北朝内乱を転換期と見た史家の多くが文化・社会・民族に着目している事実が示す通り、この転換が、古代・中世・近世・近代という、生産諸関係、法律的・政治的諸制度に即した事実に根拠をおく時代区分とは、異なる次元の事実に基づく区分であることは、認められてもよいのではなかろうか。

4

柳田国男を正面にすえて歴史学と民俗学との関わりを論じつつ、「一回性のない歴史学」を説いた、名著『歴史学的方法の基準』[35]の著者中井信彦は、最近の論稿「史学としての社会史」[36]で、近年、急速に注目されつつある社会史について論じ、柳田が対象としたのもまた、アナール派と同じく、一回性のない、繰り返される民衆の歴史であったことを指摘している。

そして、林基がソヴェート史学の紹介を通じて、そこで試みられつつある方法論、文献以外への史料の範囲の拡大のための本格的な試みに注目している点[37]にふれつつ、独自な史料学・史料論の必要を強調しているのである。

そこからさらに進んで、中井は社会構成体の「下部構造」「土台」の上に、「人間の社会生活がそこで展開される場としての、日常性の次元」が位置しているとし、それを「習俗の次元」ととらえる。

中井によれば、この次元は土台である経済構造の影響をうけるが、その諸領域の中で経済の領域が支配的であるわけではなく、M・ヴェーバーのいう審美的・性愛的・宗教的な領域が、それと同等のウェイトを持っており、「習俗の次元における人間の創造的営為が生みだす」「「聖なるもの」の次元」――「文化形象の次元」と「土台」の次元の双方から、二重の規制をうけつつ「構造化され、また構造的に変化」をするのであり、社会史はまさしく、この習俗の次元の歴史を取扱うものでなくてはならない、とされる。

つづいて、習俗は「上位の社会の体系的構造」の中に組み入れられるが、社会史はその内の要素とともに、体系外の要素にも注目すべきであるとし、「〝歴史的事件〟はあくまでも刺戟であって、それをうけとめる民衆の日常性の変化を主題として扱うところに、社会史の立場はある」と言い切る中井は、「社会史の時間は事件史の助けをえて宇宙時間での位置を測定される」とする一方、社会史は、日常生活の営まれる特定の空間としての「地域史の重層的複合として把えられる」としてその方法をのべ、「土台に強くつなぎとめられながら、自らの内から聖なる形象を生みだし、それを再び体内によび戻して、屈辱にたえしのび痛みをさえ発条に転じて、したたかに日常性を生きること＝不断に実践することによって、人間の自己開示を拡大してきた、時に後退さえもある紆余曲折の「生きられた歴史」の因果関連を、できるだけ総体として明らかにすることを目指」す、とのべてこの論稿を結んでいる。

この論稿で、緻密な理論的接近を通して中井が浮び上らせた「習俗の次元」は、これまで私が茫漠たる事実の列挙によって「民族史的次元」といってきたことと、ほぼ完全に重なるといってよい。そして、この次元の問題を明らかにするためには、新たな史料論、史料学の確立が急務とする中井の提唱を、私は心からの同感をもってうけとめる。その意味でこの論稿は、私にとって、ここ数年の中で最も感銘深いものの一つであった。

それ故、中井のこの提言に従って、「民族史的次元」を「習俗の次元」といいかえるにやぶさかではないが、にも拘らず、敢てなおこの表現に固執するのは、一つにはさきの転換の中に言語のような、「習俗」とはやや異なる問題が入ってくる点と、もう一つ、すでにのべたように、日本の社会の場合、「習俗の次元」が被差別部落の問題、さらになによりも天皇の問題と切り離し難い関係にあるからにほかならない。もしもこれを「文化形象の次元」の問題としてのみとらえてしまうならば、三島由紀夫の進んだ道に陥る結果にならざるをえないこととなろう。

その点を考慮し、中井の提言が古代以前、長期間にわたる原始社会まで含めた場合に、私の表現より適切であることを認めた上で、天皇はもとより「民族」そのものを相対化し、始めがあれば終りもある歴史的なものととらえるために、中井のいう「習俗の次元」に天皇の問題の一面をもふくめて、なおさきの表現――「民族史的次元」という表現を、私は使用しつづけてみたいと思う。

さらにここでつけ加えておきたいのは、さきにあげた社会構成史的な時代区分と、民族史的な時代区分とが、前近代については、東国と西国の問題と関わりがあると考えざるをえない点である。鎌倉幕府・江戸幕府の成立に画期を見出す前者の区分は、まさしく東国国家—東国史の時代区分であり、南北朝内乱期の天皇の実権喪失を画期とする後者の見方は、西国国家—西国史のそれということもできよう。実際、さきの領主制論と非領主制論の対立と完全に重なるわけではないが、どちらかといえば、東日本の史家は前者を支持し、西日本の史家が後者を提唱する傾向のあることは、史学史の流れの中で否定し難い事実といわなくてはならない(38)。

しかしこのことは、時代区分の問題をさらにもう一歩相対化してみる必要のあることを、われわれに要求している。琉球・沖縄史はもとより、北海道——アイヌ民族史に独自な時代区分のあることは疑いない事実であり、東国・西国のみならず、本州・四国・九州からなる日本列島主要部の中で、独自な区分を事実そのものが要求する地域があるのか、否か、それ自体がまだ問題として残されている。このような問題を解決しつつ、これまで専ら日本国家史、日本民族史の基調で構想されてきた日本史を、民衆自身の生活そのものまでをふくめて、世界の諸民族の歴史の中で再構成する課題、それを本当に可能にする理論創出の課題は、われわれの前に、なお高く聳え立っているのである(39)。

5

以上のように考えるならば、天皇及び天皇制の問題は、二つの視点から解明されなくてはならない。一つは社会構成史的な視点からであり、古代・中世・近世・近代の社会に即して、そのあり方をそれぞれの法制的・政治的な諸制度に即して、正確に位置づける必要がある。前述したように、すでにこうした研究は、前近代についても、本格的に進められつつある。

他の一つは民族史的観点、「習俗の次元」からの研究である。これを推進するためには、文献史料のみにとどまらぬ広い視野を持つ必要があり、中井のいう通り、史料学（あるいは資料学）[40]・史料論の確立が急務であろう。そしてそれを前提として、考古学・民俗学・文化人類学・社会学等々の諸学との協力が積極的に進められなくてはならない。すでに天皇制の成立期については、考古学との緊密な協力が行われているが、文化人類学・社会学などとの関連では、首長制や贈与などの問題、民俗学との関係では、年中行事・儀礼の体系の研究など、相互にこれまでの蓄積をつき合せるだけでも、かなりの成果を予想しうるテーマがいくつもあげられるのである。

また朝鮮史・中国史・イスラム史・ヨーロッパ史等々、他の諸民族の社会、歴史との比較研究を、天皇の問題にとどまらず、「習俗の次元」全体に関連して行うことによって得られる成果も大きいであろう。安宇植編訳『アリラン峠の旅人たち――聞き書朝鮮民衆の世界』[41]を繙いて、朝鮮の「職人」と日本の「職人」との、驚くほどの類似を見出さぬ人はないと思われるし、『イスラム事典』[42]の「市」の項を読んで、市のあり方の普遍性を感じない人はいないであろう。川田順造の明らかにしたアフリカのモシ王国の市や王権についても同様である[43]。

さらにそうした他の諸部門・諸分野との関係だけでなく、われわれ自身の足下の、日本史自体の文献史料そのものについて、史料学的研究の視野を古文書学だけでなく古記学・書誌学等々にまで、もっとひろげる必要がある。暦の研究なども、未開拓な分野であるが、別にもふれたように[44]、系譜学――系図の研究はいまだに著しく立遅れている。われわれの目にふれる系図は、その起点を天皇・摂関家などに求めるものが圧倒的に多いが、「若狭一二宮社務系図」のように、天皇家とは全く別の神に自らの祖を求める系図もないわけではない[45]。そして鎌倉・南北朝期に作られた系図でも、天皇・摂関家との関係については伝説的色彩が濃いが、どうしてそのような作為が行われたのか、また江戸時代に爆発的にふえる系図はいかなる経緯で作成されたのか、その背景は如何等々、それが天皇と庶民とをつなげる重要な回路になっていることは間違いないにも拘らず、学問的に解明されていない問題がこの分野には山積している。(46) しかもこれは氷山のほんの一角にすぎないのである。

われわれの前に拡がる荒野はこのようにきわめて広大である。開拓者に必須の、ひらかれた心と勇気、そして執拗な粘りをもって、われわれはこれに挑まなくてはならぬ。しかし、天皇制を真に克服し、そのすべてを白日の前に曝すことによってのみ、われわれははじめて、この日本を真の意味で世界の諸民族にひらかれた世界にすることができるのであり、これはやり甲斐のある仕事である。本書で行なった貧しい試みが、その仕事の前進のための小さな捨石にでもなれば、私にとって幸いこれに過ぐるものはない。

(1)『牧健二博士米寿記念日本法制史論集』(思文閣出版、一九八〇年)。

(2) この場合、停滞期・崩壊期は、当然、つぎの社会構成に向う動きが成長していく時期で、崩壊期は即ち、つぎの時代の形成期に重なる。最近、東寺の荘園支配が室町期に停滞するとのべた拙論(『中世東寺と東寺領荘園』[②]第三部第一章注111所掲)に対し、上島有の批判(同上書評、『史学雑誌』九一—七、一九八二年)をうけたが、それはあくまでも東寺の中世的な荘園支配に即してのことであり、すでに近世社会に向っての新たな動きは、この時期にさまざまな形で胎動していたことはいうまでもない。

（3）中世において、「非人」は公的な身分ではないと私は考えている。

（4）「応仁の乱について」（一九二一年、『日本文化史研究』下、講談社学術文庫、一九七六年所収）。

（5）周知のように、白石は天皇に即して、後醍醐重祚を八変、「尊氏、光明をたてて共主となしてより、天下ながく武家の代となる」を九変とする一方、頼朝の開幕からはじめ、当代までの五変を武家に即して考えており、鎌倉期を両者に重ねているのである（『読史余論』）。

（6）内藤は「日本文化の独立と普通教育」（注4著書所収）などにおいて、この方面に言及している。

（7）『吉野朝史』（星野書店、一九三五年）。

（8）「日本文化の独立」（注4著書所収）。

（9）例えば、書誌学の分野におけるこの学派の仕事を凌駕するだけのものを、批判者の側は生み出していないのではなかろうか。

（10）『中世に於ける社寺と社会との関係』（至文堂、一九二六年）。ただアジールについて平泉の研究があるのみと前掲拙著（『無縁・公界・楽』二四六頁）［⑫］でのべたのは不勉強による誤りで、穂積陳重『復讐と法律』（岩波文庫、一九八二年）に収められた、一九一六年に行われた講演「法の起原に関する私力公権化の作用」は、すでに避難所――アジールに言及している。

（11）『中世社会の研究』（東京大学出版会、一九五六年）。

(12) 例えば『中世文化の基調』(東京大学出版会、一九五三年)。
(13) 『中世民衆の生活文化』(東京大学出版会、一九七五年)。
(14) 「内乱期の文化」(岩波講座『日本歴史』中世2、一九六三年)、「南北朝内乱期の思想史的位置づけ」(『シンポジウム日本歴史8 南北朝の内乱』学生社、一九七四年)及びそれをめぐる討論。
(15) 終章I、及び前掲拙著『日本中世の民衆像』[⑧]参照。
(16) 拙稿「飛礫覚書」(『日本思想大系月報』28、一九七二年)[⑪]、及び「中世の飛礫について」(『民衆史研究』二三号、一九八二年)[⑪]。
(17) なお飛礫については、中沢厚『つぶて』(法政大学出版局、一九八一年)参照。
(18) 『一揆』(岩波新書、一九八二年)。
(19) 拙稿「蓑笠と柿帷——一揆の衣裳」(『is』総特集「色」ポーラ文化研究所、一九八二年)[⑪]。
(20) 第一部第三章、及び拙稿「非人と塩売」(『年報中世史研究』四、一九七九年)[⑪]。
(21) 第一部付論3。
(22) 第二部第六章。
(23) 拙稿「中世における婚姻関係の一考察——「若狭一二宮社務系図」を中心に」(『地方史研究』一〇七号、一九七〇年)[⑭]、同「桐村家所蔵「大中臣氏略系図」について」(『茨城県史研究』四八号、一九八二年)[⑭]。

(24)　注(23)の両系図とも、室町・戦国期の記載があるが、いずれも全くの男系系図である。
(25)　五味文彦「女性所領と家」(女性史総合研究会編『日本女性史』第2巻、中世、東京大学出版会、一九八二年)。
(26)　高群逸枝『日本婚姻史』(至文堂、一九六三年)。永原慶二「女性史における南北朝・室町期」(注25『日本女性史』第2巻所収)は、高群とあわせて拙論を批判、南北朝・室町期の経済発展の中で女性の地位が高まったことを強調している。これについていま全面的に論ずることはできないが、そこには経済の発展が直ちに、女性の社会的地位向上につながるという見方が流れている。しかし、女性の離婚権が法制的に全く失われた江戸時代に、中世より女性の社会的地位が高まったとはやはりいえないであろう。また、女商人の多いのは決して室町期以降の現象ではない。これらの点、別にまた論じてみたいと思う。
(27)　注(18)前掲『一揆』。
(28)　「日本農民史」(『定本柳田国男集』第十六巻、筑摩書房、一九六二年)。
(29)　第三部第二章。
(30)　第二部第二章。
(31)　拙稿「中世史の立場から――速水報告をめぐって」(社会経済史学会編『新しい江戸時代史像を求めて』東洋経済新報社、一九七七年)、及び阿部謹也・網野『対談　中世の再発見』(平凡社、一九八二年)。
(32)　仮名交りの百姓等の申状が、各地の荘園において、その様式、書体までがよく似た形で書かれるようになっており(百瀬今朝雄・佐藤進一、日本思想大系22『中世政治社会思想』下、庶民思想、岩波書店、一九八一年参照)、これは「沙汰未練書」のような文書様式の範例や、往来物の普及を推測せしめる。

(33) 前掲拙著『蒙古襲来』[⑤]。

(34) 前掲拙著『日本中世の民衆像』。

(35) 塙書房、一九七三年。

(36) 『思想』六六三号、一九七九年九月。

(37) 林基訳、エス・オ・シュミット「一五四七年モスクワ蜂起の史料としての皇帝記の細密画」(『専修人文論集』二三号、一九七九年)、同訳、ツェリーナ・ボビンスカ「史料の欠けているところ——方法論的一分析」(『専修史学』一一号、一九七九年)。

(38) 拙著『東と西の語る日本の歴史』(終章I注64所掲)[⑮]。

(39) これはかつて上原専禄が提起した、世界史における地域の問題とも重なってくる(『日本国民の世界史』岩波書店、一九六〇年)。

(40) 過去の人間の歩みに関わる資料を、すべて史料と表現すれば、中井の提言通り「史料学」でよいと思うが、これまで「史料」といえば文献史料を想起する通念があるので、「資料学」としてみてもよいのではないかと考える。

(41) 平凡社、一九八二年。

(42) 日本イスラム協会・嶋田襄平・板垣雄三・佐藤次高監修、平凡社、一九八二年。

(43)『サバンナの手帖』(新潮社、一九八一年)。
(44) 注(23)拙稿「桐村家所蔵「大中臣氏略系図」について」。
(45) 注(23)拙稿「中世における婚姻関係の一考察」。
(46) 鎌倉末・南北朝期が「系図の世紀」といってもよいのではないか、と注(44)拙稿でのべたが、洞院公定が集成した『尊卑分脈』の諸系図についても、さまざまな性格のものが載せられており、それを一つ一つ明らかにしてみるのは、興味深い課題である。

あとがき

一九五三年夏から翌年にかけて、私は日本常民文化研究所の蒐集した霞ケ浦・北浦関係の近世文書の整理と筆写本の校正を行なっていた。その過程で、すでに一応の知識を持っていた霞ケ浦四十八津の歴史について、もう一度史料を読み直し、その滅亡にいたる経緯をたしかめてみる機会を得たのであるが、それをまとめた幼稚な小ノートを『歴史学研究』が掲載してくれたのは、その二、三年後、一九五六年のことであった。研究所で働いた六年間、全く怠慢だった私がまとめ得たのは、この小ノート一つにとどまるが、いま考えてみれば、あのようなものを当時の『歴研』がよく採用してくれたものと思う。

しかしこのノートは、私にとって、はじめて発表した自分自身の仕事の結果であった。そしてそのとき、かすかに感じとることのできた「過去の大きな力」を、その後の遅々たる歩みの中で追いつづけてきた末に、どうやら本書が形をなしてきたといってよい。私事にわたることになるが、この小ノートだけはこのような事情から加筆するに忍びず、またすでに別の形にまとめ直したものもあるにも拘らず、重複をあえてして、本書には当時のままの本文を収めてある。

研究所を離れた後、中世の漁村文書をほそぼそと読みつづけ、思いついたことをまとめてみたものの、漁業のみに目を向けていた私は、ともすれば道を見失いがちであった。そこにたまたま名古屋大学に勤務することになり、「真継文書」にめぐり合うことができたのである。その整理と解読を通して知り得た鋳物師の世界は、狭い私の視野を多少とも拡げ、漁村—海民をもう一度考え直す道をひらいてくれた。日本常民文化研究所が戦前から研究を蓄積してきた鵜飼について、あらためて考えてみる気持になったのも、その過程でのことである。

そうして、海民・鵜飼・鋳物師などの問題を追っているうちに、戦後からいままで、私がこだわりつづけていた天皇の問題と、それらの人々がたやすく切り離し難い関係を持っていることに気づいたときの驚きは大きかった。その驚きの中で、非農業民と天皇の関係について、一九七一年から翌年にかけて、私なりのぼんやりした見通しを発表したのである。

当時、私はそれなりの決心をもって、天皇の問題にとりくんだつもりであった。しかしその後、勉強を進めていくにつれ、この決意がまだまだ不徹底なものであったこと、問題は非常に大きく根深いことに気づかざるをえなかった。拙論に対して寄せられた数々のきびしい御批判も、そうした私の心の隙間の存在を反省し、これを埋めるべく努力する機縁を与えてくれた。十分な見通しも用意もなしに、私の用いた「非農業民」という言葉に対するさまざまな御批判も同様である。本書ではこれらの御批判によって知り得た私の誤りは、できるだけ修正したつもりである。

ただ、旧稿の基本的な論旨については、いまも同じように考えており、また「非農業民」という言葉についても、現在もなおそれを使う意味はあると思っているので、一応の根拠、若干の説明を補足した上で、あえて書名にも用いることとした。

いうまでもなく、天皇制は、いまもわれわれの前に、未解決な大問題として存在しつづけている。真面目に物事を考えようとする限り、これを避けて通ることは決してできないと私は考える。

もとより私自身は、最後までこの問題を正面にすえて、取組み対決することを今後の課題とする覚悟であるが、この拙ない書によって、もしも天皇にこだわりつづける人が若干なりともふえれば、幸いと思っている。また、いまも決して活発とはいい難い、

「非農業民」の歴史の研究に、本書が多少なりとも刺戟になれば、と願ってやまない。

終りになったが、日本常民文化研究所という職場に勤務するまたとない好運を与えられ、在所当時の私の怠惰を寛恕された故宇野脩平氏、ほとんど面識もない私を名古屋大学に招いて下さり、「真継文書」の読解をはじめ、種々懇切に御指導いただいた彌永貞三氏、私が天皇制に関する論文を発表して以来、御自身の天皇制に対するきびしい姿勢を通して、私の饒舌な鈍感さをたえず反省する機会を与えて下さっただけでなく、本書刊行の契機をつくっていただき、つねに御教示と激励を惜しまれなかった佐藤進一氏、未熟な私の考えに対し、暖かい助言と批判をいただいた笠松宏至・早川庄八・三鬼清一郎・玉井力・後藤紀彦の諸氏、私の在職当時の名古屋大学国史研究室の学生・院生・研究生・卒業生の諸兄姉に、衷心からの御礼を申し上げたい。

そして、十年以上の長きにわたって、辛抱強く本書の完成を待ちつづけて下さった岩波書店の中島義勝・松島秀三氏、本書の刊行に当って種々お世話になった井上一夫・熊谷光子氏に、心から感謝の意を表する。

一九八三年八月二六日

網野善彦

収録及び関係論文

「霞ケ浦四十八津と御留川」
『歴史学研究』一九二号、一九五六年二月（本書第二部第五章第二節、注を加筆）
「霞ケ浦の魚介」
『日本産業史大系　関東地方篇』東京大学出版会、一九五九年一二月（本書第二部第五章
第一節及び第二節の注に吸収）
「中世における漁場の成立」
『史学雑誌』七二―七、一九六三年七月（本書第二部第二章第二節、一部修正）
「中世の漁業」
体系日本史叢書『産業史』Ⅰ、山川出版社、一九六四年一二月（本書に収録せず）
「日本中世における海民の存在形態」
『社会経済史学』三六―五、一九七一年一月（本書第二部第一章、一部修正）

「中世における天皇支配権の一考察——供御人・作手を中心として」『史学雑誌』八一—八、一九七二年八月（本書第一部第一章、加筆修正）

「解説」『日本常民生活資料叢書』第18巻、近畿篇1、三一書房、一九七三年五月（本書第二部第三章、加筆修正）

「「惣官」について」『鎌倉遺文月報』5、一九七三年九月（本書付論1、注を加筆）

「中世における鵜飼の存在形態——桂女と鵜飼」『日本史研究』一三五号、一九七三年九月（本書第二部第六章、加筆修正）

「中世中期における鋳物師の存在形態——鎌倉後期～室町期の燈炉供御人を中心に」『名古屋大学文学部研究論集』史学二二、一九七五年三月（本書第三部第二章、加筆修正）

「偽文書について——その成立と効用」『書の日本史』第四巻、平凡社、一九七五年五月（本書第三部第三章、注を加筆、一部修正）

「中世初期における鋳物師の存在形態——平安末・鎌倉前期の燈炉供御人を中心に」『名古屋大学日本史論集』上巻、吉川弘文館、一九七五年七月（本書第三部第一章、加筆

修正）

「中世前期の「散所」と給免田——召次・雑色・駕輿丁を中心に」『史林』五九—一、一九七六年一月（本書第一部第三章、加筆修正）

「中世文書に現われる「古代」の天皇——供御人関係文書を中心に」『史学雑誌』八五—一〇、一九七六年一〇月（本書第一部第二章、加筆修正）

「若狭国における「浦」の成立」『民衆の生活と文化』未来社、一九七八年八月（本書第二部第二章第一節、一部加筆修正）

「「外財」について」『名古屋大学文学部研究論集』史学二六、一九八〇年三月（本書付論5、一部加筆）

「永原慶二「前近代の天皇」」『法制史研究』三〇号、一九八一年三月（本書序章Ⅱ3、加筆修正）

「豊田武氏と鋳物師研究」『豊田武著作集』第二巻「中世日本の商業」付録、吉川弘文館、一九八二年一〇月（本書付論4）

校注

〔校注一六〕二四五頁　原文は「国中鋳物師等、自去々年称国闘乱、不及年貢沙汰之処……」であり、正確な書き下し文は「去々年より国闘乱と称し……」である。

〔校注一七〕二七二頁　松原市に堀町という町名は現存しない。ただし、『日本歴史地名大系28 大阪府の地名Ⅱ』(平凡社、一九八六年)によれば、近世には堀村(現・松原市天美南一―五丁目)、大堀村(現・松原市大堀など)が存在した。

〔校注一八〕三六七頁　「正保二年(一六四五)の記事」というのは誤りである。正しくは、前半の「銀山の外財当所に在居して……」は弘治元年(一五五五)、後半の「銀山の外財三十郎といふ者……」は元和元年(一六一五)の記事である。

解説

高橋典幸

網野善彦(一九二八—二〇〇四)は戦後の日本史研究に次々と新生面を拓いていったことで知られている。専攻は日本中世史であるが、その関心や知見は日本中世にとどまらない。代表作の一つ『無縁・公界・楽』(平凡社、一九七八年。増補版一九八七年)では原始にさかのぼって人間の本源的自由を論じ、また晩年の『「日本」とは何か』(講談社、二〇〇〇年)では現代社会、さらには人類の未来にも説き及んでいる。こうしたはば広い関心や知見の背後には、それぞれの時代を生きた人間に対する網野の深い共感と洞察がみてとれるように思われる。網野の著作が専門研究者の垣根を超えて多くの読者を得たのも、歴史に向かうそうした姿勢が広く人々の心をとらえたからであろう。二〇世紀日本を代表する歴史家と評される所以である。

本書『日本中世の非農業民と天皇』は一九八四年、網野が五六歳の時に発表した学術論文集である。中世を生きた非農業民の世界を初めて本格的に分析し、そこから中世天皇制の存立が論じられている。非農業民研究・中世天皇制研究という点で研究史を画する業績であるが、それにとどまらず、網野の研究の軌跡全体を理解する上でも重要な著作と考えられる。そのような観点から、本書の紹介を試みてみたい。

一　非農業民の世界へ

本書の標題を目にした時、まず飛びこんでくるのは「非農業民」という用語であろう。「農業民にあらざる人々」、すなわち農業以外の生業に従事する人々ということであるが、あまりみかけない言葉である。網野によれば、非農業民とは「農業以外の生業に主として携わり、山野河海、市・津・泊、道などの場を生活の舞台としている人々、海民・山民をはじめ、商工民・芸能民等々をさしている」という(上巻五七頁)。生業のあり方だけではなく、山野河海、市・津・泊・道といった生活の場に網野が注目していたことがわかる。この点についてはまた後でふれることとして、こうした非農業民に網野が関心を寄せるようになった経緯をふりかえってみたい。そこには二つの重要な出会いがあった。

網野が東京大学を卒業し本格的な研究活動を始めた一九五〇年代当時、歴史学界でもっとも影響力があったのはマルクス主義歴史学であった。マルクス主義歴史学では生産力の発展が重視され、それにもとづいて人間社会は奴隷制・封建制・資本制へと進化・発展するものとして構想されていた。これを受けて日本中世史では封建制の成立が日本の古代と中世を分かつものとされ、荘園を舞台に、封建領主と農民との間における支配・被支配関係の成立・発展がもっぱら追究された。網野もこうした考え方にもとづいて、研究開始当初は若狭《わかさ》国太良荘《たらのしょう》を事例として封建制の成立を論じていた。

ところが一九五三年の夏に大きな転機が訪れる。その詳細は不明であるが、網野はそれまで深く関わっていた国民的歴史学運動から離れるとともに、「無内容で観念的」としてそれまでの研究を厳しく自己批判したのである。そこにはマルクス主義歴史学の図式的な発展理論や、それによって日本社会を規定することに対する懐疑が横たわっていた。

この後の網野は理論ではなく、ひたすら史料を読みこむ日々を送ることになるが、そこで出会ったのが常陸霞ケ浦《ひたちかすみがうら》の漁民組織である四十八津に関する史料であり、それをもとにまとめたのが本書第二部第五章第二節のもとになった論文「霞ケ浦四十八津と御留川《おとめがわ》」(一九五六年)である。これは一九五三年夏の転機後、網野が初めて発表した論文であるが、本書「あとがき」で網野自身もふれているように、この論文の中で「四十八津の動きの中に、過去の大きな力の断片のようなものが感じられた」(下巻九一頁)と述べられているのが注目される。一九五三年夏の転機・自己批判をきっかけに、封建領主と農民との関係、さらにいえば農業のみに注目してきたそれまでの日本史研究の狭隘さを痛感した網野は、ここで漁民―非農業民の世界に大きな可能性が秘められているのを感じとっていたことがわかる。網野にとって非農業民に対する関心は厳しい自己批判の所産であり、これにより日本史に対する見方・考え方を一変させ、研究を再出発させることになったのである。

なお誤解のないよう付言しておけば、一九五三年夏の転機後、網野はマルクス主義者をやめたわけでも、荘園研究をやめたわけでもない。むしろこれをきっかけにマルクスの著作の原典にあたってマルクス主義を勉強し直したのであり、生涯にわたってマルキシストを自認し続けている。また東京大学史料編纂所に通い、太良荘をはじめとする荘園史料を丹念に読み解いてすぐれた実証論文を発表し続けており、その成果は『中世荘園の様相』(塙書房、一九六六年、岩波文庫、二〇二三年)、『中世東寺と東寺領荘園』(東京大学出版会、一九七八年)、『日本中世土地制度史の研究』(塙書房、一九九一年)などに結実している。

二　非農業民論の展開

非農業民の世界から感じとった可能性をさらに確信に変え、網野の非農業民論を開花させた二つ目の出会いが、名古屋大学所蔵の「真継《まつぎ》文書」との邂逅である。朝廷の蔵人《くろうど》所《どころ》小《こ》舎人《どねり》をつとめ、全国の鋳物師《いもじ》集団を燈炉供御人《とうろくごにん》として組織・支配した真継家には、中世・近世の鋳物師や燈炉供御人に関する史料が数多く残されていた。一九六七年に名古屋大学に赴任した網野は「真継文書」の整理・翻刻作業に携わったことから（その成果が名古屋大学文学部国史研究室編『中世鋳物師史料』〈法政大学出版局、一九八二年〉である）、鋳物師をはじめとする供御人の研究を進めるようになるのだが、これが網野の非農業民論に大きな影響を与えることになったのである。

供御人とは天皇に食事や衣料・調度などを貢納した人々で、その見返りとして認められた課役《かやく》免除や自由通行・交易などの特権をもとに商人や職人として活動していた。その多くは鋳物師などの手工業者や漁民や山民など、農業以外の生業に携わる人々であった。彼ら供御人もそうした特権を保証する蔵人所牒《ちょう》や宣旨《せんじ》、綸旨《りんじ》などを伝えていたが、従来の研究ではそれらは偽文書としてほとんどとりあげられることはなかった。それに対して、網野はその多くが真正な文書であることを明らかにし、これらを通じて非農業民の世界にせまっていったのである。

そこであらためて浮かび上がってきたのが自由通行や交易の特権であった。本書第一部第一章「天皇の支配権と供御人・作手《つくて》」第三節「各種の供御人・作手について」は中世の供御人を網羅的に検討したものであるが、そこでは彼らが諸国往反自由の特権や交易権を認められていたことがくりかえし確認されている。このことが、先にふれた網野の非農業民の定義につながっていったと考えられる。あらためて引用すれば、「農業以外の生業に主として携わり、山野河海、市・津・泊、道などの場を生活の舞台としている人々、海民・山民をはじめ、商工民・芸能民等々」を網野は非農業民としてとらえている。網野は生業のあり方だけでなく、生活の場にも注目していたが、それは「山野河海、市・津・泊、道などの場」であった。注意すべきなのは山野河海だけでなく、市・津・泊・道などの交易の場や交通路が非農業民の生活の場とされていることである。これは右にみた供御人研究の成果であり、ここに網野の非農業民論の特徴が見いだされるのである。

網野以前にも非農業的な生業や山野河海に注目する研究は存在した。ただ、それらの研究の多くは山野河海を生産の場とみなし、そうした場で生産に従事する人々、たとえば漁民や狩猟者、林業に従事する杣人《そまびと》たちに注目するものであった。それに対して、網野は生産の場としての山野河海だけでなく、交通・交易の場にも光をあて、交通・交易活動に従事する人々も広く非農業民としてとらえるに至ったのである。言葉をかえれば、各地を移動すること、すなわち遍歴することに非農業民の特徴を見出したのであり、これによって漁民や狩猟者、杣人たちだけではなく、遍歴する商人や手工業者、さらには宗教者や芸能民なども非農業民としてとらえられることになったのである。網野の非農業民論の奥深さとともに、「真継文書」との邂逅による供御人研究が網野の非農業民論の基盤になっていることが再確認されよう。

三　中世天皇制と無縁論

供御人研究から山野河海の問題、とりわけ市・津・泊・道の自由通行・交易特権を見出したことは、網野の天皇制研究にとっても重要なことであった。すなわちこれらの特権が蔵人所牒や宣旨、綸旨によって認められていたことから、「この社会の脈管組織、交通路に対する支配権を天皇は究極的に掌握していた」(上巻一六七頁)として、山野河海に対する天皇支配権を見出したのである。そうした特権を媒介に非農業民たちは供御人として天皇を経済的に支え続けたのであるから、それは観念・思想の次元にとどまるものではなく、具体的・現実的基礎に裏づけられた支配権だったことになる。

さらにその支配権の根源を追究して、網野は「それは恐らくは、共同体の自然的本源的権利を一身に体現した、いわば全共同体の首長としての天皇の「大地と海原」に対する支配権に淵源をもつ」(上巻一六七頁)とした。この部分は注もなく、なかなか難解であるが、この後の行論で引用されている石母田正《いしもだしょう》の首長制論や戸田芳実の山野の貴族的領有論が下敷きにされているものと考えられる。石母田正によれば、共同体を首長が代表している首長制の下では、本来は共同体に属している大地に対する共同所有も首長に集約されるという。そして日本の古代国家も首長制の上に成り立っていたとして、天皇は全共同体の首長として国土を支配していたとされる(石母田『日本の古代国家』岩波書店、一九七一年、岩波文庫、二〇一七年)。右に引用した網野の文章が石母田氏の首長制論を読みかえたものであることは明らかであろう。また網野は「共同体の自然本源的権利を一身に体現した、いわば全共同体の首長としての天皇」を「人民の本源的な「大地と海原」に対する権利を倒錯、体現した天皇」とも述べているが(上巻二一一頁注(218))。傍点は高橋による)、これは古代の村落住民による集団的山野所有がしばしば地主神の所有に仮託されたことについて、戸田芳実が「住民の集団的山野所有の宗教的倒錯形態」としたこと(戸田『日本領主制成立史の研究』岩波書店、一九六七年、初出は一九六一年。傍点は高橋による)に拠っているとみられる。これらの議論を背景とすることによって、天皇の「大地と海原」に対する支配が実は人民ないし共同体の所有(「自然本源的権利」)に根ざすものだったことを指摘するのが網野の意図だったと思われる。

現実には荘園制の展開などにより、「大地と海原」は私的所有によって分割され、中世の天皇の支配下に残されたのが山野河海、市・津・泊・道などの境界領域だったのかもしれない。しかし、それは自然本源的な権利にもとづいているだけに、強力で根深い支配だったのである。またそうした性格の支配権であるからこそ、荘園制による私的分割の進行にもかかわらず、山野河海にはなお天皇の支配権が及んだとも考えられる。

以上の網野の天皇制論に対しては、現実の国家支配構造・政治体制から切り離して天皇権力を独自のものとして論じているとして、あるいは階級的視点を欠くとして厳しい批判が寄せられた。中には天皇擁護論だとする批判もあったという。しかし、これらの批判はすべて網野にとっては織りこみ済みのものであった。古代から現代までともかくも天皇が存在しているという事実から目をそらさず、それが国家支配構造や政治体制、階級関係には解消できない「日本の民族生活のなかに深い根をもっていたということ」(上巻一七三頁)を直視し、「その奥底まで自らの手で確かめなくてはならぬ」(同上)ことを強く主張するのである。

ところで、天皇の「大地と海原」に対する支配権が共同体の自然本源的権利を倒錯したものだったとする認識からは、もう一つ重要な議論が導かれる。すなわち天皇ないし首長の支配が展開する以前、「大地と海原」は共同体のものであったことになるが、それは「皆のもの」であると同時に「誰のものでもない」ことを意味する。ここに浮かび上がってくるのが本源的自由としての無所有、いわゆる無縁の問題である。網野の無縁論についてここで論じる余裕はないが、自然本源的権利が天皇に倒錯・回収されたことを論じた第一部第一章「天皇の支配権と供御人・作手」の原論文(「中世における天皇支配権の一考察」一九七二年)を執筆した当初から、網野は天皇に回収されず本源的自由として人々に残された部分もあったと直感していたこと、その問題を扱ったのが『無縁・公界・楽』であったことを桜井英治氏が指摘している(『現代思想』第四二巻第一九号〈二〇一四年〉七四頁参照)。『無縁・公界・楽』には無縁・公界・楽にふれて「そこには、天皇の影もないのである」という読者の間でよく知られた一節があるが、本書には「庶民の生活の最も深いところに、天皇の影と、賤視とが現にある」(上巻一七三頁)と、ちょうどそれと対になる一節(これは原論文の段階で書かれていた一節である)をみいだすことができ、桜井氏の指摘を裏づけているように思われる。

供御人、さらには非農業民への着目・洞察が網野の天皇制研究や無縁論の核になっていたことがあらためて理解されよう。ついでにいえば、網野の都市論もこれに連なるものである(『無縁・公界・楽』と『日本中世都市の世界』〈筑摩書房、一九九六年〉との関係について、ちくま学芸文庫版『日本中世都市の世界』〈二〇〇一年〉に寄せた桜井英治氏の「解説　『無縁』論――「老マルキシスト」の警告」が論じている)。

四　「職人」論について

本書には一九八〇年代前半までに発表された論文が収められているが、再録にあたってかなり手が加えられている。原論文発表後新たに見出した知見や史料が追加されているほか、寄せられた批判や異論に対しても丁寧な応答が行なわれている。網野が周到・入念に作業を進め、本書を作りあげていったことがうかがえる。

そうした点で注目されるのが九本もの新稿が加えられていることである。とくに「津田左右吉と石母田正」(序章Ⅰ)・「戦後の中世天皇制論」(序章Ⅱ)・「非農業民について」(序章Ⅲ)、および「「職人」について」(終章Ⅰ)・「「社会構成史的次元」と「民族史的次元」について」(終章Ⅱ)は、既発表論文を整序する中でまとめあげていった本書の主張を補足ないしより明確化するため新たに書きおこされ、序章および終章として配されたものと思われる。このうち序章の三篇が中世天皇制・非農業民に関わるものであることは、一読して明らかであろう。では終章の二篇でとりあげられている「職人」および「社会構成史的次元」「民族史的次元」は本書における主張とどのように関わっているのであろうか。まず「職人」からみていこう。

ふつう「職人」とは手工業者のことをさすが、網野の「職人」はかなり独特で、非農業民を意味する用語として使われている。なぜこのような用語を使ったかについて、網野が「職人」を論じ始めた『蒙古襲来』(小学館、一九七四年)や『日本中世の民衆像』(岩波書店、一九八〇年)にさかのぼって確認してみると、着想のきっかけはいわゆる職人歌合にあったことがわかる。職人歌合では手工業者だけではなく、宗教者や芸能民などさまざまな職能をもつ人々、まさに網野のいう非農業民が列挙されている。そこで網野は、「当時、このように多種多様な職能をもつ人々をどのように表現していたか」という設問を立て(『日本中世の民衆像』一一三頁)、その結果みいだされたのが「職人」という用語だったのである。

網野の非農業民論については、非農業民の範囲が広汎で、曖昧であることが批判されていた。山野河海での生産活動に従事する山民・海民にとどまらず、交易活動に従事する商工民、さらには宗教者や芸能民なども含む点に網野の非農業民論の特徴があることを先に指摘したが、実はそのこと自体が批判の対象になっていたのである。それに対して、網野は中世ではこれらの人々が一括してとらえられていたことを示し、みずからの非農業民論の妥当性、――多種多様な職能の人々を非農業民として一括することの正当性を主張しようとしたのである。網野の「職人」論は非農業民論の一環だったといえよう。

しかし、この「職人」論は微妙な問題をはらんでいた。というのも、網野の「職人」は中世の身分制や自由民を論じるために構想されたものでもあった。『日本中世の民衆像』などによれば、網野は中世の被支配身分は自由民と不自由民から構成されていたとし、年貢・公事《くじ》負担の有無を基準に、自由民をさらに「平民」と「職人」に分けて把握していた。すなわち「平民」が自由民の義務かつ権利として年貢・公事を負担するのに対して、年貢・公事の免除や給田畠《きゅうでんばた》を公的に保証されるかわりに、それぞれの職能を通じて天皇や院、摂関家、将軍家、寺院、神社に奉仕するのが「職人」だったとするのである。「職人」はさまざまな職能を有した人々であっただけではなく、年貢・公事負担の免除や給田畠を保証された特権身分でもあったのである。とすると、「職人」は非農業民そのものというわけではなく、その中のごく限られた人々ということになる。実際に第二部第一章「海民の諸身分とその様相」では、同じ海民でも職人的海民と平民的海民とが区別して論じられている。さらにこのような考え方に立てば、「平民」の中にも非農業民がいたことになる。非農業民と「職人」との関係、あるいは非農業民と「平民」との関係が網野の中でどのように整理されていたのかが気になるところである。

もう一つ、網野の「職人」論で注目されるのは、在庁官人や下司《げし》・公文《くもん》などの下級《かきゅう》荘官《しょうかん》も「職人」とされていることである。一見したところ非農業民とは無関係のように思われるが、彼らも給田畠を与えられており、国衙《こくが》や荘園領主に対して文書作成や帳簿の管理、治安・警察業務などの職能で奉仕しているとして「職人」とするのである。終章I「「職人」について」はもっぱらこの点を再説するものである。

ただし終章I「「職人」について」の所説は必ずしも説得的とはいえず、在庁官人・下級荘官といわゆる非農業民とを同じ「職人」身分で括るのは難しいのではないだろうか。やはり在庁官人や下級荘官は支配者層に属するものであり、これを被支配身分たる「職人」に位置づけると、網野の身分論の中で矛盾が生じてしまうと思われる。「職人」論は網野の非農業民論を考える上で重要な提言であったが、「職人」の規定に問題を残しているといわざるを得ない。実は「平民」も網野独自の用語なのであるが、後に網野はこれを「百姓」といいかえるようになることが知られている。これも「職人」の規定の問題と関わっていよう。

ただし、「職人」論はおくとしても、網野が給田畠に高い関心を寄せていたことには注意が必要である。第一部第三章「中世前期の「散所」と給免田」などにもその一端がみられるように、給田畠は網野の荘園制論の柱の一つになっていた。とくに給田畠の保証は個々の荘園や国衙領内で完結するものではなく、公的・国家的な性格を帯びていたとする指摘は重要である。ここに網野は中世の身分編成をさぐる手がかりを感じとっていたのであろう。いわゆる非農業民も、そのすべてではないにせよ、そうした編成の中にあったのは事実であり、こうした脈絡から非農業民にせまることはなお有効と思われる。

五　民族史的次元あるいは「日本」をめぐって

最後に「社会構成史的次元」と「民族史的次元」にふれておきたい。社会構成史はマルクス主義歴史学の用語・概念である。経済や生産力の発展を重視するマルクス主義歴史学では、生産力に応じて生産様式が変化し、それが奴隷制から封建制へ、そして資本制に至るという社会構成の変化をもたらし、歴史を進化・発展させると考えられていた。

こうした図式的な発展理論に対する懐疑が網野の研究の出発点（転換点）になっていたことは先にふれたところであるが、社会構成史にかわって網野が提起したのが民族史というとらえ方であった。ただし「社会構成史的次元」「民族史的次元」とあるように、民族史によって社会構成史を置き換えようとするものではなかった。社会構成史という把握に一定の意義を認めつつ、それのみではとらえきれない豊かな世界が広がっていたことを認識し、そのために提起されたのが民族史だったのである。歴史認識をめぐる網野の姿勢は柔軟である。

では民族史という視角によって網野がとらえようとしていたのは何だったのか。それは庶民の生活や意識、文化の問題であった。その例として終章Ⅱ「「社会構成史的次元」と「民族史的次元」について」でもふれられている飛礫《つぶて》の慣行・習俗は、『蒙古襲来』以来、網野の著作でくりかえし言及されており、網野の民族史を理解するうえでたいへん印象的である。これも含めて、民族史的次元が対象とするのは広い意味での習俗の世界であることから、網野はこれを「習俗の次元」といいかえることもやぶさかではないとしながらも、なお「民族史的次元」という表現に固執することを言明する。それは、この世界が天皇・天皇制の問題と切り離しがたい関係にあることを認識していたからであった。庶民の生活や意識、文化の先に天皇・天皇制があること、いわば民族生活に深い根をもっている天皇の問題にせまっていくには社会構成史だけでは不十分であること、そのために網野が提起したのが民族史的次元という認識であった。本書の終章として「「社会構成史的次元」と「民族史的次元」について」が書きおこされた所以である。

従来南北朝期についてはさまざまな変化が指摘されてきたが、網野はそれを民族史的次元の転換と位置づけ、その本質を社会における未開性の後退、文明の浸透にみいだす。またこれによって日本列島に生活する人々がより緊密に結びつけられるようになり、民族としての体質が規定されていったとする。こうした認識は、本書にとどまらず、網野の研究全体を考える上でたいへん重要と思われる。

まず未開から文明への転換として、終章Ⅱ「「社会構成史的次元」と「民族史的次元」について」では、飛礫などにみられる呪術性の問題や、非農業民とりわけ非人や遊女に対する差別や卑賤視の問題、農民・非農業民それぞれにおける定住性および農山漁村からの都市の分化の問題、貨幣の浸透などがとりあげられているが、これらはいずれも網野の研究の柱となっている研究分野である。また習俗、民族史的次元の問題を明らかにするために新たな史料論、史料学の確立が急務とされているが、これまた網野の研究の柱の一つとなり、その成果は『日本中世史料学の課題』（弘文堂、一九九六年）として結実している。この点と関わって、名古屋大学から移った神奈川大学において、網野が中心メンバーとなって大学院歴史民俗資料学研究科が開設されたことにもふれておきたい。

このようにみてくると、網野の膨大な研究は日本社会の民族史的転換ないし民族史的特質を明らかにするために生みだされていったものと考えることができよう。

また民族への注目は、「日本」についての関心を高めることになった。『日本中世の民衆像』では、南北朝期以前には日本列島に住む人々がいくつもの民族になる可能性があったことが指摘されていたが、終章Ⅱ「「社会構成史的次元」と「民族史的次元」について」では、民族史的転換を経てより緊密な民族体が形成された後も、日本列島内に独自の区分が残された可能性が言及されている。琉球や沖縄、あるいは北海道、アイヌの問題も当然視野に入ってくる。民族史的特質といった場合、これらとの関係をどのように考えたらよいのか。結局、網野にとって日本社会の民族的特質を考えることは、「日本」とは何かを考えることであり、以後、この方面の思索を深めていく。晩年に著された『「日本」とは何か』はその成果とみることができよう。網野はまさにその生涯をかけて「日本」の民族史の問題にとりくんだのである。

＊　＊　＊

網野氏が亡くなってすでに二十年が経とうとしている。この間、著作集が編まれ、また氏の研究をふりかえるシンポジウムや特集がさまざま企画され、網野氏の研究全体がみわたせるようになった。この解説を執筆するにあたって、これらの成果にも学ばせていただいたが、あらためて本書が網野氏の代表作であることを実感することになった。冒頭でもふれ、またこれまで述べてきたように、網野氏の研究の軌跡の要になっているのが本書なのである。

けっして読みやすい書物ではない。学術研究書ゆえの難解さや膨大な注に圧倒されるが、むしろそこに網野氏の研究者としての真摯さや熱量が表れているように思われる。これまた多くの読者をひきつけてきた氏の魅力である。岩波文庫の一冊として本書が長く読みつがれ、網野氏のさまざまな魅力が感じとられ続けていくことを切に願うものである。

事項索引

う

え

お

さ

し

す

せ

ち

つ

て

な

ね

の

は

ひ

ふ

へ

ほ

ま

み

む

め

地名索引

い

か

き

く

け

し

ち

つ

て

と

な

に

ぬ

ね

の

は

ひ

ふ

へ

ほ

ま

み

む

も

や

ゆ

よ

＊事項索引・地名索引ともに，収録する項目と頁の取捨については，原則として本書の単行本(岩波書店，1984 年刊行)巻末にある索引に拠った．なお『網野善彦著作集』別巻(岩波書店，2009 年刊行)所収の索引等を参照し，項目順等を改めた箇所がある．(岩波書店編集部)

日本中世《にほんちゅうせい》の非農業民《ひのうぎょうみん》と天皇《てんのう》（下）〔全2冊〕

2024年3月15日　第1刷発行

著　者　網野善彦《あみのよしひこ》

発行者　坂本政謙

発行所　株式会社　岩波書店
〒101-8002 東京都千代田区一ツ橋 2-5-5
案内 03-5210-4000　営業部 03-5210-4111
文庫編集部 03-5210-4051
https://www.iwanami.co.jp/

印刷・理想社　カバー・精興社　製本・中永製本

ISBN 978-4-00-384004-7　Printed in Japan

読書子に寄す

——岩波文庫発刊に際して——

岩波茂雄

真理は万人によって求められることを自ら欲し、芸術は万人によって愛されることを自ら望む。かつては民を愚昧ならしめるために学芸が最も狭き堂宇に閉鎖されたことがあった。今や知識と美とを特権階級の独占より奪い返すことはつねに進取的なる民衆の切実なる要求である。岩波文庫はこの要求に応じそれに励まされて生まれた。それは生命ある不朽の書を少数者の書斎と研究室とより解放して街頭にくまなく立たしめ民衆に伍せしめるであろう。近時大量生産予約出版の流行を見る。その広告宣伝の狂態はしばらくおくも、後代にのこすと誇称する全集がその編集に万全の用意をなしたるか。千古の典籍の翻訳企図に敬虔の態度を欠かざりしか。さらに分売を許さず読者を繋縛して数十冊を強うるがごとき、はたしてその揚言する学芸解放のゆえんなりや。吾人は天下の名士の声に和してこれを推挙するに躊躇するものである。このときにあたって、岩波書店は自己の責務のいよいよ重大なるを思い、従来の方針の徹底を期するため、すでに十数年以前より志して来た計画を慎重審議この際断然実行することにした。吾人は範をかのレクラム文庫にとり、古今東西にわたって文芸・哲学・社会科学・自然科学等種類のいかんを問わず、いやしくも万人の必読すべき真に古典的価値ある書をきわめて簡易なる形式において逐次刊行し、あらゆる人間に須要なる生活向上の資料、生活批判の原理を提供せんと欲する。この文庫は予約出版の方法を排したるがゆえに、読者は自己の欲する時に自己の欲する書物を各個に自由に選択することができる。携帯に便にして価格の低きを最主とするがゆえに、外観を顧みざるも内容に至っては厳選最も力を尽くし、従来の岩波出版物の特色をますます発揮せしめようとする。この計画たるや世間の一時の投機的なるものと異なり、永遠の事業として吾人は微力を傾倒し、あらゆる犠牲を忍んで今後永久に継続発展せしめ、もって文庫の使命を遺憾なく果たさしめることを期する。芸術を愛し知識を求むる士の自ら進んでこの挙に参加し、希望と忠言とを寄せられることは吾人の熱望するところである。その性質上経済的には最も困難多きこの事業にあえて当たらんとする吾人の志を諒として、その達成のため世の読書子とのうるわしき共同を期待する。

昭和二年七月

《歴史・地理》〔青〕

- 新訂 魏志倭人伝・後漢書倭伝・宋書倭国伝・隋書倭国伝 ―中国正史日本伝1　石原道博編訳
- 新訂 旧唐書倭国日本伝・宋史日本伝・元史日本伝 ―中国正史日本伝2　石原道博編訳
- ヘロドトス 歴史 全三冊　松平千秋訳
- トゥーキュディデース 戦史 全三冊　久保正彰訳
- ガリア戦記　カエサル　近山金次訳
- ランケ世界史概観 ―近世史の諸時代　鈴木成高・相原信作訳
- ランケ自伝　林健太郎訳
- 歴史とは何ぞや　ベルンハイム　坂口昂・小野鉄二訳
- 歴史における個人の役割　プレハーノフ　木原正雄訳
- 古代への情熱 ―シュリーマン自伝　シュリーマン　村田数之亮訳
- アーネスト・サトウ 一外交官の見た明治維新 全二冊　坂田精一訳
- ベルツの日記 全二冊　トク・ベルツ編　菅沼竜太郎訳
- 武家の女性　山川菊栄
- インディアスの破壊についての簡潔な報告　ラス・カサス　染田秀藤訳
- ラス・カサス インディアス史 全七冊　長南実訳　石原保徳編
- コロンブス 全航海の報告　林屋永吉訳

- 戊辰物語　東京日日新聞社会部編
- 大森貝塚 ―付 関連史料　E・S・モース　近藤義郎・佐原真編訳
- ナポレオン言行録　オクターヴ・オブリ編　大塚幸男訳
- 中世的世界の形成　石母田正
- 日本の古代国家　石母田正
- 平家物語 他六篇　石母田正　高橋昌明編
- クリオの顔 歴史随想集　E・H・ノーマン　大窪愿二編訳
- 日本における近代国家の成立　E・H・ノーマン　大窪愿二訳
- 旧事諮問録 ―江戸幕府役人の証言 全二冊　旧事諮問会編　進士慶幹校注
- 朝鮮・琉球航海記 ―一八一六年アマースト使節団とともに　ベイジル・ホール　春名徹訳
- アリランの歌 ―ある朝鮮人革命家の生涯　ニム・ウェールズ　キム・サン　松平いを子訳
- さまよえる湖 全二冊　ヘディン　福田宏年訳
- 老松堂日本行録 ―朝鮮使節の見た中世日本　宋希璟　村井章介校注
- 十八世紀パリ生活誌 ―タブロー・ド・パリ 全二冊　メルシエ　原宏編訳
- 北槎聞略 ―大黒屋光太夫ロシア漂流記　桂川甫周　亀井高孝校訂
- ヨーロッパ文化と日本文化　ルイス・フロイス　岡田章雄訳注
- ギリシア案内記 全二冊　パウサニアス　馬場恵二訳

- 西遊草　清河八郎　小山松勝一郎校注
- オデュッセウスの世界　フィンリー　下田立行訳
- 東京に暮す ―一九二八～一九三六　キャサリン・サンソム　大久保美春訳
- ミカド ―日本の内なる力　W・E・グリフィス　亀井俊介訳
- 増補 幕末百話　篠田鉱造
- 幕末明治 女百話 全二冊　篠田鉱造
- トゥバ紀行　メンヒェン＝ヘルフェン　田中克彦訳
- 徳川時代の宗教　R・N・ベラー　池田昭訳
- ある出稼石工の回想　マルタン・ナド　喜安朗訳
- 植物巡礼 ―プラント・ハンターの回想　F・キングドン－ウォード　塚谷裕一訳
- モンゴルの歴史と文化　ハイシッヒ　田中克彦訳
- ダンピア 最新世界周航記 全二冊　平野敬一訳
- ローマ建国史 全三冊（既刊上巻）　リーウィウス　鈴木一州訳
- 元治夢物語 ―幕末同時代史　馬場文英　徳田武校注
- フランス・プロテスタントの反乱 ―カミザール戦争の記録　カヴァリエ　二宮フサ訳
- ニコライの日記 ―ロシア人宣教師が生きた明治日本 全三冊　中村健之介編訳
- 徳川制度 全三冊・補遺　加藤貴校注

第二のデモクラテス
戦争の正当原因についての対話
セプールベダ
染田秀藤訳

ユグルタ戦争 カティリーナの陰謀
サルスティウス
栗田伸子訳

史的システムとしての資本主義
ウォーラーステイン
川北稔訳

《日本文学(古典)》〔黄〕

- 古事記　倉野憲司校注
- 日本書紀　全五冊　坂本太郎・家永三郎・井上光貞・大野晋校注
- 万葉集　全五冊　佐竹昭広・山田英雄・工藤力男・大谷雅夫・山崎福之校注
- 原文万葉集　全二冊　佐竹昭広・山田英雄・工藤力男・大谷雅夫・山崎福之校注
- 竹取物語　阪倉篤義校訂
- 伊勢物語　大津有一校注
- 玉造小町子壮衰書 ―小野小町物語　杤尾武校注
- 古今和歌集　佐伯梅友校注
- 土左日記　紀貫之　鈴木知太郎校注
- 源氏物語　全九冊　柳井滋・室伏信助・大朝雄二・鈴木日出男・藤井貞和・今西祐一郎校注
- 補作源氏物語 山路の露・雲隠六帖　他二篇　今西祐一郎編注
- 枕草子　池田亀鑑校訂
- 更級日記　西下経一校注
- 今昔物語集　全四冊　池上洵一編
- 西行全歌集　久保田淳・吉野朋美校注
- 建礼門院右京大夫集　付 平家公達草紙　久松潜一・久保田淳校注
- 後拾遺和歌集　久保田淳・平田喜信校注
- 詞花和歌集　工藤重矩校注
- 古語拾遺　斎部広成撰　西宮一民校注
- 王朝漢詩選　小島憲之編
- 新訂 方丈記　市古貞次校注
- 新訂 新古今和歌集　佐佐木信綱校訂
- 新訂 徒然草　西尾実・安良岡康作校注
- 平家物語　全四冊　梶原正昭・山下宏明校注
- 神皇正統記　北畠親房　岩佐正校注
- 御伽草子　全二冊　市古貞次校注
- 王朝秀歌選　樋口芳麻呂校注
- 定家八代抄 ―続王朝秀歌選　全二冊　樋口芳麻呂・後藤重郎校注
- 閑吟集　真鍋昌弘校注
- 中世なぞなぞ集　鈴木棠三編
- 謡曲選集　読む能の本　野上豊一郎編
- 東関紀行・海道記　玉井幸助校訂
- おもろさうし　外間守善校注
- 太平記　全六冊　兵藤裕己校注
- 好色五人女　井原西鶴　東明雅校註
- 武道伝来記　井原西鶴　横山重・前田金五郎校注
- 西鶴文反古　井原西鶴　片岡良一校訂
- 芭蕉紀行文集　付 嵯峨日記　中村俊定校注
- 芭蕉おくのほそ道　付 曾良旅日記・奥細道菅菰抄　萩原恭男校注
- 芭蕉俳句集　中村俊定校注
- 芭蕉連句集　中村俊定・萩原恭男校注
- 芭蕉書簡集　萩原恭男校注
- 芭蕉文集　潁原退蔵編註
- 芭蕉俳文集　全二冊　堀切実編注
- 芭蕉自筆 奥の細道　上野洋三・櫻井武次郎校注
- 蕪村俳句集　付 春風馬堤曲 他二篇　尾形仂校注
- 蕪村七部集　伊藤松宇校訂
- 蕪村文集　藤田真一編注
- 折たく柴の記　新井白石　松村明校注
- 近世畸人伝　伴蒿蹊　森銑三校註

雨月物語	上田秋成 長島弘明校注
宇下人言 修行録	松平定信 松平定光校訂
新訂 一茶俳句集	丸山一彦校注
増補 俳諧歳時記栞草 全二冊	曲亭馬琴編 藍亭青藍補 堀切実校注
北越雪譜	鈴木牧之編撰 京山人百樹刪定 岡田武松校訂
東海道中膝栗毛 全二冊	十返舎一九 麻生磯次校注
浮世床	式亭三馬 和田万吉校訂
梅暦 全二冊	為永春水 古川久校訂
百人一首一夕話 全二冊	尾崎雅嘉 古川久校訂
日本民謡集	町田嘉章 浅野建二編
芭蕉臨終記 花屋日記 付 芭蕉翁終焉記・前後日記・行状記	小宮豊隆校訂
醒睡笑 全二冊	安楽庵策伝 鈴木棠三校注
歌舞伎十八番の内 勧進帳	郡司正勝校注
江戸怪談集 全三冊	高田衛編・校注
柳多留名句選	山澤英雄選 粕谷宏紀校注
松蔭日記	上野洋三校注
鬼貫句選・独ごと	復本一郎校注
井月句集	復本一郎編
花見車・元禄百人一句	雲英末雄 佐藤勝明校注
江戸漢詩選 全二冊	揖斐高編訳

《日本思想》〔青〕

風姿花伝（花伝書）	世阿弥／野上豊一郎・西尾実 校訂
五輪書	宮本武蔵／渡辺一郎 校注
養生訓・和俗童子訓	貝原益軒／石川謙 校訂
貝原益軒 大和俗訓	石川謙 校訂
日本水土考・水土解弁・増補華夷通商考	西川如見／飯島忠夫・西川忠幸 校訂
蘭学事始	杉田玄白／緒方富雄 校註
島津斉彬言行録	牧野伸顕 序
塵劫記	吉田光由／大矢真一 校注
兵法家伝書 付 新陰流兵法目録事	柳生宗矩／渡辺一郎 校注
長崎版 どちりな きりしたん	海老沢有道 校註
農業全書	宮崎安貞 編録／貝原楽軒 刪補／土屋喬雄 校訂
仙境異聞・勝五郎再生記聞	平田篤胤／子安宣邦 校注
茶湯一会集・閑夜茶話	井伊直弼／戸田勝久 校注
西郷南洲遺訓 附 手抄言志録及遺文	山田済斎 編
文明論之概略	福沢諭吉／松沢弘陽 校注
新訂 福翁自伝	富田正文 校訂
学問のすゝめ	福沢諭吉
福沢諭吉教育論集	山住正己 編
福沢諭吉家族論集	中村敏子 編
福沢諭吉の手紙	慶應義塾 編
新島襄の手紙	同志社 編
新島襄 教育宗教論集	同志社 編
新島襄自伝 ―手記・紀行文・日記	同志社 編
植木枝盛選集	家永三郎 編
日本の下層社会	横山源之助
中江兆民 三酔人経綸問答	桑原武夫・島田虔次 訳・校注
中江兆民評論集	松永昌三 編
憲法義解	伊藤博文／宮沢俊義 校註
日本風景論	志賀重昂／近藤信行 校訂
日本開化小史	田口卯吉／嘉治隆一 校訂
新訂 蹇蹇録 ―日清戦争外交秘録	陸奥宗光／中塚明 校注
茶の本	岡倉覚三／村岡博 訳
武士道	新渡戸稲造／矢内原忠雄 訳
新渡戸稲造論集	鈴木範久 編
キリスト信徒のなぐさめ	内村鑑三
余はいかにしてキリスト信徒となりしか	内村鑑三／鈴木範久 訳
代表的日本人	内村鑑三／鈴木範久 訳
後世への最大遺物・デンマルク国の話	内村鑑三
ヨブ記講演	内村鑑三
足利尊氏	山路愛山
徳川家康 全二冊	山路愛山
豊臣秀吉 全二冊	山路愛山
妾の半生涯	福田英子
三十三年の夢	宮崎滔天／島田虔次・近藤秀樹 校注
善の研究	西田幾多郎
続思索と体験・『続思索と体験』以後	西田幾多郎
西田幾多郎哲学論集 II ―論理と生命 他四篇	上田閑照 編
西田幾多郎哲学論集 III ―自覚について 他四篇	上田閑照 編
西田幾多郎歌集	上田薫 編
西田幾多郎講演集	田中裕 編

西田幾多郎書簡集　藤田正勝編
帝国主義　幸徳秋水／山泉進校注
基督抹殺論　幸徳秋水
日本の労働運動　片山潜
貧乏物語　河上肇／大内兵衛解題
河上肇評論集　杉原四郎編
西欧紀行 祖国を顧みて　河上肇
中国文明論集　宮崎市定／礪波護編
史記を語る　宮崎市定
中国史 全二冊　宮崎市定
大杉栄評論集　飛鳥井雅道編
女工哀史　細井和喜蔵
奴隷 —小説・女工哀史1　細井和喜蔵
工場 —小説・女工哀史2　細井和喜蔵
初版 日本資本主義発達史 全二冊　野呂栄太郎
谷中村滅亡史　荒畑寒村
遠野物語・山の人生　柳田国男

木綿以前の事　柳田国男
海上の道　柳田国男
蝸牛考　柳田国男
都市と農村　柳田国男
十二支考 全二冊　南方熊楠
津田左右吉歴史論集　今井修編
特命全権大使 米欧回覧実記 全五冊　久米邦武編／田中彰校注
日本イデオロギー論　戸坂潤
明治維新史研究　羽仁五郎
古寺巡礼　和辻哲郎
風土 —人間学的考察　和辻哲郎
和辻哲郎随筆集　坂部恵編
倫理学 全四冊　和辻哲郎
人間の学としての倫理学　和辻哲郎
日本倫理思想史 全四冊　和辻哲郎
「いき」の構造 他二篇　九鬼周造
九鬼周造随筆集　菅野昭正編

偶然性の問題　九鬼周造
田沼時代　辻善之助
パスカルにおける人間の研究　三木清
古代国語の音韻に就いて 他二篇　橋本進吉
吉田松陰　徳富蘇峰
林達夫評論集　中川久定編
新版 きけ わだつみのこえ —日本戦没学生の手記　日本戦没学生記念会編
新版 第二集 きけ わだつみのこえ —日本戦没学生の手記　日本戦没学生記念会編
君たちはどう生きるか　吉野源三郎
地震・憲兵・火事・巡査　山崎今朝弥／森長英三郎編
懐旧九十年　石黒忠悳
武家の女性　山川菊栄
覚書 幕末の水戸藩　山川菊栄
忘れられた日本人　宮本常一
家郷の訓　宮本常一
大阪と堺　三浦周行／朝尾直弘編
石橋湛山評論集　松尾尊兊編

手仕事の日本　柳宗悦
工藝文化　柳宗悦
南無阿弥陀仏 付 心偈　柳宗悦
雨夜譚 —渋沢栄一自伝　長幸男校注
中世の文学伝統　風巻景次郎
平塚らいてう評論集　小林登美枝・米田佐代子編
最暗黒の東京　松原岩五郎
日本の民家　今和次郎
原爆の子 —広島の少年少女のうったえ 全二冊　長田新編
臨済・荘子　前田利鎌
『青鞜』女性解放論集　堀場清子編
大津事件 —ロシア皇太子大津遭難　尾佐竹猛　三谷太一郎校注
幕末遣外使節物語 —夷狄の国へ　尾佐竹猛　吉良芳恵校注
極光のかげに —シベリア俘虜記　高杉一郎
古典学入門　池田亀鑑
イスラーム文化 —その根柢にあるもの　井筒俊彦
意識と本質 —精神的東洋を索めて　井筒俊彦

神秘哲学 —ギリシアの部　井筒俊彦
意味の深みへ —東洋哲学の水位　井筒俊彦
コスモスとアンチコスモス —東洋哲学のために　井筒俊彦
幕末政治家　福地桜痴　佐々木潤之介校注
フランス・ルネサンスの人々　渡辺一夫
維新旧幕比較論　木下真弘　宮地正人校注
被差別部落一千年史　高橋貞樹　沖浦和光校注
花田清輝評論集　粉川哲夫編
新版 河童駒引考 —比較民族学的研究　石田英一郎
英国の文学　吉田健一
中井正一評論集　長田弘編
山びこ学校　無着成恭編
考史遊記　桑原隲蔵
福沢諭吉の哲学 他六篇　丸山眞男　松沢弘陽編
政治の世界 他十篇　丸山眞男　松本礼二編注
超国家主義の論理と心理 他八篇　丸山眞男　古矢旬編
田中正造文集 全二冊　由井正臣　小松裕編

国語学史　時枝誠記
定本 育児の百科 全三冊　松田道雄
哲学の三つの伝統 他十二篇　野田又夫
大隈重信演説談話集　早稲田大学編
大隈重信自叙伝　早稲田大学編
人生の帰趣　山崎弁栄
通論考古学　濱田耕作
転回期の政治　宮沢俊義
何が私をこうさせたか —獄中手記　金子文子
明治維新　遠山茂樹
禅海一瀾講話　釈宗演
明治政治史　岡義武
転換期の大正　岡義武
山県有朋 —明治日本の象徴　岡義武
近代日本の政治家　岡義武
ニーチェの顔 他十三篇　氷上英廣　三島憲一編
伊藤野枝集　森まゆみ編

前方後円墳の時代　近藤義郎

日本の中世国家　佐藤進一

2023.2 現在在庫　A-6

岩波文庫の最新刊

網野善彦著
日本中世の非農業民と天皇（上）

山野河海という境界領域に生きた中世の「職人」たちの姿を通じて、天皇制の本質と根深さ、そして人間の本源的自由を問う、著者の代表的著作。（全二冊）
〔青N四〇二-二〕　定価一六五〇円

エーリヒ・ケストナー作／酒寄進一訳
独裁者の学校

大統領の替え玉を使い捨てにして権力を握る大臣たち。政変が起きるが、その行方は…。痛烈な皮肉で独裁体制の本質を暴いた、作者渾身の戯曲。
〔赤四七一-三〕　定価七一五円

ラインホールド・ニーバー著／千葉 眞訳
道徳的人間と非道徳的社会

個人がより善くなることで、社会の問題は解決できるのか。二〇世紀アメリカを代表する神学者が人間の本性を見つめ、政治と倫理の相克に迫った代表作。
〔青N六〇九-一〕　定価一四三〇円

トマス・アクィナス著／稲垣良典・山本芳久編／稲垣良典訳
精選　神学大全2　法論

トマス・アクィナス(一二二五頃-一二七四)の集大成『神学大全』から精選。2は人間論から「法論」、「恩寵論」を収録する。解説＝山本芳久、索引＝上遠野翔。（全四冊）
〔青六二一-四〕　定価一七一六円

……今月の重版再開……

高浜虚子著
立子へ抄
―虚子より娘へのことば―
定価一二二一円
〔緑二八-九〕

喜安 朗訳
フランス二月革命の日々
―トクヴィル回想録―
定価一五七三円
〔白九-一〕

岩波文庫の最新刊

ゲルツェン著／長縄光男訳

ロシアの革命思想
—その歴史的展開—

ロシア初の政治的亡命者、ゲルツェン（一八一二―一八七〇）。人間の尊厳と言論の自由を守る革命思想を文化史とともにたどり、農奴制と専制の非人間性を告発する書。

〔青N六一〇―一〕 定価一〇七八円

ラス・カサス著／染田秀藤訳

インディアスの破壊をめぐる賠償義務論
—十二の疑問に答える—

新大陸で略奪行為を働いたすべてのスペイン人を糾弾し、先住民に対する賠償義務を数多の神学・法学理論に拠り説き明かし、その履行をつよく訴える。最晩年の論策。

〔青四二七―九〕 定価一一五五円

岩田文昭編

嘉村礒多集

嘉村礒多（一八九七―一九三三）は山口県仁保生れの作家。小説、随想、書簡から選んだ。己の業苦の生を文学に刻んだ、苦しむ者の光源となる同朋の全貌。

〔緑七四―二〕 定価一〇〇一円

網野善彦著

日本中世の非農業民と天皇（下）

海民、鵜飼、桂女、鋳物師ら、山野河海に生きた中世の「職人」と天皇の結びつきから日本社会の特質を問う、著者の代表的著作。（全二冊、解説＝高橋典幸）

〔青N四〇二―三〕 定価一四三〇円

ヘルダー著／嶋田洋一郎訳

人類歴史哲学考（三）

第二部第十巻―第三部第十三巻を収録。人間史の起源を考察し、風土に基づいてアジア、中東、ギリシアの文化や国家などを論じる。（全五冊）

〔青N六〇八―三〕 定価一二七六円

今月の重版再開

池上洵一編

今昔物語集 天竺・震旦部

定価一四三〇円 〔黄一九―一〕

清水三男著／大山喬平・馬田綾子校注

日本中世の村落

定価一三五三円 〔青四七〇―一〕

定価は消費税 10％ 込です　2024. 3